北京城市无障碍环境未来
Beijing Future Accessibility Environment

《北京城市无障碍环境未来》编写组 /著

中国建筑工业出版社

图书在版编目（CIP）数据

北京城市无障碍环境未来 = Beijing Future Accessibility Environment /《北京城市无障碍环境未来》编写组著 . -- 北京：中国建筑工业出版社，2023.4
ISBN 978-7-112-28629-4

Ⅰ. ①北… Ⅱ. ①北… Ⅲ. ①残疾人—城市道路—城市建设—北京②残疾人—城市公用设施—城市建设—北京③残疾人住宅—城市建设—北京 Ⅳ. ①U412.37 ②TU984.14 ③TU241.93

中国国家版本馆 CIP 数据核字（2023）第 069596 号

责任编辑：曹丹丹　万　李
责任校对：张辰双

北京城市无障碍环境未来
Beijing Future Accessibility Environment
《北京城市无障碍环境未来》编写组　著

*

中国建筑工业出版社出版、发行（北京海淀三里河路9号）
各地新华书店、建筑书店经销
北京光大印艺文化发展有限公司制版
北京市密东印刷有限公司印刷

*

开本：787毫米×960毫米　1/16　印张：$19\frac{1}{2}$　字数：306千字
2023年5月第一版　2023年5月第一次印刷
定价：85.00元
ISBN 978-7-112-28629-4
（41052）

版权所有　翻印必究
如有印装质量问题，可寄本社图书出版中心退换
（邮政编码100037）

《北京城市无障碍环境未来》
编写组

顾问：吕世明　邱跃

主编：张大玉

副主编：迟义宸　薛峰　东梅　李迪华

上篇编写人：靳喆　童馨　凌苏扬　崔德鑫　齐明　张德娟

下篇编写人：李迪华　刘小川　刘志桂　刘源　叶艳宁　石昕英　李叔洵

英语系国家资料提供及翻译：刘志桂　李叔洵　叶艳宁

首善无障碍　奋斗向未来

吕世明

春风送暖、气象万千，人文传承，城市新颜……

很高兴看到《北京城市无障碍环境未来》即将付梓出版，本书恰似一幅集锦绘彩的大美画卷，展示了大国之都的人文风范、首善之区的文明实践、理念超前的规划布局、高标准推进的实操经典、高质量续写的城市未来。

党的二十大报告指出：明确我国社会主要矛盾是人民日益增长的美好生活需要和不平衡不充分的发展之间的矛盾，并紧紧围绕这个社会主要矛盾推进各项工作，不断丰富和发展人类文明新形态。因此，人们对提升城市无障碍环境建设品质的要求更加迫切，对社会人文环境建设的需求也日益增长。

万事初始皆有源，追根溯源出新篇。北京的无障碍环境建设起始于1985年王府井大街等四条繁华街道的第一批无障碍设施建设，以及1991年在蓝靛厂修建的全国第一条盲道，借力全国第一部无障碍地方性法规《北京市无障碍设施建设和管理条例》和2008年的夏季奥运会，北京市无障碍设施建设和环境建设实现了跨越式发展、取得了举世瞩目的历史性成就。2021年11月开始实施的《北京市无障碍环境建设条例》，开启了无障碍环境建设有法可依的新阶段。过去逐项补缺等方法已不能适应和满足新时代社会尤其是老年人、残疾人日益增长的生活宜居需求与无障碍人文环境建设状况不平衡不充分之间的矛盾。无障碍环境建设是关乎社会公平、社会成员共享发展成果、无障碍地参与社会活动的系统工程，需要全社会达成共识和共同努力，而这种努力也将会回馈给每一个人。《北京城市无障碍环境未来》按时序记录、整合近40年来北京市无障碍环境建设的发展历程和变化，集中展示了北京市无障碍环境建设取得的辉煌成就，深入分析了影响全龄友好无障碍环境建设存在的问题，力求在整体社会层面剖析无障碍环境建设的关键因子，提出贴合实际的实施路径，在总结的基础上着眼对北京市无障碍环境建设未来人文构建的思考。

本书上篇系统地梳理了北京无障碍环境建设的历程和脉络，从第一条盲道到法规的制定、机制的建立、专班的推动、"双奥之城"的建设、阶段性目标的实现、标准体系的建立，总结提炼了党的十八大以来，北京市无障碍环境建设如何实现跨越式发展，如何从无障碍设施建设跨入全龄友好的无障碍环境建设，在法律上、机制上、标准体系上、分工协作上、实践案例上做好了技术支撑和行动准备。

本书下篇探讨了建设北京大美无障碍环境的社会人文思想，分析了荷兰、英国、美国、日本、新加坡等多个国家和地区的无障碍环境建设的特色经验，构建了人民城市人民建、人民城市为人民的北京未来无障碍环境建设的人文体系，提出了北京城市无障碍环境建设的行动策略，为北京建设国际一流、和谐宜居的城市目标，提供一定的基础资料支持、理论框架支撑和实施策略建议。

总之，共建共享北京城市无障碍环境建设高质量发展的新征程已经开启，为中国式现代化共同富裕的美好明天祝福，未来已来、未来可期……

目 录
CONTENTS

上篇　北京城市无障碍环境建设历程

第 1 章　北京市无障碍设施建设先行先创 ·········· 2

1.1　首届"残疾人与社会环境"研讨会召开 ·········· 3
1.2　修建全国第一条盲道 ·········· 4
1.3　北京 2008 年奥运会申办成功 ·········· 5

第 2 章　北京无障碍设施建设依法发展期（2004—2008 年） ·········· 7

2.1　法制保障：《北京市无障碍设施建设和管理条例》出台 ·········· 8
2.2　工作机制 ·········· 9
  2.2.1　组织——北京市人民政府残疾人工作委员会 ·········· 9
  2.2.2　机制——北京市无障碍设施建设和改造工作联席会议 ·········· 9
  2.2.3　项目——北京 2008 年奥运会前重点工作倒排工期折子工程 ·· 10
2.3　技术标准与设施建设 ·········· 11
  2.3.1　无障碍设施标准 ·········· 11
  2.3.2　无障碍设施建设 ·········· 12
  2.3.3　无障碍信息化建设 ·········· 15
  2.3.4　无障碍服务建设 ·········· 16

第 3 章 北京 2008 年奥运会后无障碍设施建设常态化（2008—2011 年）……18

3.1 法规与政策……19
    3.1.1 《中华人民共和国残疾人保障法》……19
    3.1.2 《北京市实施〈中华人民共和国残疾人保障法〉办法》……20
    3.1.3 《北京市"十一五"时期残疾人事业发展规划》……21

3.2 机制建设与技术标准……22
    3.2.1 无障碍设施标准体系建设……22
    3.2.2 无障碍设施建设全覆盖……25

第 4 章 北京市无障碍设施建设与首都社会经济发展计划相适应（2011—2020 年）……27

4.1 "十二五"期间（2011—2015 年）……28
    4.1.1 社会背景：建设国际一流的和谐宜居之都……29
    4.1.2 政策文件……29
    4.1.3 工作机制……34
    4.1.4 技术标准与设施建设……35
    4.1.5 系统化建设北京市无障碍环境……46

4.2 "十三五"期间（2016—2020 年）……50
    4.2.1 社会背景：北京 2022 年冬残奥会筹办……51
    4.2.2 政策文件……51
    4.2.3 技术标准与设施建设……56

第 5 章 北京 2022 年冬奥会和冬残奥会……82

5.1 社会背景：北京成为"双奥之城"……83

5.2 政策文件……83
    5.2.1 《北京市"十四五"时期残疾人事业发展规划》……83

5.2.2 《北京市进一步促进无障碍环境建设2019—2021年行动方案》

　　　　（京政办发〔2019〕20号）··84

5.3 工作机制···88

　　5.3.1 北京市无障碍环境建设专项行动工作组·····························88

　　5.3.2 北京市建设工程勘察设计质量告知承诺制实施办法··········88

5.4 技术体系与建设成果···91

　　5.4.1 技术标准··91

　　5.4.2 北京2022年冬残奥会无障碍建设······································93

5.5 无障碍环境人文建设实践与探索··94

　　5.5.1 阜内大街··94

　　5.5.2 "小空间　大生活"百姓身边微空间改造·························104

　　5.5.3 建设成效··152

5.6 形成可推广可复制的实施方法《全龄友好无障碍设计实施导则》···153

　　5.6.1 为全龄全体人群服务···154

　　5.6.2 全方位覆盖群众生活···154

　　5.6.3 全面迈向未来的城市场景···155

第6章 《北京市无障碍环境建设条例》的发布··157

6.1 《北京市无障碍环境建设条例》出台背景·······························158

6.2 新时代要求···158

6.3 社会发展需求··160

下篇　北京城市无障碍环境未来

第7章 《北京市无障碍环境建设条例》颁布带来的变化······························164

7.1 无障碍设施建设到无障碍环境建设内涵转变··························165

7.2 无障碍设施建设到无障碍环境建设价值取向转变⋯⋯⋯⋯⋯⋯⋯⋯⋯165
7.3 无障碍设施建设到无障碍环境建设受益人群转变⋯⋯⋯⋯⋯⋯⋯⋯⋯166
7.4 无障碍设施建设到无障碍环境建设治理机制转变⋯⋯⋯⋯⋯⋯⋯⋯⋯166

第 8 章 《北京市无障碍环境建设条例》实施引发的对未来的思考⋯⋯⋯168

8.1 受益人群⋯⋯⋯⋯⋯⋯⋯⋯⋯⋯⋯⋯⋯⋯⋯⋯⋯⋯⋯⋯⋯⋯⋯⋯⋯169
8.2 价值取向⋯⋯⋯⋯⋯⋯⋯⋯⋯⋯⋯⋯⋯⋯⋯⋯⋯⋯⋯⋯⋯⋯⋯⋯⋯169
8.3 治理机制⋯⋯⋯⋯⋯⋯⋯⋯⋯⋯⋯⋯⋯⋯⋯⋯⋯⋯⋯⋯⋯⋯⋯⋯⋯170
8.4 科技助力⋯⋯⋯⋯⋯⋯⋯⋯⋯⋯⋯⋯⋯⋯⋯⋯⋯⋯⋯⋯⋯⋯⋯⋯⋯171

第 9 章 城市无障碍全龄友好建设借鉴⋯⋯⋯⋯⋯⋯⋯⋯⋯⋯⋯⋯⋯⋯⋯173

9.1 国际组织的推动⋯⋯⋯⋯⋯⋯⋯⋯⋯⋯⋯⋯⋯⋯⋯⋯⋯⋯⋯⋯⋯⋯174
 9.1.1 联合国⋯⋯⋯⋯⋯⋯⋯⋯⋯⋯⋯⋯⋯⋯⋯⋯⋯⋯⋯⋯⋯⋯174
 9.1.2 世界卫生组织⋯⋯⋯⋯⋯⋯⋯⋯⋯⋯⋯⋯⋯⋯⋯⋯⋯⋯⋯175
 9.1.3 世界银行⋯⋯⋯⋯⋯⋯⋯⋯⋯⋯⋯⋯⋯⋯⋯⋯⋯⋯⋯⋯⋯177
 9.1.4 联合国儿童基金会⋯⋯⋯⋯⋯⋯⋯⋯⋯⋯⋯⋯⋯⋯⋯⋯⋯180
9.2 以适老为核心的无障碍建设经验⋯⋯⋯⋯⋯⋯⋯⋯⋯⋯⋯⋯⋯⋯⋯182
 9.2.1 英国终生社区建构⋯⋯⋯⋯⋯⋯⋯⋯⋯⋯⋯⋯⋯⋯⋯⋯⋯182
 9.2.2 日本老龄化社会下适老化法规政策体系⋯⋯⋯⋯⋯⋯⋯⋯184
 9.2.3 新加坡积极老龄化理念下的细节设计⋯⋯⋯⋯⋯⋯⋯⋯⋯185
9.3 以适幼和适弱为核心的无障碍建设经验⋯⋯⋯⋯⋯⋯⋯⋯⋯⋯⋯⋯187
 9.3.1 幼儿关照⋯⋯⋯⋯⋯⋯⋯⋯⋯⋯⋯⋯⋯⋯⋯⋯⋯⋯⋯⋯⋯187
 9.3.2 适弱社会⋯⋯⋯⋯⋯⋯⋯⋯⋯⋯⋯⋯⋯⋯⋯⋯⋯⋯⋯⋯⋯189
9.4 无障碍环境建设机制自循环体系的建设经验⋯⋯⋯⋯⋯⋯⋯⋯⋯⋯191
 9.4.1 无障碍环境建设机制⋯⋯⋯⋯⋯⋯⋯⋯⋯⋯⋯⋯⋯⋯⋯⋯191
 9.4.2 可循环社会保障体系⋯⋯⋯⋯⋯⋯⋯⋯⋯⋯⋯⋯⋯⋯⋯⋯193

  9.5 数字化智慧城市的无障碍建设经验 195
  9.6 高密度人群的全龄友好无障碍建设经验 196
  9.7 社区组织推动社区建设的社区发展基金会经验 198

第10章 无障碍环境建设展望 200
  10.1 与经济发展水平相适应的无障碍环境建设 201
  10.2 与社会文明程度匹配的无障碍环境建设 201
  10.3 以人民福祉为核心的无障碍环境建设 202

第11章 无障碍环境建设人文体系构建 204
  11.1 美好的生活需求 205
    11.1.1 人的基本需求 205
    11.1.2 愉悦的物质环境 208
    11.1.3 美好的人文环境 209
  11.2 大美无障碍 211
    11.2.1 安居之境 211
    11.2.2 细节之致 212
    11.2.3 至善之美 213
  11.3 汲善的人际关系 213
    11.3.1 人伦传统 213
    11.3.2 睦邻友好 214
    11.3.3 共生共荣 216
  11.4 全龄友好的社会环境 217
    11.4.1 经济的发展 217
    11.4.2 空间的活力 217
    11.4.3 文化的包容 219
    11.4.4 数字的应用 220

第 12 章　北京城市无障碍行动策略 ·········· 222

12.1　北京城市无障碍环境构建原则 ·········· 223
12.1.1　安全性 ·········· 223
12.1.2　便捷性 ·········· 223
12.1.3　连贯性 ·········· 224
12.1.4　整体性 ·········· 224
12.1.5　舒适性 ·········· 225
12.1.6　包容性 ·········· 226

12.2　机制协同 ·········· 226
12.2.1　统筹基本建设计划 ·········· 226
12.2.2　全生命周期评估与改进 ·········· 228
12.2.3　政府主导的多主体全过程参与 ·········· 229
12.2.4　健全自下而上的督导机制 ·········· 230
12.2.5　构建职业伦理 ·········· 233

12.3　专业支撑 ·········· 234
12.3.1　专业研究拓展 ·········· 234
12.3.2　标准体系完善 ·········· 238
12.3.3　专业统筹协同 ·········· 240
12.3.4　设计水平提升 ·········· 241
12.3.5　科技创新应用 ·········· 242

12.4　社区共建 ·········· 244
12.4.1　公共精神的培养 ·········· 244
12.4.2　人际关系的融洽 ·········· 246
12.4.3　相互信任的建立 ·········· 246
12.4.4　社区是非观念的塑造 ·········· 247
12.4.5　公共空间的作用 ·········· 248

  12.5 教育培训 ·· 248
    12.5.1 通识教育 ·· 249
    12.5.2 专业教育 ·· 250
    12.5.3 特殊教育 ·· 251
    12.5.4 公众教育 ·· 252
    12.5.5 文化传播 ·· 254
  12.6 经济与社会包容 ·· 255
    12.6.1 平等就业 ·· 255
    12.6.2 乐龄价值 ·· 256
    12.6.3 多层级医疗救助 ·· 257
    12.6.4 社区守望 ·· 258
    12.6.5 适老化社区 ·· 259
    12.6.6 信息无障碍 ·· 260

附录 1 北京市建设法律法规及规范性文件汇编 ································ 261

附录 2 北京市规划和自然资源无障碍标准体系 ································ 264

附录 3 北京市房屋建筑工程无障碍环境建设专项施工图事后检查要点（试行） ·· 268
  3.1 无障碍环境建设专项 B 类检查要点清单 ···························· 269
  3.2 地方标准执行专项检查要点 ·· 276

参考文献 ·· 278

北京城市
无障碍环境未来
Beijing Future
Accessibility Environment

上篇
北京城市无障碍环境建设历程

下篇
北京城市无障碍环境未来

第1章

北京市无障碍设施建设先行先创

1.1 首届“残疾人与社会环境”研讨会召开

1985 年 3 月，中国残疾人福利基金会、北京市残疾人协会、北京市建筑设计研究院联合召开了首届“残疾人与社会环境”研讨会，会上提出了“为残疾人创造便利的生活环境”的倡议。倡议包括 10 项具体措施：对现有的公共建筑入口的一部分台阶及人行道口的缘石进行改造，以坡道代替台阶；公共厕所设残疾人使用的坐便器和安全抓杆；影剧院中的观众厅内设置轮椅席；大型公共场所电梯向残疾人开放并配备轮椅车；在主要街道口的红绿灯处设置音响指引器及公共汽车盲文站牌等。倡议还提出，新建的公共建筑应在设计中考虑方便残疾人通行和使用的相应设施需求等。这次研讨会的倡议吹响了城市公共环境建设关注残疾人使用需求的号角，从此，无障碍设施建设进入公众和专业视野。

这场研讨会对新中国无障碍环境建设发展有着里程碑式的意义。在这场研讨会后，北京市政府决定对王府井大街、东四至东单、西四至西单、朝阳门到中国美术馆 4 条街道和百货大楼，新华书店、工艺美术服务部、吉祥戏院、儿童影院等建筑进行无障碍改造（图 1.1）。1985 年在王府井商业街等 4 条繁华大街实施了无障碍改造，对其道路一侧的路口与步道相交位置的台阶式缘石进行坡化处理，

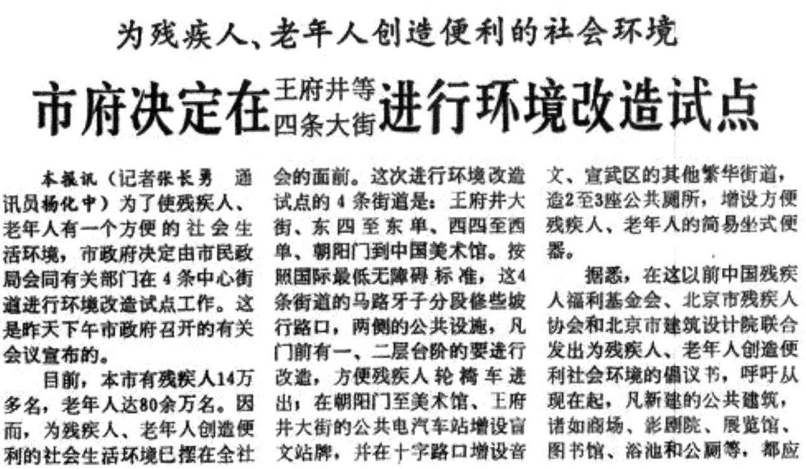

为残疾人、老年人创造便利的社会环境

市府决定在王府井等四条大街进行环境改造试点

本报讯（记者张长勇　通讯员杨化中）为了使残疾人、老年人有一个方便的社会生活环境，市政府决定由市民政局会同有关部门在 4 条中心街道进行环境改造试点工作。这是昨天下午市政府召开的有关会议宣布的。

目前，本市有残疾人14万多名，老年人达80余万名。因而，为残疾人、老年人创造便利的社会生活环境已摆在全社会的面前。这次进行环境改造试点的 4 条街道是：王府井大街、东四至东单、西四至西单、朝阳门到中国美术馆。按照国际最低无障碍标准，这4条街道的马路牙子分段修些坡行路口，两侧的公共设施，凡门前有一、二层台阶的要进行改造，方便残疾人轮椅车进出；在朝阳门至美术馆、王府井大街的公共电汽车站增设盲文站牌，并在十字路口增设音文、宣武区的其他繁华街道，造2至3座公共厕所，增设方便残疾人、老年人的简易坐式便器。

据悉，在这以前中国残疾人福利基金会、北京市残疾人协会和北京市建筑设计院联合发出为残疾人、老年人创造便利社会环境的倡议书，呼吁从现在起，凡新建的公共建筑，诸如商场、影剧院、展览馆、图书馆、浴池和公厕等，都应

图 1.1　北京市最早无障碍环境建设新闻（节选）

经反复试验形成了目前广泛使用的缓坡相交式道口，这是我国第一批缘石坡道改造，取得了初步经验。与此同时，在环卫设施方面，为方便残疾人使用，首先对繁华商业区、火车站、天安门广场和部分游览区的公共厕所进出口和厕位进行改造。1986 年，上述无障碍改建工程通过验收，并荣获"国际通用无障碍建筑标志牌"，我国首批按照无障碍最低标准改造的旧建筑获得肯定，并引起了国内外的广泛关注。

1.2　修建全国第一条盲道

1990 年北京市将无障碍设施建设纳入政府"实事工程"。1991 年，在海淀区蓝靛厂盲人比较集中的市橡胶五金厂修建了全国第一条盲道。北京市为确保迎接中华人民共和国成立 50 周年的 56 项重大项目中的无障碍设施建设，在审查大型公共建筑、公用设施等献礼项目的方案和初步设计时，首都规划建设委员会（以下简称"首规委"）均要求包含无障碍设计内容。为进一步检查落实所有献礼工程是否切实达到无障碍设计要求，首规委还会同北京市残疾人联合会（以下简称"市残联"）、北京市重大项目建设指挥部办公室、北京市规划局等单位组织专题会议，邀请各项目设计主持人和建设负责人参加，在设计图纸和施工中落实无障碍设计。

率先启动无障碍建设的北京，在无障碍设计规范研发方面同样走在全国前列。1988 年北京市建筑设计研究院和北京市市政设计研究院共同起草了《方便残疾人使用的城市道路和建筑物设计规范》JGJ 50—1988。该规范于 1989 年 4 月 1 日由建设部、民政部、中国残疾人联合会（以下简称"中国残联"）颁布，全国试行。这是我国第一个无障碍设计规范，是我国首次以法律形式对残疾人无障碍环境建设作出要求，标志着无障碍环境建设工作正式纳入政府工作职责，新中国无障碍环境建设至此拉开了序幕。

2001 年 8 月，由建设部、民政部、中国残联联合发布的《城市道路和建筑物无障碍设计规范》JGJ 50—2001 正式实施，对城市道路、居住区、房屋建筑等的无障碍设施建设作出技术要求和解释，取代《方便残疾人使用的城市道路和建筑物设计规范》JGJ 50—1988 成为我国无障碍工程建设的技术标准支撑。

1.3 北京 2008 年奥运会申办成功

2001 年 7 月 13 日，国际奥委会主席在莫斯科宣布：北京成为 2008 年奥运会主办城市。以举办第 29 届夏季奥运会和第 13 届夏季残奥会为契机，北京奥组委定下"两个奥运、同样精彩"的庄严承诺。北京奥组委是奥运会历史上第一届由一个组委会筹办两个奥运会的机构。据当时预计估算，在 2008 年北京残奥会期间，将有 4000 多名残疾人运动员、2500 名随队官员及 1000 名技术官员等来京，其中轮椅使用者仅运动员就超过 2000 人，还有许多来自世界各国的残疾人，他们不仅参加体育竞技活动和观看比赛，更多的是要到北京走一走、看一看，实际体验中国文明进步的社会环境和改革开放的成果。在 2008 年奥运会、残奥会到来之前，北京非常重视无障碍环境建设，工作任务艰巨繁重。

2003 年在北京市第十二届人民代表大会政府工作报告中就明确提出："高度重视和积极支持老龄工作，加快发展残疾人事业，切实保障妇女和未成年人的合法权益"。北京市市委和市政府高度重视无障碍事业，对加快北京的无障碍环境建设起到重要的促进作用。自 2002 年以来，全市按照建设部、民政部、全国老龄工作委员会办公室、中国残联发布的《关于开展全国无障碍设施建设示范城（区）工作的通知》要求，进一步加大无障碍设施的建设和改造力度，每年制定年度改造"台账"。截至 2004 年 8 月，北京市城八区设置盲道的道路共计 782 条，全长 1170.75km，面积 76.42 万 m²，路口坡化 20498 处；设置轮椅可以通行的人行过街天桥和地下通道 13 座；设置无障碍厕所 200 个（当时另有 747 个正在改造）；安装盲人过街音响指示的路口 13 处。

这一时期北京市无障碍设施建设和管理取得了一定成绩，客观上还存在一些问题：

①对新建工程的无障碍设施建设的责任和义务不明确，特别是对公共建筑、居住

建筑、城市道路和居住小区等按规定必须建设无障碍设施的场所，建设单位为了减少或者降低建设成本，不按规定和规范要求建设无障碍设施的现象非常普遍。

②对已建成的公共建筑、居住建筑、城市道路和居住小区等按照规定要逐步进行无障碍改造的场所，存在着责任和义务不明确、资金不落实、推诿扯皮的问题。

③设计、施工和验收不严格执行相关标准规范。设计单位不按照规范设计无障碍设施；施工单位不按照设计文件和规范标准施工；建成的无障碍设施不按照规定进行验收或者验收不合格就投入使用的现象非常普遍。

④无障碍设施维护和管理责任不明确，许多地方的无障碍设施得不到及时维护甚至无法正常使用，无障碍设施不开放、被破坏、被非法侵占或者挪作他用的情况非常严重。

针对以上问题，以举办第29届夏季奥运会和第13届夏季残奥会为契机，在"两个奥运、同样精彩"目标的强力驱动下，我国第一部为无障碍建设和管理提供依据与标准的地方性法律《北京市无障碍设施建设和管理条例》应运而生。北京市的无障碍环境建设工作进入了依法发展期。

第 2 章

北京无障碍设施建设依法发展期（2004—2008 年）

2.1　法制保障:《北京市无障碍设施建设和管理条例》出台

《北京市无障碍设施建设和管理条例》(本章简称《条例》)是国内第一部以立法的形式为无障碍设施建设和管理提供依据与标准的地方性法律,2004年4月1日在北京市第十二届人民代表大会常务委员会第十次会议上通过,并于2004年5月16日起施行。

《条例》旨在加强北京市的无障碍设施建设和管理,保障残疾人、老年人、儿童及其他行动不便者在居住、出行、工作、休闲娱乐和参加其他社会活动时,能够自主、安全、方便地通行和使用所建设的物质环境。《条例》通过对奖惩措施及无障碍建设管理相关单位的职责、权利与义务,无障碍建设需要技术标准作为支撑,北京市开展无障碍工作的组织架构等作出了明确规定,成为北京市政府指导无障碍建设的基本法律,为北京市开展无障碍设施建设和管理提供了重要依据。《条例》的实施,为2008年残疾人奥运会在北京举行作出相关保证。

《条例》首次明确了奖惩措施及无障碍设施建设、管理相关单位的职责以及权利与义务。《条例》规定,北京市新建、扩建和改建公共建筑、居住建筑、城市道路和居住区内的道路、公共绿地、公共服务设施的建设单位,必须按照《城市道路和建筑物无障碍设计规范》JGJ 50—2001的要求建设无障碍设施。《条例》要求建设无障碍设施应当符合安全、可达、可用、便利的基本要求。

《条例》明确了无障碍设施建设需要技术标准作为支撑。第九条:"本市新建、扩建和改建公共建筑、居住建筑、城市道路和居住区内道路、公共绿地、公共服务设施的建设单位,必须按照国家《城市道路和建筑物无障碍设计规范》(以下简称《设计规范》)的要求和本市有关规定建设无障碍设施。本市根据实际需要,制定有关无障碍设施的规范和地方标准。"《城市道路和建筑物无障碍设计规范》JGJ 50—2001在2012年9月废止并被新颁布的《无障碍设计规范》GB 50763—2012替代。

2.2 工作机制

2.2.1 组织——北京市人民政府残疾人工作委员会

北京市人民政府残疾人工作委员会（以下简称"市残工委"）是自1988年12月北京市残疾人联合会成立时就存在的由市政府管理残疾人事业的议事协调机构。市残工委办公室设在市残联研究室，秘书长由市残联局级分管领导担任。其宗旨是：弘扬人道主义思想，发展残疾人事业，促进残疾人平等、充分参与社会生活，共享社会物质文化成果。

市残工委由市委、市政府有关部门和相关团体单位组成，市残工委设主任1人，副主任和委员若干人。主任由分管残疾人工作的副市长担任，副主任由市政府副秘书长、市残联主要领导、与残疾人工作密切相关的政府部门分管领导担任，其他委员由各成员单位负责联系残疾人工作的局级领导担任。各成员单位原则上应确定一名处级干部作为市残工委联络员，负责与办公室联系沟通工作。

2.2.2 机制——北京市无障碍设施建设和改造工作联席会议

《条例》是北京市政府指导无障碍设施建设的基本法律。明确了北京市开展无障碍设施建设和管理工作的组织架构："市人民政府对本市无障碍设施建设和管理工作实行统一领导。区、县人民政府负责本行政区域内无障碍设施的组织建设、改造和监督管理工作。规划、建设、市政管理、交通、公安、质量技术监督、旅游、园林、国土房管、商务、金融、邮政、电信、文化、教育、体育、卫生等有关行政主管部门依照各自职责负责无障碍设施建设、改造、管理和监督工作。城市管理综合执法组织应当依法对城市道路范围内无障碍设施的正常使用实施监督管理。""残疾人联合会、老龄工作委员会、妇女联合会等社会团体应当对无障碍设施建设、改造和管理进行监督，向有关行政主管部门提出意见和建议，有关行政主管部门应当研究办理并答复。"

为进一步完善无障碍设施建设和改造工作机制，适应北京市政府编制并印发的

《奥运会前重点工作倒排工期折子工程》（以下简称《奥运倒排期折子工程》）的要求，依据《条例》对组织架构的规定，经市政府同意，北京市建立了以北京市规划委员会（以下简称"市规划委"）为牵头单位的无障碍设施建设和改造工作联席会议机制，由"2008 环境建设指挥部办公室"、北京市住房和城乡建设委员会（以下简称"市住房城乡建设委"）、北京市市政管理委员会、北京市交通委员会（以下简称"市交通委"）、市残联、北京市民政局等成员单位参与。通过建立这一机制，可以有针对性地推动场馆设施及周边地区无障碍设施建设和改造工作，在统一协调北京市无障碍设施建设和改造工作方面，特别是在筹办、举办奥运会、残奥会中发挥了重要作用（图2.1）。

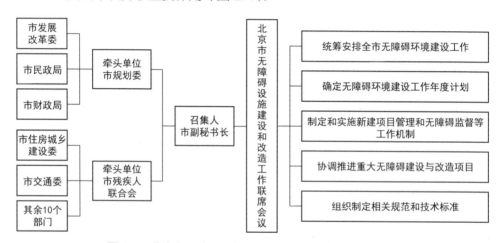

图 2.1　北京市无障碍设施建设和改造工作联席会议机制

2.2.3　项目——北京 2008 年奥运会前重点工作倒排工期折子工程

为做好 2008 年奥运会、残奥会的筹备工作，实现申奥时的承诺和创造良好的城市无障碍环境，北京市制定了全市无障碍设施建设和改造计划。改造计划共涉及奥运场馆及其周边地区、城市道路、公共交通、旅游景点、大中型商场、超市、医院、邮局、学校、城市公园（含城市广场和绿地）、机场、火车站、社会福利设施等人流密集的公共场所，以及行政机关和司法部门对外接待机构等 24 个方面的无障碍设施建设和改造内容，涉及 18 个区（县）政府、25 个行业主管部门。为全面实现"新北京、新奥运"战略构想，切实做好奥运会各项筹办工作，《奥运倒排期折子工程》纳入各级政府督查考核，同时也作为《北京 2008 奥运会与残奥会城市运行纲要》的一项重要内容。

北京市 2005—2007 年连续三年将无障碍设施建设和改造纳入《奥运倒排期折子工程》。2007 年《奥运倒排期折子工程》共包括 5 大类、375 项工作任务，每项工作任务均明确了牵头市领导、牵头责任单位及责任人、协办责任单位，并明确了季度工作任务，时间一直延续到 2008 年第二季度，每年改造达 1000 多项。对 2005—2007 年的无障碍设施建设和改造任务逐年进行细化分解，每年制定建设和改造计划、倒排工期、挂账督办。各责任单位要按照职责分工，根据季度工作进度要求，进一步细化工作责任、岗位分工和具体落实措施，并指派专人负责督办，确保《奥运倒排期折子工程》各项工作落到实处；定期召开有关部门和区（县）无障碍设施建设和改造情况汇报会，了解工作进展情况，及时研究和帮助解决建设和改造中存在的难点问题。每半年由市规划委牵头组织联席会议各成员单位，会同市政府督查室进行一次联合检查，并对重点单位、区（县）进行督查，确保工作进度和年度任务的完成。特别是"十五"期间，北京市被评为"全国无障碍设施建设示范城市"。

2.3 技术标准与设施建设

2.3.1 无障碍设施标准

为进一步做好无障碍设施建设和改造工作，市规划委在 2005 年组织编制的《北京市无障碍设施建设和改造规划导则（试行）》（以下简称《规划导则》）的基础上，于 2006 年组织市政府各有关行业行政主管部门开始编制《规划导则》专项细则，经多次修改完善编制完成。

《规划导则》及其专项细则是北京市开展无障碍设施建设和改造工作的规范性文

件，它有效解决了法规与技术标准有机衔接的问题。《规划导则》及其专项细则进一步明确了城市道路、公共服务建筑，以及公共场所应该建设和提倡建设无障碍设施的内容、标准，为依法执行设计标准、规范无障碍设施建设和改造提供了依据。

《规划导则》由前言、总则、建设和改造内容、保障措施共 3 章 15 节组成。通过对全市无障碍设施建设工作总体目标作出的表述，提出今后主要的发展方向，制定全市无障碍设施建设和改造工作可持续发展的措施，以及明确各行业、各类建筑物、居住区等近期、远期建设和改造要达到的总体目标（图 2.2）。

北京市无障碍设施建设和改造规划导则（试行）

前 言

《北京市无障碍设施建设和改造规划导则 (试行)》 (以下简称《规划导则》)是为加强本市无障碍设施建设和改造工作而制定的规划指导性文件，是规划设计工作应遵循的规则。《规划导则》与《北京市无障碍设施建设和管理条例》、《城市道路和建筑物无障碍设施设计规范》是有机的整体关系。《Jk京市无障碍设施建设和管理条例》是2004年市人大通过的地方性法规，《城市道路和建筑物无障碍设施设计规范》是国家标准暨技术性规定，政府部门出台的相关文件是指导、规范我市无障碍设施建设和改造工作的规范性文件。《规划导则》旨在解决法规与技术规范，规范性文件之间的具体衔接，将它们有机的进行结合，形成互补。

无障碍设施是保障老年人、妇女儿童、残疾人等社会特殊群体平等参与社会生活的基本条件，也是方便人们出行和生活的基本设施要求。随着城市老龄化进程的加快和“家家有老人，人人都会老”的客观存在，加强无障碍设施的建设和改造，是社会发展的必然要求和社会文明进步的重要标志，也是维护广大人民群众根本利益的一个具体体现。

北京是一个特大型城市，现有人口1380多万人，其中有60岁以上老年人口188万，已步入老龄化城市;还有残疾人口62·2万，加快无障碍设施建设和改造工作，已成为构建和谐社会的重要物质基础和基本保障。特别是北京获得了2008年奥运会、残奥会的举办权，该项工作已纳入《市政府奥运会前重点工作倒排工期折子工程》，成为各级政府工作的具体实事之一。各级政府和责任单位、部门要从践行“三个代表”重要思想，立党为公、执政为民，构建和谐社会和首善之区的高度，从落实《北京城市建设总体规划》，完善首都城市功能，建设国家首都、国际城市、宜居城市的高度，从办好一届高水平、有特色的奥运会、残奥会，实现两个奥运一样精彩的高度，充分认识加强无障碍设施建设的重要性，进一步增强做好这项工作的责任感和使命感。通过建设无障碍设施，使人文关怀、残健共融的理念和人文奥运的理念得以充分体现，把北京建设成为适合所有人生活的和谐首都、和谐城市，真正成为全国的文明之市、首善之区。

本《规划导则》由前言、总则、建设和改造内容、保障措施共三章十五节组成。通过对我市无障碍设施建设工作总体目标做出的表述，提出今后主要的发展方向，制定我市无障碍设施建设和改造工作可持续发展的措施，以及明确各行业、各类建筑物、居住区等近期、远期建设和改造要达到的总体目标。

本《规划导则》以硬件建设内容为主，标志和信息的内容为辅。城市整体无障碍环境建设包括硬件建设、软件建设和辅助设施建设三方面。硬件建设为设置各项无障碍设施，软件建设为社会成员之间关怀、礼让、协助、服务，辅助设施为标志和信息。三方面同等重要，不可偏废。

本《规划导则》在编制过程中，征求采纳了部分施工图审查单位的意见，征求采纳了编制《城市道路和建筑物无障碍设施设计规范》的部分专家的意见，还组织征求采纳了部分老年人、残疾人代表的意见。在市无障碍设施建设和改造工作联席会议成员单位，结合行业特点和要求组织了多次研讨的基础上形成。

图 2.2 《北京市无障碍设施建设和改造规划导则（试行）》

《规划导则》中“建设和改造内容”章节，对公共建筑、居住建筑、居住小区、城市道路（含桥梁）、公共交通场所、其他场地、设施及信息与标志等提出了要求。城市整体无障碍环境建设包括硬件建设、软件建设和辅助设施建设三方面。硬件建设为设置各项无障碍设施，软件建设为社会成员之间关怀、礼让、协助、服务，辅助设施建设为标志和信息。三方面同等重要，不可偏废。

2.3.2 无障碍设施建设

北京 2008 年残奥会的举办，加速推进了北京的城市无障碍环境建设，残奥会的 22 个定点医院，16 家残奥会签约酒店，实现了无障碍改造。北京投入了 6 亿多元资金，改造了 6000 多项无障碍设施重点项目，包括建设盲道、修建多处坡化路口、改造名胜古迹、配备无障碍公交车等。除道路等基础设施改造外，北京市还全面推动了宾馆、饭店、银行、商场等公共服务设施的无障碍改造工作。

①场馆无障碍改造。北京残奥会的比赛场馆主要集中在北部中心区和大学区，方便残疾人观赛。20个北京残奥会竞赛场馆和6个独立训练场馆的固定无障碍设施均达到了国家规范要求，国家体育场等5个场馆已达到国际水平。所有的竞赛场馆建设均可以保障运动员、教练员、裁判员、新闻媒体、观众、贵宾、赞助商等的无障碍需求。场馆里的无障碍设施也将提高场馆赛后利用率。

②机场无障碍改造。改造项目涉及15大类30多个小项约1400处。自2004年以来先后改造了首都机场T1、T2两个老航站楼的无障碍设施，修建坡道23处，盲道800多米，改造无障碍电梯12部，无性别卫生间11个，安装一键通低位问询电话36部，无障碍饮水机8台，无障碍座椅100余套。在强化硬件设施的同时，加强软件设施服务，如编印《无障碍服务指南》，设立70多名服务大使，选派骨干员工进行中国手语和国际手语培训，为残疾人、老年人等特殊群体提供免费轮椅、行李搬运、衣物寄存等特别服务。在修建T3航站楼过程中也重视无障碍设施的建设，T3航站楼从2008年2月份启用，规划建设了65个低位柜台、16条无障碍通道、84个无性别卫生间，设置了多部低位问询电话、直升电梯和完善的标识系统。

③公共服务设施无障碍改造。北京市具备坡道、厕所、电梯和标识4项基本无障碍设施条件的大中型商场和餐馆在2008年已达235家，市属11个公园全部做到了出入、游览、如厕和服务4个畅通。残奥会期间，每天约有2万名残疾人到王府井大街、前门步行街、秀水街及红桥市场、天坛公园、颐和园及奥林匹克公园观光、购物与游览。

④公共交通无障碍改造。2004年以来，既有地铁线路开始无障碍设施改造，2007—2008年，公共交通无障碍改造的速度加快。2002年后新开工建设的城市交通路线、大型枢纽，其无障碍设施建设同步进行。残奥会举办前，公共交通原有的1号、2号、13号、八通线4条运营线的所有70个车站239个出入口中，轮椅乘客可通达的出入口达到79个；5号、10号、奥运支线、机场线4条刚投入运营线路的所有53个车站172个出入口中，轮椅乘客可通达的出入口达

64个；8条地铁线路所有123个车站设有完善的站台盲道系统，并采取配备移动坡道的措施解决车厢与站台之间的高差和缝隙问题；地面公交开辟了34条奥运公交专线，2835辆无障碍公交车全部投入运营，其中600辆无障碍公交车投入16条残奥会奥运公交线路中运营；建立了全国第一支无障碍出租车队，专门为轮椅使用者提供了70辆无障碍出租车，使用者可以通过961001订车电话预约使用。

⑤城市道路系统无障碍改造。结合迎奥运3年道路大中修计划，对242条道路全面进行了无障碍设施整修。特别是对残奥会比赛和训练场馆周边31条市政道路，外围111条主要道路、63座天桥、58座通道进行了重点整修和改造。到2008年，北京880条城市道路已铺设盲道1541km，在繁华街区、奥运场馆周边等重点地区建成坡化路口23641处。系统化的交通无障碍建设，较好地满足了残疾人出行、观赛的需求。此外，相关部门发布了《奥运会与残奥会无障碍服务指南》和《北京城市无障碍交通服务指南》，包括中文、英文和盲文中文、英文4个版本，内容覆盖与百姓生活密切相关的9大领域，为各类障碍人群提供多样化和详尽的信息服务。

⑥名胜古迹无障碍改造。残奥会举办前，无障碍流线涵盖了大部分景区，无障碍设施已基本涵盖景区饭店、影院、博物馆、银行、邮局等服务场所。包括颐和园、故宫、长城等名胜古迹在内的全市60家主要旅游景区，在保护文物的前提下均完成了无障碍改造，建成无障碍坡道12028m；八达岭长城设置了180m的自主登城坡道和2处垂直升降机，故宫博物院设置了4处垂直升降平台和5部爬楼机。奥运会、残奥会期间，共有国内外5000多名坐轮椅的残疾人运动员和游客实现了登长城、游故宫的梦想。

⑦由外入内一体化无障碍改造。从2008年起，市政府将其列入为民办实事工程，开始大规模进行家庭无障碍改造。需要特别指出的是，残疾人家庭无障碍改造使5300多名残疾人直接受益，解决了他们在洗澡、如厕等日常生活中遇到的实际困难。

⑧无障碍意识初步搭建。在奥运氛围和奥运筹备工作的驱动下，各部门、各行业

主动制定规划标准，加大投入，加大建设改造力度，寓管理于服务之中。越来越多的人对无障碍理念有了更加深入的认识，对帮扶残疾人的技能和知识有了更多的了解。尊重、关心、帮助残疾人已成为志愿者及更多人的自觉行动。

残奥会期间，共有 4000 多名残疾人运动员来京参赛，35 万名残疾人走出家门，参加"快乐残奥"系列活动。北京市无障碍设施经受了前所未有的考验，实现了"三个满意"，为残奥会增添了光彩。正如时任国际残疾人奥林匹克委员会（IPC）首席执行官所说，2008 年残奥会奉献给全世界一个现代化、无障碍的北京，这是残奥会留给北京的丰富遗产之一。也为北京今后进一步切实加强无障碍建设、创建全国无障碍建设城市奠定了坚实基础。

在以 2008 年奥运会保障工作为抓手的城市无障碍环境建设掀起的一波高潮过后，全社会的无障碍意识极大地提高，整个社会营造出了扶残助残的浓厚氛围。奥运会和残奥会竞赛、训练场馆及相关场所的无障碍设施水平符合国际奥委会和国际残奥委会的有关要求，实现了我国申奥时的庄严承诺。

2.3.3　无障碍信息化建设

①在奥运场馆内，设置了为残疾人提供的全方位无障碍设施，为听障人士提供视频交流平台，为视障人士提供超大字体的操作系统等众多信息交流平台。同时，北京奥组委在残奥会期间为运动员、官员和观众编制了《北京奥运会残奥会无障碍服务指南》和《北京残奥会观众服务指南》两本手册，为残疾朋友出行提供了极大方便。此外，盲文点字显示器、盲文刻印机及盲文编辑软件等特殊设备在赛会期间为盲人提供服务。部分竞赛场馆还为听力残疾人士配备无线助听设备，在视频媒体上提供手语翻译等软件。这些设施、系统、软件中的许多成果都荣获了国家各个领域的科技进步奖，在赛后也服务于更多的残障人士。

②以举办 2008 年北京奥运会及残奥会为契机，将 IBM、微软等跨国公司的信息无障碍技术与理念引入中国。2008 年北京奥运会举办之前，首都之窗和第 29 届夏季奥运会官网已完成无障碍建设，迎接 2008 年北京奥运会的"奥运网页无障碍活动"取得新的进展。2008 年 4 月 8 日，中国互联网协会、中国残疾人福

利基金会、中国通信标准化协会联合发起了"北京2008奥运会、残奥会网站信息无障碍行动",在信息产业部电信研究院举办了"北京奥运会网站信息无障碍行动宣讲动员会",向相关网站代表介绍、宣传行动计划,启动行动相关工作。

截至2008年8月,第29届奥运会官方网站和中国残联网站已经完成无障碍改造,新华网、央视国际、新浪网、百度、中国网、中青网、21CN等国内有影响力的网站初步完成了与奥运宣传相关的平台或链接的无障碍改造。同时,由科学技术部支持的中国残联"十一五"科技支撑计划国家重点项目"中国残疾人信息无障碍关键技术支撑体系",针对2008年奥运会、残奥会服务的信息无障碍技术产品通过检测,在奥运和残奥场馆中得到应用。2008年7月23日,科学技术部、工业和信息化部、中国残联等单位联合举办了2008奥运会、残奥会信息无障碍网站及辅助技术应用成果发布会,向社会公开展示了取得的成果。

2.3.4 无障碍服务建设

2004年颁布实施的《北京市无障碍设施建设和管理条例》对无障碍设施建设和管理的责任、义务和法律责任进行了明确的规定,为北京市无障碍设施建设和管理提供了强有力的法律依据。该条例实施以来,社会各界对无障碍设施的认知程度、保护意识有了显著的增强。各区(县)、各部门积极探索无障碍设施管理的有效方法和提供服务的有效措施,并在奥运会和残奥会的保障工作中发挥了重要的作用。

"十五"期间,各级残联组织在城市管理体制改革中得到加强,"代表、服务、管理"职能不断增强,残疾人工作者队伍素质进一步提高。310个街、乡、镇残联实现了机构和职责单列,208个街、乡、镇配备了专职理事长,243个街、乡、镇配备了残疾人协管员,1993个社区和2930个建制村通过民主直选成立了残疾人协会。8个城区被授予"全国社区残疾人工作示范区",26个乡镇被评为"六好乡镇",273个村被评为"五好村",基层工作更加扎实有效。残疾人服务设施建设明显加快,建筑面积从"九五"末期的3万m^2增加到8万m^2,新建了市级残疾人服务设施和一批区（县）残疾人综合服务设施（表2.1），极大改善了为残疾人服务的条件，成为展示首都形象和残疾人自强风采的窗口。信息化建设取得进展，残疾人工作业务信息网络化和办公自动化程度有了提高。

表 2.1　2004—2008 年期间北京市和区（县）残疾人服务设施建设统计

区域	市级残疾人服务设施	区（县）残疾人综合服务设施
东城区	√ （北京市盲人按摩指导中心）	√
西城区	√ （北京市残疾人活动中心）	√
海淀区	—	√
朝阳区	√ （北京市残疾人康复服务指导中心）	√
通州区	—	√
石景山区	√ （北京市康复医院）	√
昌平区	—	√
顺义区	—	√
丰台区	√ （北京市残疾人职业介绍、信息中心）	√
大兴区	√ （北京市残疾人体育训练职业技能培训中心）	√
房山区	—	√
门头沟区	—	√
平谷区	—	√
怀柔区	—	√
密云县	—	√
延庆县	—	√

第 3 章

北京 2008 年奥运会后无障碍设施建设常态化（2008—2011 年）

2008 年奥运会和残奥会结束后，北京市无障碍环境建设工作进入平稳、常态化的发展阶段。无障碍设施建设的推进速度进一步加快，无障碍设施数量成倍增长，"理解、尊重、关心、帮助"残疾人逐渐成为全社会的共同行动。《中华人民共和国残疾人保障法》于 2008 年 4 月 24 日修订通过，自 2008 年 7 月 1 日起施行。为了实施《中华人民共和国残疾人保障法》，结合北京市无障碍环境建设实际情况，北京市无障碍环境建设工作重心逐渐转移到组织、制定、发布无障碍环境保护地方标准，加强标准实施监管、建立联动机制，保证新建项目按照无障碍标准设计和建设，并逐步探索建立起无障碍环境建设监督机制。

3.1 法规与政策

3.1.1 《中华人民共和国残疾人保障法》

2008 年印发的《中共中央 国务院关于促进残疾人事业发展的意见》（中发〔2008〕7 号），明确坚持"政府主导、社会参与，国家扶持、市场推动，统筹兼顾、分类指导，立足基层、面向群众"的发展原则，对发展残疾人事业作出重大部署。同年，《中华人民共和国残疾人保障法》（以下简称《残疾人保障法》）修订施行，特别增加了"社会保障"和"无障碍环境"专章。
新修订的《残疾人保障法》除将第七章的章名由"环境"修改为"无障碍环境"，主要从以下几个方面完善或者增加了有关无障碍环境的规定：
在设施建设方面，新修订的《残疾人保障法》规定：新建、改建和扩建建筑物等设施，应当符合国家无障碍设施工程建设标准；各级人民政府和有关部门应当按照国家无障碍设施工程建设规定，推进已建成设施的改造；对无障碍设施应当及时维修和保护。
在信息交流方面，新修订的《残疾人保障法》规定：各级人民政府和有关部门应当为残疾人获取公共信息提供便利；国家和社会研制、开发适合残疾人使用的信息交流技术；国家举办的各类升学考试、职业资格考试和任职考试，有盲人参加的，应当为盲人提供盲文试卷、电子试卷或者由专门的工作人员予以协助。

在公共服务方面，新修订的《残疾人保障法》规定：公共服务机构和公共场所应当为残疾人提供语音和文字提示等信息交流服务；公共交通工具应当逐步达到无障碍设施的要求；有条件的公共停车场应当为残疾人设置专用停车位。

3.1.2 《北京市实施〈中华人民共和国残疾人保障法〉办法》

《北京市实施〈中华人民共和国残疾人保障法〉办法》（以下简称《办法》）在1994年7月22日北京市第十届人民代表大会常务委员会第十一次会议上通过，于2011年11月18日由北京市第十三届人民代表大会常务委员会第二十八次会议修订，自2012年3月1日起施行。这是为了实施《中华人民共和国残疾人保障法》，结合了北京市的实际情况而制定的，旨在保障残疾人在政治、经济、文化、社会和家庭生活等方面享有与其他公民平等的权利。《办法》在残疾人康复、教育、就业、文化生活、社会保障、无障碍环境、法律责任等几个方面作出了法律规定。

《办法》指出："市和区、县人民政府应当加强对残疾人事业的领导，制定专项发展规划，将残疾人事业纳入国民经济和社会发展规划""市和区、县人民政府残疾人工作机构应当组织、协调、指导、督促有关部门做好残疾人事业的工作，监督检查有关法律、法规、政策、规划的实施""发展改革、民政、卫生、教育、财政、人力资源和社会保障、统计等政府有关部门应当按照各自的职责开展残疾人权益保障工作，做好残疾人事业发展规划的实施监测、评估和残疾人的统计工作。乡镇人民政府和街道办事处应当明确相关机构和人员负责本辖区内残疾人权益保障工作。"

《办法》指出："各级人民政府应当对无障碍环境建设进行统筹规划和管理，逐步推进无障碍环境建设的系统化、科学化；鼓励和支持无障碍技术产品的研发、推广和应用。"

《办法》指出:"本市新建、扩建和改建公共建筑、居住建筑、城市道路和居住区内道路、公共服务设施的建设单位,应当按照国家和本市有关规定建设无障碍设施。各级人民政府和有关部门应当有计划地在残疾人集中的企业、学校、居住区、公共服务机构进行无障碍设施改造,支持残疾人家庭进行无障碍设施改造。有关部门和单位应当加强无障碍设施的管理、保护和维修,保证设施完好和安全使用。"

《办法》指出:"政府应当推动适合残疾人使用的信息交流无障碍技术和产品研发。政府及有关部门公开政务信息应当采取信息无障碍措施,方便残疾人获取信息。公共服务机构、公共场所应当在必要的服务区域创造条件,为残疾人提供语音和文字提示等信息交流服务;有条件的应当提供手语服务。"

《办法》指出:"政府有关部门应当逐步增加无障碍公交车、出租车的数量,为残疾人出行提供方便。公交车应当配备字幕、语音报站系统并保持正常使用。运营单位购置、改装无障碍公交车、出租车的,政府有关部门应当给予支持。"

《办法》指出:"公共停车场应当依据城市道路和建筑物无障碍设计规范,在方便通行的区域按照停车位总数2%的比例设置无障碍停车位,比例不足一个的至少应当设置1个无障碍停车位。公共停车场应当设置无障碍停车位显著标志,并采取必要措施加强对无障碍停车位使用的管理。公共停车场管理人员在残疾人停放机动车时,应当进行引导,并提供必要的便利服务。"

3.1.3 《北京市"十一五"时期残疾人事业发展规划》

《北京市"十一五"时期残疾人事业发展规划》编制的指导原则为:"十一五"时期,残疾人事业发展以"新北京、新奥运"为动力,以提高残疾人的生活水平为出发点,加快改善残疾人的康复、教育、就业和社会保障等状况,进一步丰富残疾人精神文化生活,营造更加文明的社会环境,促进残疾人平等参与社会、共享社会物质文化成果,实现残疾人事业在总体上与首都经济社会的发展相适应,与和谐社会首善之区建设相协调,为首都改革发展稳定作出更大贡献。该规划提出了"十一五"期间北京残疾人事业发展的指导原则和总体目标、主要任务和措

专栏 1："十一五"期间残疾人事业发展主要指标

- 城市残疾人人均可支配收入和农村残疾人人均纯收入年均实际增长 6% 以上；
- 有康复需求的残疾人（约 38 万）康复服务覆盖面达到 100%；
- 为 8 万名贫困残疾人提供康复救助；
- 有就学能力的适龄残疾儿童少年义务教育入学率达到 99% 以上；
- 残疾人职业培训 5 万人次；
- 新安置残疾人就业 1 万名；
- 城镇残疾职工社会保险参保率达到 100%；
- 有效扶持农村贫困残疾人 1.2 万名；
- 农村残疾人合作医疗参合率达到 95%；
- 资助农村贫困残疾人家庭翻建危旧房 1000 户；
- 经常参加全民健身活动的残疾人达到 30%；
- 力争在北京残奥会上夺取 2 枚金牌；
- 城市大型公共设施和奥运场馆无障碍设施建设改造率达到 100%；
- 20 名以上残疾人的社区和村建立残疾人协会组织达到 100%；
- 培养基层残疾人骨干 1.5 万名；
- 贫困残疾人法律援助受助率达到 100%；
- 残疾人社区服务覆盖率达到 95% 以上。

图 3.1 北京市"十一五"时期残疾人事业发展主要指标

施、组织与实施，制定了残疾人事业发展主要指标（图 3.1）。

3.2 机制建设与技术标准

2008 年 6 月，市人大常委会对《北京市无障碍设施建设和管理条例》的执行情况进行审议，审议意见明确要求市政府进一步完善无障碍设施建设和管理的工作机制，针对无障碍设施建设和改造发展的问题加大统筹力度，采取有效措施，促进无障碍设施建设工作继续向前发展。

为落实市人大常委会审议意见的要求，北京市在 2009 年对联席会议机制进行了调整和完善，明确由分管副秘书长担任市联席会议召集人，市规划委和市残联牵头负责市联席会议日常工作，市发展改革委、市民政局、市财政局等 15 家单位为成员单位。2009 年 5 月 15 日，相关部门印发了题为《北京市无障碍设施建设和改造工作联席会议第一次全体会议纪要》，进一步明确和完善了会议制度、工作目标、成员单位及有关部门职责。调整完善后的市联席会议主要职责是：统筹安排全市无障碍环境建设工作，确定无障碍环境建设工作年度计划，制定和实施新建项目管理和无障碍环境监督等工作机制，协调推进重大无障碍环境建设与改造项目进展，组织制定相关规范和技术标准，各成员单位依职责相互配合开展工作。

3.2.1 无障碍设施标准体系建设

2008 年，市规划委组织开展了以"一"带"十"的一揽子标准建设工程。"一"是《北京市无障碍设施建设和改造规划导则（试行）》，其对公共建筑、居住建筑、居住小区、城市道路、公共交通场所的无障碍建设与改造提出了总体要求；"十"是以该导则为指引，组织制定了教育、医疗、银行等10项行业改造细则。这11项标准的发布，使得重要行业、重要地区的无障碍管理，从混沌到清晰、从不知所从到导向明确，设计、建设单位得以凭借这些"标准"，制定改造方案和施工方案，很好地完成众多公共场所、公共建筑、主要大街的无障碍建设与改造任务。2009年，为应对轨道交通集中、大规模建设问题，相关部门制定并发布《城市轨道交通无障碍设施设计规程》DB11/T 690—2009。2012年，配合老旧小区无障碍改造，相关部门制定并发布《北京市既有居住区无障碍设施改造导则》。这些指导性文件和技术标准的制定和施行，在促进全市无障碍环境建设系统化、规范化、科学化中发挥了重要作用。

1.《城市轨道交通无障碍设施设计规程》DB11/T 690—2009（2009年12月发布）

为进一步规范全市轨道交通车站无障碍设施的设计和建设，加强全市轨道交通车站无障碍设施的管理，确保城市轨道交通无障碍工程建设质量，方便特需人群使用全市轨道交通相关设施，根据北京市规划委员会《关于执行2008年度工程建设北京市地方标准编制计划的通知》（市规发〔2008〕867号），由北京市建筑设计标准化办公室组织编制了《城市轨道交通无障碍设施设计规程》DB11/T 690—2009（图3.2）。该规程认真总结了轨道交通车站无障碍设施的设计和实践经验，在相关行业已有的标准规范的基础上，特别针对全市轨道交通车站无障碍设施的相关设计要求，从各个环节、方面制定了较为详尽的规范标准和技术参数，便于全市轨道交通车站无障碍设施设计标准的统一和执行。该规程以安全、适用、可达为原则，主要对城市轨道交通无障碍设计提出技

图3.2 《城市轨道交通无障碍设施设计规程》封面

术要求，主要内容包括总则、术语、实施部位和实施要求4个部分，为北京城市轨道交通无障碍工程建设项目审批和验收提供基本技术依据。

2.《北京城区行人和非机动车交通系统设计导则》（2010年6月发布）

为改善北京城区行人和非机动车交通系统的运行环境，全面落实"以人为本"的设计理念，建立符合北京城市特征的行人和非机动车交通系统设计技术文件，规范设计内容和深度，北京市规划委员会委托北京市市政工程设计研究总院作为主编单位负责《北京城区行人和非机动车交通系统设计导则》的编制工作。该导则在"行人交通系统"与"非机动车交通系统"章节均对无障碍设计提出了要求（图3.3）。

3.《北京市快速公共汽车交通系统规划设计导则》（2010年6月发布）

为适应北京市社会经济和城市交通发展的需要，提高快速公共汽车交通系统工程项目决策和科学管理水平，北京市规划委员会委托北京市市政工程设计研究总院编制了《北京市快速公共汽车交通系统规划设计导则》。该导则第三章"快速公交规划"、第六章"快速公交车站与驻车场"等均对无障碍设计提出了要求（图3.4）。

图3.3 《北京城区行人和非机动车交通系统设计导则》封面

图3.4 《北京市快速公共汽车交通系统规划设计导则》封面

3.2.2 无障碍设施建设全覆盖

①组织制定发布无障碍环境地方标准,加强标准实施监管。在国家标准的基础上,结合全市无障碍环境建设的具体情况,市规划委组织制定发布了《城市轨道交通无障碍设施设计规程》《人行天桥与人行地下通道无障碍设施设计规程》《公园无障碍设施设置规范》《居住区无障碍设计规程》《北京市养老服务设施规划设计技术要点(试行)》《社区养老服务设施设计标准》《北京市城市道路空间无障碍系统化设计指南》和《北京市室外无障碍设施设计指导性图集》。

在跟进重要地区及养老院、福利院、公交枢纽等大型项目无障碍规划设计的同时,北京市加强对地方无障碍标准实施情况的监督管理。对 2011 年年底通车的轨道交通 M8 线、M9 线和 M15 线(东段)等线路上 18 座车站的无障碍设施设计、建设情况开展了调查、评估工作,找出存在的问题,对轨道交通设计、运营管理提出了评估意见和改进建议。

②建立联动机制,保证新建项目按照无障碍标准进行设计和建设。市规划委与市住房城乡建设委对规划审批和竣工验收备案进行协同管理,确保无障碍设施建设到位。相关要求规定市规划委应当在受理建设项目建设工程规划许可申报时,必须有无障碍设计专述,明确项目内无障碍流线和无障碍设施的设置方式,对没有该设计内容的不允许受理;在施工图审查中,对达不到国家无障碍强制性标准要求的施工图设计,不予通过施工图审查。市住房城乡建设委也将无障碍设施专项验收作为建设项目竣工验收备案的必备条件。

③启动无障碍系统化改造试点工程。为解决建筑物与市政道路、地面空间与轨道交通、设施与引导标志间的无障碍衔接问题,为包括残疾人、老年人在内的特殊群体提供安全、畅达的无障碍环境,市规划委牵头启动了王府井、金融街、西直门、北京南站等 8 个地区的无障碍系统化改造试点工程。

④残疾人服务体系建设成效明显。市、区(县)、街道(乡镇)和社区(村)四级残疾人组织体系基本形成,基层残疾人组织建设得到加强,317 个街道(乡镇)残联和 5556 个社区(村)残协有效发挥作用。公共服务机构向残疾人开

放，提供优先优惠服务。政府举办的残疾人专业服务机构达 150 多家，市和区（县）残疾人服务设施面积超过 13 万 m^2。创建 362 个示范残疾人温馨家园，搭建了社区综合助残服务平台。建立 462 家职业康复劳动站，帮助 1.1 万名智力残疾人和稳定期精神残疾人走出家门融入社会。

⑤ 城市无障碍环境建设加快推进。设立了无障碍推动日，全市无障碍改造项目达到 8000 多项，城市大型公共设施和奥运场馆无障碍设施建设改造率达到 100%。组建了 5000 名无障碍监督员队伍，对机场、地铁站、商场、旅游景点等 960 多项公共服务设施进行了监督检查。为 4 万户有需求的重度残疾人家庭实施了家庭无障碍免费改造工程。组建 70 辆无障碍出租车，方便了残疾人出行。建立残疾人信息转介服务平台和无障碍资源中心网站，在公共服务单位推广使用手语、盲文和字幕提示，促进残疾人信息和交流无障碍发展。

第 4 章

北京市无障碍设施建设与首都社会经济发展计划相适应（2011—2020 年）

党的十八大以来，无障碍环境建设进入快速发展阶段。就如何推动无障碍环境建设事业发展，2018年9月14日，中国残联第七次全国代表大会在北京人民大会堂开幕，党中央、国务院发表了题为《在新时代的伟大征程中创造残疾人更加幸福美好的新生活》致辞。以"五个必须"高度概括了其重要思想和指示精神，"必须坚持树立正确的价值理念""必须坚守弱有所扶的原则立场""必须完成决胜全面建成小康社会的关键任务""必须促进残疾人全面发展和共同富裕""必须把推进残疾人事业当作分内责任"。这些重要论述，从为中国人民谋幸福、为中华民族谋复兴的高度，把我们党对残疾人事业发展的规律性认识提高到一个新的高度，为新时代中国特色残疾人事业发展指明了方向，提供了根本遵循。

通过举办残奥会、世博会等重大国际活动，我国的无障碍环境建设水平有了很大提高，同时暴露出一些亟待解决的问题：一是无障碍建设力度尤其是无障碍设施改造力度有待进一步加强；二是无障碍信息交流建设滞后；三是社区无障碍建设和服务水平亟待提高。这些问题都需要从法律制度层面加以解决。为了更好地提升无障碍环境质量，保障残疾人等社会成员平等参与社会生活，由中国残联、住房和城乡建设部、工业和信息化部起草制定了《无障碍环境建设条例》，于2012年6月13日国务院第208次常务会议通过，自2012年8月1日起施行。

4.1 "十二五"期间（2011—2015年）

党的十八大报告要求"健全残疾人社会保障和服务体系，切实保障残疾人权益"。《中共中央关于全面深化改革若干重大问题的决定》《中共中央关于全面推进依法治国若干重大问题的决定》《中共中央关于制定国民经济和社会发展第十三个五年规划的建议》等党的全会文件，对健全残疾人权益保障制度、完善残疾人权益保障法律法规、发展残疾人事业提出了明确要求。全面建成小康社会为发展残疾人事业明确了方向，全面深化改革为发展残疾人事业增添了动力，全面依法治国为发展残疾人事业创造了有利环境，全面从严治党为发展残疾人事业提供了根本保障。

4.1.1 社会背景：建设国际一流的和谐宜居之都

2014年2月25日，习近平总书记在北京考察时就推进北京发展和管理工作提出"努力把北京建设成为国际一流的和谐宜居之都"的目标要求。

党的十八大以来，根据"坚持和强化首都全国政治中心、文化中心、国际交往中心、科技创新中心的核心功能，深入实施人文北京、科技北京、绿色北京战略，努力把北京建设成为国际一流的和谐宜居之都"宏伟蓝图，北京在"增减"之中，推动深刻转型，实现创新引领，努力把为人民造福的事情办好办实，不断增强群众的获得感幸福感安全感。《北京城市总体规划(2016年—2035年)》提出，2035年初步建成国际一流的和谐宜居之都，2050年全面建成更高水平的国际一流的和谐宜居之都。

为了实现"成为国际一流的和谐宜居之都"这一目标，北京加大了城市无障碍环境建设的力度。2015年，市规划委等部门印发《关于创建无障碍环境区县检查验收工作安排的通知》。16个辖区满足无障碍环境建设达标区县的要求，其中海淀区、西城区、石景山区、东城区、延庆区成为国家无障碍环境建设示范区县。

党的十八大以来，党中央、国务院提出了"以人民为中心"的发展思想，对残疾人事业格外关心、格外关注。北京市贯彻落实党的十八大和十八届三中、四中、五中全会和中央城市工作会议精神，营造平等、包容、和谐、共享的社会氛围，进一步提高全市无障碍环境建设水平。

4.1.2 政策文件

1.《北京市"十二五"时期残疾人事业发展规划》

《北京市"十二五"时期残疾人事业发展规划》，是北京市"十二五"规划体系的组成部分。编制该规划，是为了使北京残疾人事业发展与建设世界城市的目标和实施"人文北京、科技北京、绿色北京"的战略相适应，加快推进残疾人社会保障和服务体系建设，进一步缩小残疾人状况与社会平均水平的差距，不断满足残疾人特殊性、多样化、多层次的发展需求，促进首都经济社会全面、协调、可持续发展，建设繁荣、和谐、文明、宜居的首善之区。该规划提出了"十二五"期间北京残疾人事业发展的指导思想、基本原则、总体目标、主要任务和保障措施，体现了市委、市政府发展残疾人事业的意图和要求，是各级政府和有关部门、残联组织依法制定政策、履行职责、编制实施残疾人工作年度计划、做好残疾人工作的重要依据；是社会力量参与支持残疾人事业的基本导向；是广大残疾人和残疾人工作者共同努力奋斗的行动纲领。

该规划主要依据以下文件编制，《中共中央国务院关于促进残疾人事业发展的意见》（中发〔2008〕7号），《国务院办公厅转发中国残联等部门和单位关于加快推进残疾人社会保障体系和服务体系建设指导意见的通知》（国办发〔2009〕19号），《中共北京市委北京市人民政府关于促进残疾人事业发展的实施意见》（京发〔2009〕17号），《北京市国民经济和社会发展第十二个五年规划纲要》，《中国残疾人事业"十二五"发展纲要》，以及国家和北京市残疾人工作相关的法律、法规和政策。

"十二五"时期残疾人事业发展主要指标如表4.1所示。

表4.1 "十二五"时期残疾人事业发展主要指标

类别	序号	指标	目标
社会保障	1	城镇和农村残疾人家庭人均可支配收入年均增速（%）	8
	2	城乡残疾居民养老、医疗保险参保率（%）	95
	3	农村低收入残疾人家庭危旧房改造数量（万户）	[0.25]
	4	生活不能自理残疾人享有护理补贴比例（%）	100
公共服务	5	社区卫生服务中心提供有效康复服务比例（%）	98
	6	有需求的残疾人享有辅助器具适配服务比例（%）	100
	7	残疾儿童1~3年学前康复教育普及率（%）	95
	8	残疾人机构托养人数（万人）	[1.2]
	9	新安置残疾人就业人数（万人）	[1.5]
	10	参加职业技能培训的残疾人数量（万人次）	[5]

续表

类别	序号	指标	目标
公共服务	11	扶贫助残基地数量（个），安置带动残疾人数（万人）	[170]，[1.5]
	12	可持续发展的职业康复劳动站数量（个），安置智力残疾人、稳定期精神残疾人数量（万人）	[500]，[1.5]
	13	残疾人经常性参加基层文化艺术和健身活动的比例（%）	35
	14	残疾人享有 1~2 项信息化服务的人数（万人）	11
	15	有需求残疾人享有法律服务和救助的比例（%）	100
社会环境	16	公共建筑服务设施无障碍改造率提升的比例（%）	5
	17	残疾人社会组织数量（个）	220

注：[ ] 内为五年累计数。

2.《北京市"十二五"时期老龄事业发展规划》

该规划于 2011 年发布，坚持以科学发展观为统领，着眼"人文北京、科技北京、绿色北京"和中国特色世界城市的建设，以完善养老保障体系、构建养老服务体系、健全老龄工作体系为目标，提出"十二五"时期老龄事业发展指导思想、基本原则、总体目标、主要任务和保障措施，是《北京市国民经济和社会发展第十二个五年规划纲要》有关内容的延伸和细化，是指导全市做好老龄工作的重要依据。编制依据为《北京市国民经济和社会发展第十二个五年规划纲要》《中国老龄事业发展"十二五"规划》，以及首都老龄工作相关法律、法规、政策。

"十二五"期间老龄事业发展主要指标如表 4.2 所示。

表 4.2 "十二五"期间老龄事业发展主要指标

类别	指标	2010 年	2015 年
养老保障	职工基本养老保险参保率（%）	—	98
	职工基本医疗保险参保率（%）	—	98
	城乡居民养老保险参保率（%）	—	95
	城乡居民医疗保险参保率（%）	—	95

续表

类别	指标	2010年	2015年
高龄津贴	80~89周岁	—	100
	90~99周岁	100	200
	100周岁及以上	200	300
	失能老年人津贴（元/月）	—	200
	人均预期寿命（岁）	80.8	81.8
养老服务	养老床位数（万张）	7.2	12
	百名老年人拥有养老床位数（张）	2.8	3.8
	老年中长期护理床位（张）	—	5000
	护养型养老床位比例（%）	—	50
	百名老年人拥有日间托老床位数（张）	1	2
	万名老年人拥有护理员数（人）	15	50
	居家养老（助残）员数（人）	2000	10000
	万名老年人拥有心理辅导员数（人）	15	20
	社区（村）老年人协会覆盖率（%）	90	98
	参加老年学校学习的老年人比例（%）①	13	18
老龄工作	万名老年人拥有老龄工作人员数②（人）	10	30

①年度参加老年学校学习的老年人累计数占当年老年人口总数的比例；
②市、区两级老龄工作人员和养老（助残）员数。

3.《北京市人民政府办公厅转发市规划委市残联关于"十二五"期间无障碍环境建设指导意见的通知》（京政办发〔2011〕65号）

"十一五"期间，北京市无障碍建设取得了较大成绩，但在营造全社会普遍关注和支持无障碍建设的氛围、无障碍设施系统化建设、地方无障碍标准体系建设等方面还需要认真研究和加大工作力度。"十二五"期间，北京市无障碍建设面临着新的机遇与挑战。机遇主要体现在：北京市经济与社会发展处在大有可为的重要战略机遇期，在打造"五个之都"、建设中国特色世界城市的进程中，无障碍建设作为城市环境的重要组成部分，有条件获得长足的发展，达到新的历史水平。挑战主要体现在：第一，随着经济社会持续发展和人民生活水平的不断提高,无障碍建设正在从设施建设向环境建设转变,在此过程中,需要不断研究新情况,创新理念,寻找新办法,解决新问题;第二,随着公众对城市无障碍环境质量的要求不断提高,需要进一步推进无障碍建设从局部向全局、由个体向整体拓展,真正做到系统化、规范化、人性化、科学化;第三,随着老龄化社会的到来,顺应公众对无障碍设施数量、覆盖范围和普及程度的需求,需要进一步完善工作机制,加大工作力度,着力解决好困扰无障碍环境建设的突出问题。

"十二五"期间,着力开展以下八大重点任务:一是建立具有北京特色的无障碍标准体系;二是新建项目要按照无障碍标准进行设计、施工与验收;三是深入开展居住区、园林绿地、既有建筑物及交通体系的无障碍改造;四是继续推进残疾人、老年人家庭无障碍改造;五是稳步推进无障碍系统化改造试点工作;六是切实加强对已建无障碍设施的使用、维护与管理;七是推动信息无障碍工作扎实、有序开展;八是创新工作方式,加大宣传力度,实现在"十二五"时期末,无障碍环境建设达到国际化水平,保障残疾人、老年人、儿童和其他行动不便者、交流不便者自主、平等地参与社会生活。

4.《北京市居家养老服务条例》(北京市人民代表大会公告〔2015〕4号)

《北京市居家养老服务条例》经2015年1月29日北京市第十四届人民代表大会第三次会议通过,自2015年5月1日起施行。该条例旨在满足居住在家老年人的社会化服务需求,提高老年人生活的质量(图4.1)。

图 4.1 《北京市居家养老服务条例》发布

该条例共 22 条，根据本市情况，重在完善居家养老服务体系与制度、界定各方主体权利和义务、规范政府责任、完善养老服务设施建设、明确居家养老服务内容和法律责任，从解决本市居家养老服务的突出问题出发，主要规定了以下几个方面的内容：关于立法目的；关于政府职责；关于发挥基层群众性自治组织的自治功能；关于养老服务设施建设和无障碍建设；关于生活与便利服务；关于医疗卫生服务；关于长期护理保障制度；关于志愿互助服务；关于运营支持和养老服务专业人员培养；关于法律责任。

其中关于政府职责，按照立法立责的指导思想，草案细化了市、区（县）、乡镇和街道办事处三级政府的不同职责。

市和区、县人民政府应当履行"将老龄事业纳入国民经济和社会发展规划及年度计划""将老龄事业经费纳入财政预算，建立与老年人口增长和经济社会发展水平相适应的财政保障机制""统筹规划、按标准配置社区养老服务设施"等七项具体职责。

第六条规定了乡镇人民政府、街道办事处应当履行的五项具体职责，包括："整合社会资源，建立社区养老服务平台""指导、组织基层群众性自治组织、社区服务中心（站）及专职养老工作者为老年人服务"等。

为了给老年人营造出良好的无障碍环境，该条例规定："新建、改建和扩建居住区应当符合国家无障碍设施工程建设标准。规划、住房和城乡建设等部门应当逐步推进老旧小区的坡道、楼梯扶手、电梯等与老年人日常生活密切相关的生活服务设施的改造。"

4.1.3 工作机制

2015 年 9 月 6 日，市规划委与市残联联合印发的《北京市规划委员会北京市残疾人联合会关于进一步完善全市无障碍环境建设工作机制的请示》中，在已有的北京市无障碍环境建设工作的基础上，总结了工作面临的新情况与新要求：
一是 2012 年国务院发布了《无障碍环境建设条例》，无障碍工作从以设施建设与改造为主，转变为包括设施无障碍、信息无障碍、服务无障碍在内的无障碍环境建设。二是国务院发布了《国务院关于加快推进残疾人小康进程的意见》（国发〔2015〕7号），要求"全面推进城乡无障碍环境建设"。三是随着全市人口老龄化局面的加剧，老年人、残疾人对无障碍环境质量与水平的要求越来越高。

为适应新形势对北京市无障碍环境建设工作的新要求，市残联与市规划委对联席会议机制的调整与完善提出了如下建议：

①继续由市政府相关领导担任联席会议召集人。联席会议日常协调工作仍由市规划委和市残联负责。

②联席会议名称调整为"北京市无障碍环境建设联席会议"。

③联席会议组成单位除原有成员单位外，增加以下单位：市经信委、市商务委、市旅游委、市教委、市社会办、市重大办、市卫生局、市体育局、市文化局、市文物局、市园林绿化局、市广电局、市邮政局、市通信局、市交管局、市公园管理中心、北京银监局。

④以建设国际一流和谐宜居之都为目标，进一步明确联席会议的组织协调工作职责和成员单位工作职责。主要是：市联席会议负责统筹安排全市无障碍环境建设工作，确定无障碍环境建设五年规划、年度计划，制定和实施新建项目管理和无障碍环境监督等工作机制，协调推进重大无障碍环境建设与改造项目，组织制定相关规范和技术标准。各成员单位依职责相互配合，有效开展工作。

至此，联席会议的工作目标、成员单位、工作机制及各有关部门职责进一步得到完善。

4.1.4 技术标准与设施建设

1.《无障碍设计规范》GB 50763—2012

为建设城市的无障碍环境，提高人民的社会生活质量，确保有需求的人能够安全方便地使用各种设施，依据住房和城乡建设部《2009年工程建设标准规范制订、修订计划》（建标〔2009〕88号）的要求，住房和城乡建设部组织相关设计研究院，总结了我国不同地区多年来无障碍建设的实践经验，参考了有关国际标准和国外先进技术，通过反复讨论、修改和完善，于 2012 年编制完成《无障碍设计规范》GB 50763—2012（以下简称 GB 50763）（图 4.2）。

图 4.2 《无障碍设计规范》GB 50763—2012 封面

GB 50763 共分 9 章和 3 个附录，主要技术内容有：总则，术语，无障碍设施的设计要求，城市道路，城市广场，城市绿地，居住区、居住建筑，公共建筑及历史文物保护建筑无障碍建设与改造。

GB 50763 中，第 3.7.3（3、5）、4.4.5、6.2.4（5）、6.2.7（4）、8.1.4 条（款）为强制性条文，必须严格执行。

2.《绿色建筑设计标准》DB11/938—2012

为落实"人文北京、科技北京、绿色北京"的发展战略，引导低碳生态规划和绿色建筑的科学发展，相关部门组织制定了《绿色建筑设计标准》DB11/938—2012（以下简称 DB11/938）。该标准适用于新建、改建、扩建建筑的绿色设计与管理以及详细规划阶段的低碳生态规划（图 4.3）。

图 4.3 《绿色建筑设计标准》DB11/938—2012 封面

绿色设计应统筹考虑建筑全生命期内建筑功能与节能、节地、节水、节材、保护环境之间的辩证关系，体现经济效益、社会效益和环境效益的统一；应降低建设行为对自然环境的影响，遵循健康、简约、高效的设计理念，实现人、建筑与自然和谐共生。

DB11/938 的指标体系、设计策划及文件要求、规划设计、建筑设计章节，均对无障碍设计提出了要求。

3.《北京市室外无障碍设施设计指导性图集》

随着经济发展、人民生活水平的提高和老龄化社会的到来，社会对于无障碍设施的需求更多、要求更高。由于实施主体和实施时间的不同，无障碍设施存在设计协调不足和管理衔接不畅等问题，为了进一步规范无障碍设施建设和改造工作，实现无障碍设施系统化、规范化管理，从规划设计阶段入手对北京市无障碍设施提出更精细的要求和规范化的引导，市规划委组织相关单位及设计研究院按照《住房城乡建设部等部门关于开展创建无障碍环境市县工作的通知》（建标

〔2013〕37号）的要求，在全市范围内开展无障碍环境区县创建工作。为了更好地指导无障碍设施的系统化、精细化设计和管理，有效引导和监督全市无障碍环境区县创建工作，依据《无障碍环境建设条例》《北京市无障碍设施建设和管理条例》《无障碍设计规范》GB 50763—2012等法律、法规和标准，于2016年编制完成《北京市室外无障碍设施设计指导性图集》（图4.4）。

该图集分为室外无障碍设施的设计要求及实例，建设用地与周边道路无障碍衔接设计及实例，建设用地内室外无障碍设施的设计要求及实例，无障碍坡道基本做法详图、改造案例解析及工程实例，附录5部分。该图集以工程实例为基础，选取了典型规划设计图例和通用做法，提出了室外无障碍设施设计要求和分析说明，为使用者提供了全面和直观的设计思路和方法。该图集注重实践经验，指导使用单位科学规划、合理设计，为北京市各类改造工程中的室外无障碍设施建设提供了参考依据。

图4.4 《北京市室外无障碍设施设计指导性图集》封面

4.《社区养老服务设施设计标准》DB11/1309—2015

为进一步提高北京市社区养老服务设施的规划、设计水平，按照《北京市规划委员会"十二五"时期城乡规划标准化工作规划》和北京市质量技术监督局《关于印发 2014 年北京市地方标准制修订项目计划的通知》(京质监标发〔2014〕36 号)的要求,北京市规划委员会、北京市质量技术监督局于 2015 年组织编制组,在深入调查研究,认真总结实践经验,吸取科研成果以及广泛征求意见的基础上,完成《社区养老服务设施设计标准》DB11/1309—2015(以下简称 DB11/1309)的编制工作(图 4.5)。

图 4.5 《社区养老服务设施设计标准》DB11/1309—2015 封面

因应进一步规范北京市城镇社区养老配套服务设施的规划设计和建设,营造安全、方便、舒适、卫生的生活和社区养老环境,满足老年人多层次、多样化的养老服务需求,制定了该标准。DB11/1309 提出,社区养老服务设施应贯彻执行节约资源和保护环境的国家政策,遵循可持续发展理念,满足北京市现行节能设计标准要求,实现社会、环境、经济三方面的综合效益。DB11/1309 适用于北京市新建城镇社区养老服务设施的规划、设计和建设(历史文化街区除外)。

5.《社区养老服务设施设计标准配套图集 PT-1309》

北京市人口老龄化形势非常严峻，按照北京市养老需求将有 96% 的老年人口要依靠社区养老服务设施实现居家养老，因此加强社区养老服务设施的建设迫在眉睫。北京市第一本关于居家养老服务设施的设计标准发布后，针对无障碍设计经验缺乏、对标准理解困难和不能正确应用等情况，在标准的基础上，相关部门组织编制了《社区养老服务设施设计标准配套图集 PT-1309》。

该图集针对《社区养老服务设施设计标准》DB11/1309—2015 中关于选址、外部环境、建筑设计等基本功能需求作出了解释和图示说明，给出了总平面图、功能关系图、功能单元平面、组合平面等设计示例及部分细部节点构造图等，供广大设计、施工、监理、验收及管理等相关人员参考使用或直接选用，为广大设计人员作好社区养老服务设施的规划设计工作提供了详细指导。

该图集分为编制说明、选址及规划布局、建筑功能及空间组织、功能用房设计、装修及构造、方案示例和附录七章，适用于北京市新建城镇社区养老服务设施的规划、设计和建设（历史文化街区除外）（图 4.6）。

图 4.6 《社区养老服务设施设计标准配套图集 PT-1309》封面

6.《北京市养老服务设施规划设计技术要点（试行）》

为适应北京市居家养老、社区养老和机构养老的实际需求，加强对北京市养老服务设施规划设计和住宅适老性设计的有效引导，规范相关项目的建设，同时避免养老服务设施建设用地改变用途、容积率等土地使用条件搞房地产开发，依据国家和北京市现行相关法律、法规、标准规范和有关政策，制定了《北京市养老服务设施规划设计技术要点（试行）》（以下简称《技术要点》）。

《技术要点》包含总则、规划设计要求、养老服务设施设计要求、住宅适老性设计要求4个方面。包括为老年人提供居住、生活照料、医疗保健、文化娱乐等方面专项或综合服务的建筑，同时兼顾居家养老的建筑设计需求（图4.7）。

图 4.7 印发《北京市养老服务设施规划设计技术要点》（试行）的通知

7.《北京市老旧小区综合改造工程指导性图集》

为完善城市功能，切实改善民生，市委市政府决定"十二五"时期对北京市老旧小区开展综合整治，主要任务包括环境整治、抗震加固、节能改造等。全面实施老旧小区综合整治是改善群众生活质量的重大民生工程、安全工程、节能工程、环保工程。为了做好这项工作，加快老旧小区综合改造工程工作进程，北京市规划委员会、北京市住房和城乡建设委员会组织编制了《北京市老旧小区综合改造工程指导性图集》，旨在为北京市老旧小区综合改造工程提供设计思路和方法；为专家审查提供依据；引导各相关单位注重积累经验，科学设计，精心施工，确保工程的安全和质量。

该图集主要内容包括环境整治、立面改造和项目实例3部分。该图集的编制原则是针对北京市老旧小区房屋改造工程的特点，尊重老旧小区和既有房屋的历史感、时代感；改造后既有房屋的外立面颜色、材质、风格等建筑元素要与小区及周边环境统一协调；整治后的小区居住环境应达到为百姓改善房屋安全和舒适度的基本要求。设计单位在引用、借鉴该图集的过程中，应根据具体项目的实际情况，认真分析研究，精心设计，并按照市委市政府、区委区政府、市住房城乡建设委以及建设单位的要求，遵循国家和北京市相关法律、法规以及技术标准、规范的规定等做通盘考虑（图4.8）。

图4.8 《北京市老旧小区综合改造工程指导性图集》封面

8.《北京市老旧小区综合改造工程实例汇编》

老旧小区改造工程是北京市"十二五"时期的一项重点民生工程。为进一步引导相关单位注重积累经验，科学设计，精心施工，确保工程安全和质量，为下一阶段老旧小区综合整治工作提供设计指导,同时也记录老旧小区改造实践的工作成果,市规划委选取已经竣工并交付使用的典型工程案例,组织编制了《北京市老旧小区综合改造工程实例汇编》。

该汇编主要内容包括项目设计说明、综合改造前后对比、改造图纸及部分构造详图三部分。该汇编是在总结已完成的老旧住宅改造项目工作经验的基础上,对项目中住宅单体节能保温、抗震加固以及环境综合整治进行了改造前后的对比及分析(图4.9)。

图4.9 《北京市老旧小区综合改造工程实例汇编》封面

9.《城市道路空间规划设计规范》DB11/1116—2014

为科学、有效地利用城市道路空间资源,统筹和规范城市道路空间各项规划设计,协调相关行业标准,按照《北京市规划委员会"十二五"时期城乡规划标准化工作规划》和北京市质量技术监督局《关于印发2013年北京市地方标准制修订项目计划的通知》(京质监标发〔2013〕136号)的要求,编制组在广泛调查研究,认真总结实践经验,吸取科研成果以及广泛征求意见的基础上,完成《城市道路空间规划设计规范》DB11/1116—2014(以下简称DB11/1116)的编制工作。DB11/1116 适用于城市道路的新建、改建、扩建及疏堵工程的规划和设计，以及交通附属设施、道路绿化、道路红线范围内的市政设施和公共服务设施、道路沿线建筑等的新建、改建的规划和设计，并可作为城市道路养护和管理的依据。行人和自行车交通量较大的其他道路的规划设计可依据本规范（图 4.10）。DB11/1116 在第五章步行交通、第八章道路平面交叉口章节，均对无障碍设计提出要求。

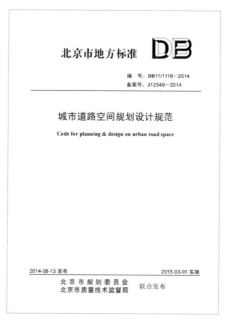

图 4.10 《城市道路空间规划设计规范》DB11/1116—2014 封面

10.《人行天桥与人行地下通道无障碍设施设计规程》DB11/T 805—2011

为适应无障碍环境建设的需要，推进北京市城市道路人行系统中人行天桥与人行地下通道的无障碍设施设置标准化，制定了该规程。

《人行天桥与人行地下通道无障碍设施设计规程》DB11/T 805—2011（以下简称 DB11/T 805）根据北京市质量技术监督局、北京市规划委员会标准编制计划，由北京市市政工程设计研究总院依据相关标准规范，经深入调查研究，认真总结北京地区大量工程实例，并参考香港及其他地区的设计资料，反复论证后形成（图4.11）。

DB11/T 805适用于北京新建城市道路工程中人行天桥与人行地下通道设计。改、扩建工程以及公路系统中新建的人行天桥与人行地下通道设计可参照本规程执行。人行天桥与人行地下通道应面向全部服务对象提供无障碍通行服务。无障碍设施设计应贯彻以人为本的设计理念，以提供尽可能完善的服务为指导思想，做到安全、实用、经济、完整。

图4.11 《人行天桥与人行地下通道无障碍设施设计规程》DB11/T 805—2011封面

11.《〈人行天桥及地下通道无障碍设施设计规程〉配套图集PT-805》

作为《人行天桥与人行地下通道无障碍设施设计规程》DB11/T 805—2011的主要配套图集，该图集对DB11/T 805中涉及的人行天桥及人行地下通道无障碍设计，结合实际工程中的具体情况，对当时实行的标准、规范要求进行明确、分解、对应和落实，以促进城市人行天桥及人行地下通道无障碍设施设置标准化、规范化，指导设计和施工（图 4.12）。

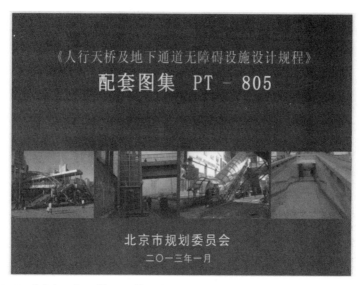

图 4.12 《人行天桥及地下通道无障碍设施设计规程配套图集 PT-805》封面

12.《城市轨道交通工程设计规范》DB11/995—2013

为适应北京市城市轨道交通建设、运营和网络化发展需要，体现北京城市发展目标和北京地方特点，进一步促进城市轨道交通的可持续发展，按照北京市规划委员会标准化工作计划和北京市质量技术监督局《关于印发 2011 年北京市地方标准制修订项目计划的通知》（京质监标发〔2011〕74 号）的要求，经北京城建设计研究总院有限责任公司会同有关单位共同编制了《城市轨道交通工程设计规范》DB11/995—2013（图 4.13）。章节 9.9 专项提出了对车站无障碍设施的要求。

4.1.5　系统化建设北京市无障碍环境

"十二五"期间，无障碍环境建设工作主要围绕"无障碍创建"工作展开。自 2013 年起，根据国家相关要求，北京市组织开展了第二轮"创建无障碍环境区县"工作。在保证新建项目严格执行国家和北京无障碍建设标准的同时，以补缺

图 4.13 《城市轨道交通工程设计规范》
DB11/995—2013 封面

口、系统化、上水平为突破点,全力推动老旧小区、既有公共建筑和城市道路的无障碍改造。在历时 3 年的创建工作之后,北京的城市居住区无障碍环境整体得到完善,道路无障碍体系进一步优化,无障碍系统化改造探索取得了一定成效,信息无障碍环境建设也变得更加规范。全市同时在多个渠道开展无障碍宣传,营造关爱、扶助的良好社会氛围。市无障碍建设牵头部门,积极引导各成员单位和各相关部门,紧密结合行业管理职能,融合推进无障碍环境建设。例如,市银监局、邮政局将银行、邮局的无障碍设施建设作为银行、邮局营业网点开业的必备条件;市旅游委已将停车场、公共厕所的建设与管理纳入星级景区评定标准;市商务委将无障碍设施建设纳入企业评优和资金支持体系;市公园管理中心要求各市属公园,将无障碍设施规划设计与公园景观设计相融合。

总的来说,北京市无障碍环境建设经过多次大力推进,已基本保证无障碍点位设施的高覆盖率(表 4.3)。

表 4.3 各区县公共建筑无障碍设施建设分布情况

区县	综合建设比例	综合服务中心比例	医疗机构比例	学校（包括幼儿园）比例	银行（包括信用社）比例	商店（包括小卖铺）比例	文体活动中心比例
全市	65.19%	65.33%	68.31%	49.41%	41.20%	87.54%	79.35%
首都功能核心区							
东城区	77.27%	97.86%	63.10%	63.64%	58.82%	96.79%	83.42%
西城区	84.57%	86.72%	84.38%	75.78%	73.44%	97.27%	89.84%
城市功能拓展区							
朝阳区	69.81%	68.69%	60.73%	65.05%	58.82%	85.47%	80.10%
丰台区	72.85%	68.96%	74.18%	68.68%	60.16%	90.38%	74.73%
石景山区	59.43%	15.79%	49.34%	63.82%	50.66%	93.42%	83.55%
海淀区	73.05%	72.95%	68.84%	61.40%	58.97%	87.08%	89.06%
城市发展新区							
门头沟区	63.22%	44.91%	74.74%	55.79%	50.88%	80.70%	72.28%
房山区	69.51%	89.97%	80.77%	51.67%	35.28%	84.95%	74.41%
通州区	62.06%	57.34%	67.75%	49.49%	27.13%	92.49%	78.16%
顺义区	56.11%	43.92%	57.45%	37.06%	27.65%	92.55%	78.04%
昌平区	64.85%	67.92%	69.70%	48.12%	41.98%	90.89%	70.50%
大兴区	58.31%	50.00%	56.61%	45.83%	36.78%	86.64%	73.99%
生态涵养发展区							
怀柔区	62.36%	74.45%	85.80%	27.44%	25.24%	80.44%	80.76%
平谷区	63.80%	56.95%	73.51%	44.37%	41.06%	85.43%	81.46%
密云县	62.70%	80.84%	76.41%	27.27%	24.08%	86.24%	81.33%
延庆县	52.53%	58.21%	56.76%	20.77%	14.49%	77.29%	87.68%

"十二五"期间，北京市残疾人生活水平明显提高。城镇残疾人家庭人均可支配收入、农村残疾人家庭人均纯收入在"十二五"时期末分别达 34749 元、18571 元，年均增速达 10.66%、12.04%。落实残疾人参加社会保险个人缴费资助政策，城乡居民养老保险和医疗保险参保率分别达到 97.1% 和 97%。建

立困难残疾人生活、护理、居家养老助残服务和机构托养服务补贴制度，3.8 万人享受最低生活保障或重残人生活困难补助，11.52 万人定期享受生活补助，16.68 万人每月享受护理补贴，11.22 万人按月领取助残券。加大住房保障力度，9269 户城乡残疾人家庭享受住房保障和危旧房翻建维修补助。实施残疾人免费乘车、专用车免费停车、机动轮椅车燃油补贴，公园、旅游景点和公共文化机构免费向残疾人开放，残疾人生活更加便利。

"十二五"期间，残疾人发展条件全面改善。建立残疾儿童早期干预、精神残疾人康复服务体系和残疾儿童少年康复、残疾人辅助器具补贴制度，残疾人康复服务覆盖率达 100%。有关部门出台中小学融合教育行动计划和随班就读指导意见，实施融合教育 6 大工程，建立特殊教育基地 80 个、资源教室 290 个，2528 名残疾人在特殊教育学校就读，4817 人在普通学校随班就读，450 名重度残疾儿童接受送教上门服务。建立扶贫助残基地 171 个，建设职业康复劳动站 542 个，规范盲人保健按摩机构 480 家，完成残疾人职业技能培训 5.03 万人次，新安置残疾人就业 2.05 万人，应届残疾人大学毕业生就业率达 98% 以上。广大残疾人朋友在首都政治、经济、社会、文化等领域发挥主人翁作用，涌现出许多自强模范和先进典型。残疾人服务体系日益完善。残疾人基本服务状况和需求专项调查深入扎实，掌握了 43.06 万持证残疾人基本服务状况和需求、6807 个社区（村）残疾人公共服务情况的基本信息。残疾人服务设施建设实现历史性突破，市职业康复托养中心、康复医院和 13 个区级职业康复中心当时正在建设或建成使用，386 个示范残疾人温馨家园和市辅助器具资源中心、基层辅助器具服务指导站运转顺畅。着眼推进服务体系科学化、专业化，制定《北京市残疾人基本公共服务目录》，构建残疾人服务管理系统，特别是实施残疾人服务"一卡通"工程，提高了残疾人服务信息化、智能化水平。创新服务提供方式，培育残疾人社会服务组织 315 个，实施政府购买服务项目 90 个，在全国发挥了示范引领作用。

扶残助残社会环境更加优化。融合发展理念得到广泛传播，志愿助残、科技助残、文化助残等公益活动踊跃开展。"十二五"期间，社会各界捐赠款物 6500 万元，比"十一五"时期增加 900 万元。法制环境进一步改善，高质量完成

《北京市实施〈中华人民共和国残疾人保障法〉办法》修订工作，建立了一系列配套保障制度和服务标准，推动了残疾人事业走上法制化、制度化轨道。建立残疾人维权示范岗 200 个，法律援助率达到 100%。城市无障碍建设加快推进，免费实施家庭无障碍改造 8 万户，免费配装闪光门铃 3.2 万户，免费安装电脑读屏软件 5000 户，建立免费上网服务点 460 个。一批残疾人文化体育项目得到推广，原创话剧《借光》《危机公关》社会反响强烈，残疾人运动员在伦敦残奥会、索契冬残奥会、全国残运会上取得优异成绩，残疾人代表在 APEC 会议残疾人主题活动中展现风采。

4.2 "十三五"期间（2016—2020 年）

残疾人群体能否如期与全国人民一道过上小康生活，重中之重是做好脱贫解困工作。党和国家领导人特别关心贫困残疾人的脱贫攻坚难题。2016 年 7 月 28 日，党和国家领导人在唐山截瘫养老院看望残疾人时发出"全面建成小康社会，残疾人一个也不能少"的号召。2017 年 2 月，中央政治局第三十九次集体学习中提到，贫困人口从群体分布上看重点是无业可扶、无力脱贫的残疾人、孤寡老人、长期患病者，要把贫困老年人、残疾人等作为群体攻坚重点，确保在既定时间节点完成脱贫攻坚任务。2017 年 12 月，中央农村工作会议上又讲到，未来 3 年还有约 3000 万贫困人口需要脱贫，但结构发生了很大变化，3000 万人中持证残疾人和 65 岁以上的老人就超过 1000 万，必须坚持精准施策。2018 年 2 月，在打好精准脱贫攻坚战成都座谈会上再一次强调，当前建档立卡贫困人口中，因病、因残致贫比例居高不下。这些人群的比例越往后会越高，是贫中之贫、艰中之艰，化解特殊贫困群体难题是打好脱贫攻坚战面临的最为突出的挑战。党和国家领导人把残疾人脱贫解困摆到了打赢脱贫攻坚战、全面建成小康社会至为重要的位置。

2020 年 9 月 17 日，习近平总书记在湖南基层座谈时强调："无障碍设施建设问题，是一个国家和社会文明的标志，我们要高度重视。"《政府工作报告》中连续四年提出加强支持无障碍环境建设，特别是在 2020 年《政府工作报告》中提出"完善便民、无障碍设施，让城市更宜业宜居"。面对新时代发展中的城市现代化、新型城镇化、乡村振兴等战略布局，无障碍环境建设已成为国家民生保障大计，承载着社会公平正义诉求和对人的生命的尊重与关怀，是"以人民为中心"发展理念的具体体现。

北京市人民政府认真学习贯彻习近平总书记系列重要讲话和对北京发展的重要指示精神，牢固树立"创新、协调、绿色、开放、共享"的发展理念，积极适应人口老龄化发展要求，加快推进残疾人小康进程，健全无障碍环境建设管理机制，完善无障碍设施标准体系，推进居住区和老年人、残疾人家庭无障碍设施建设和改造，推进公共建筑、道路、公园、广场、绿地等公共空间的无障碍设施建设和改造，努力建设居家更便利、出行更安全、交流更顺畅的无障碍环境，为建设国际一流的和谐宜居之都提供有力保障。

4.2.1 社会背景：北京 2022 年冬残奥会筹办

"筹办好北京冬奥会、冬残奥会"被写入党的十九大报告，2019 年发布实施的《体育强国建设纲要》正式拉开了我国建设体育强国的序幕，其中提到"制定实施……残疾人等群体的体质健康干预计划""推动残疾人康复体育和健身体育广泛开展"，为残疾人体育的发展指明了方向，同时也提出要"带动三亿人参与冰雪运动"。冬残奥会的举办将极大地推动残疾人体育事业的发展，确保体育强国的建成。2008 年，残奥会举办大大地促进了我国残疾人事业的发展，冬残奥会也将成为塑造残疾观念、彰显残疾人人权、建设包容性社会和夯实残疾人社会保障、促进残疾人事业发展的契机。

4.2.2 政策文件

1.《北京市人民政府办公厅关于做好"十三五"期间无障碍环境建设工作的通知》（京政办发〔2016〕58 号）

"十三五"期间，北京市人民政府办公厅发布了《北京市人民政府办公厅关于做好"十三五"期间无障碍环境建设工作的通知》，主要有完善无障碍设施标准体系、健全无障碍环境建设和管理机制、持续推进无障碍设施建设和改造、积极推进信息无障碍建设四大任务。

1）完善无障碍设施标准体系

研究确定本市无障碍标准体系框架、建设目标和实施方案，组织开展标准编制与发布工作。

2）健全无障碍环境建设和管理机制

①完善无障碍环境建设工作机制；

②健全无障碍设施监督管理机制；

③完善建设项目规划管理机制。

3）持续推进无障碍设施建设和改造

①扎实做好城市重点地区无障碍设施建设与改造；

②继续推进老旧小区无障碍设施改造；

③加快推进已建成的公共建筑无障碍设施改造；

④加强交通无障碍建设；

⑤组织开展残疾人家庭和贫困老年人家庭无障碍设施改造，研究配套政策，制定改造标准，稳步推进实施。

4）积极推进信息无障碍建设

完成首都之窗及市政府各部门、各区政府官方网站的无障碍改造，并积极推动公益组织网站实施无障碍改造。建设无障碍设施信息数据库，开发应用电子信息平台，为残疾人、老年人等特殊群体提供无障碍服务。利用互联网推动远程手语服务，为聋哑人就医等提供便利。

通过完成上述四大任务，为建设居家更便利、出行更安全、交流更顺畅的无障碍环境，为建设国际一流的和谐宜居之都提供有力保障（表4.4）。

表 4.4 北京市"十三五"期间无障碍环境建设重点任务分工方案

领域	编号	任务	责任单位
一、完善无障碍设施标准体系	1	研究确定本市无障碍标准体系框架、建设目标和实施方案,组织开展标准编制与研发工作	市规划和国土资源管理委员会、市质监局、各有关单位
	2	制定无障碍标识体系设计导则	市规划和国土资源管理委员会、市质监局、市交通委、市城市管理委、市公安交管局
	3	将无障碍设计纳入注册建筑师、注册规划师培训,抓好标准宣贯工作	市规划和国土资源管理委员会、市质监局
二、健全无障碍环境建设和管理机制	4	完善无障碍环境建设工作机制,将无障碍环境建设纳入行业发展规划、年度工作计划和相关检查、验收、评比体系,扎实推进	市规划和国土资源管理委员会、市残联、各有关单位
	5	制定本区无障碍环境建设年度计划并负责组织实施	各区政府
	6	将无障碍设施纳入各区网络化管理,加强监督管理	市规划和国土资源管理委员会、市残联、市城市管理委、市社会办、各区政府
	7	建立电话、网络、微博、微信等多元化监督渠道,发挥社会监督作用	市残联、各有关单位
	8	完善建设项目规划管理机制,确保无障碍设施与建设项目同步设计、同步建设、同步验收、同步投入使用	市规划和国土资源管理委员会、市住房城乡建设委
三、持续推进无障碍设施建设和改造	9	推进城市重要功能区无障碍设施系统化改造	市规划和国土资源管理委员会、各有关单位、各区政府
	10	继续推进老旧小区无障碍设施改造,对不符合无障碍设施标准的居住建筑入口、小区绿地入口和配套公建入口实施改造;开展为已建成的多层住宅楼加装电梯试点工作	市住房城乡建设委、市重大办、市城市管理委、市财政局、市规划和国土资源管理委员会、市民政局、各区政府
	11	推动已建成的公共建筑无障碍设施改造	市规划和国土资源管理委员会、市残联、各有关单位,各区政府
	12	实施已建成轨道交通线路无障碍设施改造	市交通委、市规划和国土资源管理委员会、市残联
	13	建立无障碍出租汽车运行保障机制	市残联、市交通委
	14	推进盲人导乘系统建设	市残联、市交通委
四、积极推进信息无障碍建设	15	按照国家和本市无障碍网站设计标准,完成首都之窗及市政府各部门、各区政府官方网站的无障碍改造	市经济信息化委、市残联、各有关单位、各区政府
	16	建设无障碍设施信息数据库并开发应用电子信息平台	市残联、市经济信息化委
	17	利用互联网推动远程手语服务	市残联

2.《北京市"十三五"时期残疾人事业发展规划》

"十三五"时期,为使残疾人权益保障制度更加健全,基本公共服务体系更加完善,残疾人事业与首都经济社会协调发展;广大残疾人学有所教、劳有所得、病有所医、住有所居、老有所养,康复全覆盖、出行无障碍,与全市人民共创共享小康社会,北京市人民政府残疾人工作委员会及北京市发展和改革委员会发布了《北京市"十三五"时期残疾人事业发展规划》。

《北京市"十三五"时期残疾人事业发展规划》有以下 5 大任务:持续加强残疾人民生保障;大幅提升残疾人基本公共服务水平;加快推进残疾人工作体制机制现代化;依法保障残疾人平等权益;着力构建残疾人平等融合社会环境。

"十三五"时期残疾人事业发展主要指标如表 4.5 所示。

表 4.5 "十三五"时期残疾人事业发展主要指标

序号	指标	目标	属性
1	城乡残疾人家庭人均可支配收入年均增速(%)	高于城乡居民可支配收入年均增速	预期性
2	困难残疾人生活补贴目标人群覆盖率(%)	100	约束性
3	重度残疾人护理补贴目标人群覆盖率(%)	100	约束性
4	农村困难残疾人家庭危房存改造率(%)	100	约束性
5	新增残疾人就业人数(万人)	[1.5]	约束性
6	残疾儿童少年义务教育入学率(%)	99	约束性
7	0~6 岁儿童残疾筛查和康复服务覆盖率(%)	90	约束性
8	有需求残疾人基本辅助器具适配率(%)	100	约束性
9	残疾人社区文化体育活动参与率(%)	90	预期性
10	残疾人法制宣传教育普及率(%)	90	约束性
11	公共停车场按规定设置无障碍停车位的比例(%)	80	约束性
12	社区(村)无障碍改造率(%)	70	约束性
13	每万名残疾人拥有注册的助残社会组织数量(个),助残社会组织每年服务残疾人数量(万人次)	8.10	预期性
14	村级残疾人温馨家园建设数量(个)	100	约束性

注:[ ] 表示五年累计数。

3.《北京市人民政府关于印发〈北京市"十三五"时期老龄事业发展规划〉的通知》(京政发〔2016〕59号)

为适应建设国际一流的和谐宜居之都要求,努力实现本市养老工作理念和模式更加先进,养老保障和服务体系更加健全,管理体制机制运转更加高效,社会参与意识和能力显著增强,形成具有首都特色的养老模式,老年人民生福祉和生活品质实现跨越提升,北京市人民政府印发了《北京市"十三五"时期老龄事业发展规划》。

《北京市"十三五"时期老龄事业发展规划》主要通过实现健全养老保障服务体系、实施居家养老幸福工程、推进老龄事业重点工作3大任务,具体18项工作来实现"十三五"期间老龄事业发展目标。

"十三五"期间老龄事业发展主要指标如表4.6所示。

表4.6 "十三五"期间老龄事业发展主要指标

序号	指标	目标	属性
1	五项社会保险基金收缴率(%)	≥98	约束性
2	人均期望寿命(岁)	>82.4	预期性
3	每千名户籍老年人养老机构床位数(张)	40	预期性
4	护养型养老床位比例(%)	>70	约束性
5	养老机构床位使用率(%)	≥80	预期性
6	街道(乡镇)养老照料中心(个)	208	约束性
7	社区养老服务驿站(个)	≥1000	预期性
8	社区养老服务设施建设	基本实现全覆盖	预期性
9	"北京通-养老助残卡"依申请发卡率(%)	100	预期性
10	老年人参加老年人协会率(%)	>50	预期性
11	区级和街道(乡镇)具有独立法人资格的老年人协会覆盖率	基本实现全覆盖	预期性
12	万名老年人拥有养老护理员数(人)	>50	预期性

4.2.3 技术标准与设施建设

1. 技术标准

1)《北京市无障碍系统化设计导则》(2018年8月发布)

为全面贯彻落实党的十九大精神,推进北京城市总体规划实施,改善人居环境,增强人民群众的获得感、幸福感、安全感,进一步提升北京市无障碍环境建设水平,迎接冬奥会和冬残奥会,建设国际一流的和谐宜居之都,北京市规划和国土资源管理委员会组织中国中建设计集团有限公司,以国家、行业和北京市相关规范和标准为基础,通过大量的实地调研,归纳和总结了北京市无障碍系统化设计、建设与管理实践,借鉴国内外宜居城市建设理念与经验,结合北京市城市功能定位,在广泛征求意见的基础上,于2018年编制完成了《北京市无障碍系统化设计导则》(图4.14)。

图4.14 《北京市无障碍系统化设计导则》封面

《北京市无障碍系统化设计导则》主要内容为:①总则;②术语解释;③城市街区;④公园绿地;⑤交通枢纽;⑥行政办公;⑦博览建筑;⑧体育场馆;⑨医

疗康复建筑；⑩ 中小学校建筑；⑪ 宾馆建筑；⑫ 大型商业；⑬ 居住社区；⑭ 社区养老机构；⑮ 村镇社区；⑯ 城市公共空间人性化服务配套，以及附录 A 设计要点索引、附录 B 评价依据汇总、附录 C 现行无障碍规范、相关技术文件摘要。

《北京市无障碍系统化设计导则》体现以人为本的通用设计理念，强调无障碍系统化设置的系统性和连续性，无障碍设施设计应与城市设计、场地设计、建筑设计、室内设计、标识设计和器具设计相结合，提升城市整体环境品质，方便群众生活。

2)《北京无障碍城市设计导则》（2020 年 9 月）

为使无障碍设计更好地满足城市公共品质与市民无障碍出行和生活需求，贯彻《无障碍环境建设条例》和《北京市无障碍设施建设和管理条例》等法规，落实《北京市进一步促进无障碍环境建设 2019—2021 年行动方案》的各项要求及《北京 2022 冬奥会和冬残奥会无障碍指南》的相关要求，北京市规划和自然资源委员会组织中国中建设计集团有限公司，分析国际现状和目标定位，对标国际一流标准，于 2020 年完成了《北京无障碍城市设计导则》的编制（图 4.15）。

该导则适用于北京市市域范围内道路广场、公共交通场站、公园绿地、各类公共建筑场地、社区公共场所等城市公共空间及其配套设施、信息服务的无障碍设计及其监管服务。

该导则分为目标导向、目标策略、设计要素、服务方法 4 章，明确重点区域重点建设内容要求，提出了关键问题解决策略和设计要素，指导相关设计工作及监管服务；主要面向的使用群体包括城市规划、城市交通、园林绿化、城市管理和残疾人联合会等相关主管部门的管理人员、规划设计人员、

图 4.15 《北京无障碍城市设计导则》封面

相关技术人员和所有关注城市无障碍环境建设的社会人士。

3)《城市公共空间设计建设指导性图集》(2016年4月发布)

为把北京建设成为国际一流的和谐宜居之都，科学、有效地利用城市公共空间资源，统筹和规范城市公共空间各项规划设计及建设工作，依据2015年12月20日至21日召开的中央城市工作会议精神及2016年2月发布的《中共中央　国务院关于进一步加强城市规划建设管理工作的若干意见》(中发〔2016〕6号)、《城市道路空间规划设计规范》DB11/1116—2014及现行相关标准规范、政策，按照突出文化底蕴、体现景观特色的原则，结合首都功能定位和社会发展需求，首都规划建设委员会办公室组织相关单位，制定了《城市公共空间设计建设指导性图集》(图4.16)。

图4.16 《城市公共空间设计建设指导性图集》封面

《城市公共空间设计建设指导性图集》共分为总则，步行空间设置建设要求、图示、实例，沿街界面设置建设要求、图示、实例，绿化系统设置建设要求、图示、实例，公共服务设施建设设置要求、图示、实例，市政设施设置建设要求、图示、实例，公共艺术设置建设要求、图示、实例，建设项目与公共空间的衔接设置建设要求、图示、实例，项目实例9项内容，进一步明确了城市公共空间的概念，详细描述了构成要素和建设原则，并结合工程案例，对于标准规范的技术要求进行了详细说明，供规划设计和建设人员以及各级管理部门在相关试点工程和城市公共空间规划建设中参考使用。

该图集有助于根据不同区域城市公共空间的环境特点及设计诉求，构建与之相适应的城市公共空间系统；通过制定统一的技术要求和指导性意见，解决城市公共空间在设计与实施过程中的不规范及使用功能上的不完善；通过对位置、色彩、材质、文化表达等要素提出的指导性意见，实现传承地域文化、构建具有不同文化特色城市公共空间的目标；解决当时北京市公共空间内各专项设计工作相互脱节的情况，通过构建统一的设计管理平台，使各行政主管部门及各专业设计建设单位之间建立统一联系，促进城市公共空间各行业之间的统筹协调和规范管理，形成行之有效的管理机制，加强公共空间资源的整合利用，提升北京市的城市面貌。

4）《居住区无障碍设计规程》DB11/1222—2015（2015年7月发布）

根据北京市规划委员会《北京市"十二五"时期城乡规划标准化工作规划》和北京市质量技术监督局《关于印发2014年北京市地方标准制修订项目计划的通知》（京质检标发〔2014〕36号）的要求，北京市规划委员会、北京市质量技术监督局组织编制组，经广泛调查研究，认真总结实践经验，参考有关国内外相关标准和应用研究成果，结合北京市城乡建设发展需要，并在广泛征求意见的基础上，制定本规程（图4.17）。

本规程共8章，主要技术内容有①总则；②术语；③基本规定；④道路；⑤绿地；⑥居住建筑公共空间；⑦配套公共设施；⑧标识系统。其中第7.6.2条为强制性条文，与国家标准《无障碍设计规范》GB 50763—2012中第8.1.4条协调一致，

图4.17 《居住区无障碍设计规程》DB11/1222—2015封面

必须严格执行。

5)《居住区无障碍设计规程配套图集 PT-1222》(2016 年 3 月发布)

北京市地方标准《居住区无障碍设计规程》DB11/1222—2015 于 2016 年 2 月 1 日正式实施,为加强该规程的贯彻实施,帮助和指导广大规划、设计及施工等人员理解和正确使用该规程,全面推进北京市无障碍环境建设,提高本市人民的居住生活质量,确保人们在居住区内安全、方便地使用各种设施,配合《居住区无障碍设计规程》DB11/1222—2015 的实施,制定本图集(图 4.18)。

图 4.18 《居住区无障碍设计规程配套图集》封面

本图集分为居住建筑公共空间及配套公共设施,居住区道路,居住区绿地,附录 4 章,适用于北京市内新建、改建、扩建的居住区内道路、绿地、居住建筑的公共空间及配套公共设施的无障碍设计。本图集根据居住区无障碍设计的要求,编制了无障碍设施常用的设计示意图、构造详图和工程实例,便于设计人员参照。

6)《住宅设计规范》DB11/1740—2020(2020 年 6 月发布)

为贯彻落实党的十九大精神,推动《北京城市总体规划(2016 年—2035 年)》实施,根据《北京市"十二五"时期城乡规划标准化工作规划》和《北京市质量技术监督局关于印发 2015 年北京市地方标准制修订项目计划的通知》(京质监发〔2015〕22 号)的要求,北京市规划和自然资源委员会、北京市市场监督管理局组织编制组在广泛调查研究、认真总结实践经验、吸取科研成果以及广泛征求意见的基础上,完成本规范的编制工作(图4.19)。

图4.19 《住宅设计规范》DB11/1740—2020封面

本规范共分12章,主要内容包括:①总则;②术语;③基本规定;④技术经济指标;⑤套内空间;⑥公共空间;⑦住宅设施;⑧室内环境;⑨建筑结构;⑩建筑设备;⑪建筑电气;⑫管线综合设计。其中以黑体字标志,共13条为本规范强制性条文,以斜体字标志的为国家(行业)相关标准强制性条文,均必须严格执行。

7)《北京市新型农村社区建设指导性图集》(2016年发布)

为积极推进北京市新型农村社区建设工作的开展,加强农村社区配套基础设施建设,切实改善农村居住环境,在认真总结北京市前期新农村社区建设试点工作的经验教训的基础上,相关部门组织编制了《北京市新型农村社区建设指导性图集》。该图集旨在从规划设计入手,将统筹规划、全面协调、安全高效和节能环保的设计理念,纳入北京市新型农村社区建设的全过程。该图集不仅对村庄原始文化风貌的保持提出了指导性意见,而且对新型农村社区应该配套的公共服务基础设施提出了规划建设的详细要求,将更好地指导北京市区县基层管理人员、规划设计人员开展新型农村社区建设工作(图4.20)。

图 4.20 《北京市新型农村社区建设指导性图集》封面

该图集的编制依据了《村镇规划标准》《村庄整治技术规范》《北京市农村消防安全管理规定》等法律、法规,以及国家和北京市有关新农村建设的标准、规范。在深入调研、广泛征求意见的基础上,选取了典型规划设计图、北京农村风貌图样,以及部分可按农民不同面积的宅基地进行调整的通用做法,并提出了具体要求与分析说明,以图文并茂的方式为使用者提供更为全面直观的设计思路和方法。

该图集在第四章"新型农村社区公共服务设施"、第五章"新型农村社区道路系统"、第六章"新型农村社区环境卫生设施"、第七章"新型农村社区市政设施"、第八章"新型农村社区环境景观"、第九章"新型农村社区防灾减灾系统"、第十章"新型农村社区文化保护"、第十一章"新型农村社区住宅"章节,均对无障碍设计提出设计引导和要求。

8)《绿色生态示范区规划设计评价标准》DB11/T 1552—2018(2018年6月发布)

为贯彻落实党的十九大精神,推进北京城市总体规划实施,根据北京市发展和改革委员会、北京市质量技术监督局、北京市财政局《关于推进本市 2015—2016

年节能低碳和循环经济标准制修订工作有关事项的函》(京发改〔2015〕2763号)的要求,北京市规划和国土资源管理委员会组织北京市建筑设计研究院有限公司和中国生态城市研究院有限公司组成标准编制组共同编制《绿色生态示范区规划设计评价标准》。本标准是在借鉴国内外绿色生态规划设计实践和研究成果的基础上,结合本市实际情况,经认真调查研究和征求意见后制定的。在第十二章"人文关怀与绿色产业",提出了对无障碍设计的相关评价标准(图4.21)。

图 4.21 《绿色生态示范区规划设计评价标准》DB11/T 1552—2018 封面

9)《北京历史文化街区风貌保护与更新设计导则》(2019年3月发布)

为全面贯彻落实党的十九大和习近平总书记视察北京重要讲话精神,推动《北京城市总体规划(2016年—2035年)》实施,传承古都文脉,打造北京历史文化"金名片",实现历史文化街区有机更新和老城复兴,不断满足广大人民群众对美好生活的新需求,北京市规划和自然资源委员会组织开展了《北京历史文化街区风貌保护与更新设计导则》(以下简称《更新设计导则》)的编制工作(图4.22)。

图4.22 《北京历史文化街区风貌保护与更新设计导则》封面

《更新设计导则》分为6章。包括：总则、术语、街区整体风貌保护与更新、建筑风貌保护与更新、街巷空间及附属设施、实施管理。其中第3章"街区整体风貌保护与更新"指出了北京历史文化街区传统风貌保护的基本要求、各类保护要素和整治要素，以及在街区层面需要进行整体风貌保护与有机更新的各项要素及相关控制措施。第4章"建筑风貌保护与更新"对建筑（院落）层面的各项风貌保护和控制措施作出了具体规定。第5章"街巷空间及附属设施"对历史文化街区的街巷空间及其中各类附属设施的风貌保护和控制措施作出了具体规定。第6章"实施管理"为《更新设计导则》实施提出了相关的配套管理制度、社会共治和规划设计实施保障建议。

其中在"街区整体风貌保护与更新""建筑风貌保护与更新""街巷空间及附属设施""实施管理"等章节，均对无障碍设计进行引导和要求。

10）《绿色雪上运动场馆评价标准》DB11/T 1606—2018（2018年12月发布）

为全面贯彻党的十九大精神，以习近平新时代中国特色社会主义思想为指导，坚持绿色发展理念，把握首都"四个中心"的城市战略定位，推动北京城市总体规划实施，为将北京 2022 年冬奥会、冬残奥会办成一届绿色、精彩、非凡、卓越的奥运盛会提供技术保障，按照北京冬奥组委规划建设部、北京冬奥组委总体策划部《关于编制北京市地方标准〈绿色雪上运动场馆评价标准〉的函》（冬奥组委规函〔2018〕118 号）和原北京市质量技术监督局《北京市地方标准制修订增补项目计划的通知》（京质监发〔2018〕86 号）要求，由北京市规划和自然资源委员会牵头，会同北京市住房和城乡建设委员会、天津市住房和城乡建设委员会、河北省住房和城乡建设厅联合组织相关单位，在广泛调查研究、认真总结实践经验、吸取科研成果以及广泛征求意见的基础上，完成了《绿色雪上运动场馆评价标准》DB11/T 1606—2018 的编制工作。其中在第六章"健康与人文"章节，对无障碍设计提出要求（图 4.23）。

图 4.23 《绿色雪上运动场馆评价标准》DB11/T 1606—2018 封面

11)《建设工程规划设计技术文件办理指南》（2018 年 3 月发布）

为贯彻落实《关于进一步优化营商环境深化建设项目行政审批流程改革的意见》

（市规划国土发〔2018〕69号）的要求，配合北京市对社会投资建设项目行政审批流程改革工作，进一步明确建设项目办理过程中的相关技术要求，指导和规范北京市社会投资建设项目申报技术文件和图纸编制工作，提升北京地区建设工程设计质量，保证建设工程项目申报工作顺利完成，进一步提升建设工程审批办理服务水平和办理效率，便于全建设过程监管，北京市规划和国土资源管理委员会组织编制了《建设工程规划设计技术文件办理指南》，为建设单位、设计单位提供指导（图4.24）。

图4.24 《建设工程规划设计技术文件办理指南》封面

该指南通过条文说明与图示相结合的表达形式，对建设工程设计方案及建设工程规划许可证办理事项中涉及的技术文件、规划设计图纸提出通用性技术要求，供建设单位、设计单位在申报过程中遵照执行，其中以下画线提示的条款为规划国土管理部门重点核查内容。所有申报技术文件，除应符合该指南外，尚应符合国家、行业和北京市现行相关法规、规范和标准以及北京市规划和国土资源管理相关要求。其中在第一章"建设工程设计方案技术要求"、第二章"建设工程规划许可证技术要求"都对无障碍专项提出了要求。

12）《既有住宅适老化改造设计指南》（2019年7月发布）

为了完善城镇养老服务功能，保证北京市既有住宅适老化改造的可实施性，提高适老化改造设计的规范性，北京市规划和自然资源委员会按照《北京市居家养老服务条例》的要求，密切结合北京市既有住宅状况，组织相关单位在广泛调查研究，认真总结实践经验，吸取科研成果以及广泛征求意见的基础上，完成该指南的编制工作（图4.25）。

图 4.25 《既有住宅适老化改造设计指南》封面

该指南的主要技术内容是：①总则；②术语；③基本规定；④套内空间；⑤公共空间；⑥室外公共部分，适用于北京市城镇住宅适老化改造设计，主要包括以下3个方面：①指导老年人所居住的既有住宅套内空间适老化改造设计；②指导既有住宅加装电梯及公共空间适老化改造设计；③指导既有居住区室外道路、绿地等相关空间及设施的适老化改造设计。

13）《母婴室设计指导性图集》（2018年10月发布）

为全面贯彻落实党的十九大精神和习近平总书记对北京工作的重要指示精神，满足人民日益增长的美好生活需求，保障妇女儿童权益，指导母婴室设计工作，提高母婴室建设质量，更好地指导和规范母婴室设计工作，适应人民群众对母婴设施的新需求，按照国家卫生计生委等部门《关于加快推进母婴设施建设的指导意见》（国卫指导发〔2016〕63号）、北京市委市政府《关于实施全面两孩政策改革完善计划生育服务管理的意见》（京发〔2016〕7号）和北京市卫生计生委等部门《关于加快推进母婴设施建设的实施意见》（京卫指导〔2017〕12号）的要求，在调查研究基础上，相关部门组织编制了《母婴室设计指导性图集》（图4.26）。

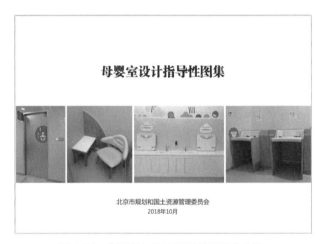

图4.26 《母婴室设计指导性图集》封面

该图集依据相关国家政策和标准，在深入调研、广泛征求意见的基础上，归纳总结了母婴室的类型，提出了设置位置建议、面积标准、平面布置原则，以及室内环境等相关细节要求。结合项目实例，以图文并茂的形式为使用者提供了全面直观的母婴室设计思路和方法，供设计和管理人员参考。

14）《城市轨道交通无障碍设施设计规程》DB11/690—2016（2016年10月发布）

为适应北京市轨道交通建设、运营和网络化发展需要，体现北京"世界城市"发展目标，进一步促进轨道交通工程无障碍设施的可持续发展，按照北京市规划和国土资源管理委员会标准化工作计划和《北京市质量技术监督局关于印发2015年北京市地方标准制修订项目计划的通知》（京质监发〔2015〕22号）的要求，由北京城建设计发展集团股份有限公司会同有关参编单位，对原北京市地方标准

《城市轨道交通无障碍设施设计规程》DB11/T 690—2009 进行了修订。在修订过程中，编制组进行了深入调查研究，分析总结了原规程的执行情况，特别是近年来我国和北京市轨道交通工程无障碍建设和运行管理的经验，同时，借鉴了有关国家先进经验，在此基础上又广泛征求了北京市有关单位意见，通过反复讨论、修改和完善，最后经审查定稿。本规程共分 3 章，主要内容包括：总则、术语和设计要求（图 4.27）。

图 4.27 《城市轨道交通无障碍设施设计规程》DB11/690—2016 封面

15）《城市综合客运交通枢纽设计规范》DB11/1666—2019（2019 年 9 月发布）
为适应北京市城市客运交通发展的需要，使城市综合客运交通枢纽设计达到以人为本、安全便捷、经济合理、绿色环保、技术先进的要求，北京市规划和自然资源委员会组织制定了北京市地方标准《城市综合客运交通枢纽设计规范》DB11/1666—2019，并与北京市市场监督管理局联合发布，自 2020 年 4 月 1 日起实施。自实施之日起，北京市新建、改建和扩建的城市综合客运交通枢纽的设计应按照该规范执行。本规范适用于北京市新建、扩建和改建的城市综合客运交通枢纽的设计。在"总体设计""建筑设计"章节，均对无障碍设计提出要求（图 4.28）。

图 4.28 《城市综合客运交通枢纽设计规范》DB11/1666—2019 封面

16）《街边门店无障碍环境设计指引》(2020 年 11 月）
北京市规划和自然资源委员会会同中国中建设计研究院有限公司专门出台了针对街边门店的无障碍环境设计指引，由属地街道办事处或基层残联等部门统一组织各社区责任规划师或专业机构，对每个门店的个性问题，开展具有针对性的设计，做到专人负责，一店一策。

2. 环境建设

1）北京 2022 冬奥会和冬残奥会无障碍环境建设
2018 年，按照市委、市政府、冬奥组委要求，相关部门组织开展了全市范围内无障碍环境摸底调查工作，为全面提升北京市无障碍环境建设水平提供决策依据和实施建议；兑现主办城市相关无障碍承诺，严格按照主办城市合同及义务细则要求和北京市无障碍环境建设实际情况，制定了《2022年北京冬奥会和冬残奥会无障碍环境提升行动方案》，对竞赛场馆和大量城市公共空间提出形成高质量的城市无障碍环境的要求和实施路径；在全市范围内宣贯《北京2022年冬奥会和冬残奥会无障碍指南》，在涉奥场馆建设中全面落实相关要求。

2019年，为落实对无障碍环境建设工作的部署要求，市政府成立以时任市长为组长，时任市委市领导为执行组长的无障碍环境建设专项行动工作组。

2019年，市规划自然资源委组织编制了《2022年北京冬奥会和冬残奥会无障碍环境提升行动方案》，提出北京市为保障冬奥会、冬残奥会顺利召开所必须具备的城市无障碍条件，并细化为实施方案，落实到各职能部门。

2019年，市规划自然资源委与市残联共同牵头，市住房城乡建设、民政、经信等5部门共同商定选取了与赛事运行相关重点区域开展无障碍环境市县村镇创建工作，共选取西城、海淀、朝阳、石景山、延庆5个区8个重点街道（镇）作为创建重点区域。

2019年，市残联推进《北京市冬奥会和冬残奥会无障碍服务手册》编制工作。

2020年，市规划自然资源委、住房和城乡建设部、中国残联安排人员参加市残联牵头开展的对16个区的7轮无障碍环境创建检查和市重大办牵头开展的对冬奥场馆及周边环境的专项检查工作。

2020年贯彻落实北京市深入推进北京冬奥会冬残奥会筹办决战决胜动员部署大会精神，根据运行保障指挥部城市运行及环境保障组第一次会议要求，牵头组建无障碍环境建设部，研究制定机构组成方案，细化职责分工、工作措施。认真落实市委城工委会议关于冬奥会和冬残奥会无障碍环境建设工作的部署要求，召开市无障碍专班会议和2次工作例会，调度各区、市有关部门对冬奥场馆周边地区红线外1km范围进行排查，编制冬奥场馆周边地区2021年度无障碍设施改造工作计划，初步确定计划整改点位5079个。编制2021年度无障碍专项行动《工作要点》《重点项目清单》，按照"细化、量化、项目化、具体化"要求明确16项重点工作任务。

根据《北京市2022冬奥会场馆和配套基础设施总体建设计划（2020年版）》，由北京市负责组织建设的北京赛区、延庆赛区冬奥会工程共57项。截至2021年3月底，累计开工55项、完工49项，正在实施6项，还有2项计划近期开工。冬奥会和冬残奥会使用的新建场馆、服务场所无障碍设施，已按《北京2022冬奥会和冬残奥会无障碍指南》标准建设；冬奥会和冬残奥会使用的既有场馆及设施根据《北京2022年冬奥会和冬残奥会无障碍指南》标准并按照"一馆一案"原则进行无障碍改造，已基本完工（图4.29）。

图4.29 冬奥村全面坡化，下沉庭院大落差连续折线坡道

2020年12月重点检查了五棵松、首都体育馆、国家游泳馆、国家体育馆、国家速滑馆周边公共场所点位1102个，发现存在问题，组织相关区进行整改。组织西城区、朝阳区、延庆区对21家北京冬残奥会签约饭店无障碍环境进行排查。专题调度冬奥会和冬残奥会签约饭店无障碍客房建设，要求全部完成无障碍改造。

2）交通设施无障碍环境建设

2018年，公共汽车电车运营车辆共计22989辆，其中低地板公交车1.17万辆，615条线路车辆已配备了无障碍导板，所有公交车内均配备了语音报站机、滚动屏和"老幼病残孕"专座，专座数量不低于座椅总数的10%，新采购的车辆专座数量不低于座椅总数的 20%（双层车除外）。开发了"北京实时公交""公交 e 路通"等手机服务软件。增加 300 部无障碍网络运营出租车，全市无障碍出租车已达 535 辆，为 556 人次乘坐无障碍出租车补贴 6.3 万元。

2018 年，在道路新（改、扩）建工程中，建设盲道共计 30 余 km，建设人行过街盲人音响复合灯 13 套，设置无障碍坡道 40 余处。完成 136 个公交站牌建设和 69 个公交候车亭制作任务，结合 BRT 线路升级改造工作，对全线 22 处快速公交站台盲道进行了设计。

印发《北京市交通委员会关于按规定做好无障碍停车位设置有关工作的通知》（京交函〔2017〕644 号），要求各区停车管理部门在公共停车场备案过程中，加强无障碍车位设置的检查，对于不符合规定的停车场不予备案。

2019 年更新购置无障碍公交车 2090 辆，淘汰无障碍公交车 809 辆，净增无障碍公交车 1281 辆，截至 2019 年年底，公交集团在册公共汽车电车共计 22134 辆，其中一级踏步公交车 14482 辆，带无障碍坡板公交车 12322 辆，占公交车总规模的 55.67%，占城区公交车总规模的 81.66%。所有公交车内均配备了语音报站机、滚动屏和"老幼病残孕"专座，专座数量由原有的 10% 调整为不低于座椅总数的 20%（双层车除外）。2019 年，对全市轨道交通车站无障碍设施设备进行了全面普查，完善了轨道交通各车站出入口无障碍服务标志标识，方便特殊需求人士乘坐轨道交通出行。2019 年，全市无障碍出租车增至 535 辆，为 1661 人次乘坐无障碍出租车补贴 18.4 万元。"首汽约车"推出特殊人群服务规范，除在平台下达订单约车的方式外，增加"代叫"功能。

2019 年，市交通委在道路新（改、扩）建工程中，城市道路在建项目约 70km，已完成盲道建设 7km。制定了《北京市城市道路精细化养护与管理指南（养护篇）》，明确了盲道等无障碍设施精细化养护的内容、形式和工作标准，编制了维修作业标准图集，规范指导行业管理和工程实施。

2020 年，城市道路注重消除断点，修复盲道 6775 条，整改人行横道 473 个、人行天桥和地下通道 31 个。修复、更新无障碍公交车 10281 辆（图 4.30）；改造无障碍公交站台 701 处；轨道交通更新（增设）172 台楼梯升降平台，

300 个轨道交通车站增设无障碍服务标识及预约服务电话。

图 4.30 无障碍公交车

2020 年为残疾人机动轮椅车主提供救援服务，办理残疾人机动车通行证 416 个。全市无障碍出租车 535 辆，为 2176 人次乘坐无障碍出租车补贴 22.73 万元，持续开展听力视力残疾人导医、手语翻译远程视频及重度肢体残疾人无障碍助力出行 4 个服务，其中听力视力导医项目已服务残疾人 1096 人次。

2020 年市交通委加大无障碍或低地板公交车的置换力度，组织企业建立了完善公交车无障碍设施检修和每日出车检查各项制度措施。2020 年，市交通委组织企业制定了《驾驶员常规车辆例检通则（试行）》和《驾驶员新能源车辆例检通则（试行）》，建立了完善公交车无障碍设施检修和每日出车检查各项制度措施，把公交车报站机、滚动屏、无障碍踏板、轮椅固定装置等无障碍设施作为出车前例检必检内容。开展敬老助残服务的专项整治活动，围绕影响老年乘客和残疾乘客顺畅乘行的难点问题（如电子服务设施的使用、无障碍设施使用、规范进出站、重点照顾等）进行重点治理，开展了为期一个月的文明行为专项整治活动，公交企业召开培训会 600 余场次，培训乘务人员 5000 余人次，检查车辆 31000 余车次。

3）各区无障碍环境建设

市规划自然资源委、市农村工作委、市住房城乡建设委、市民政局、市残联联合下发了《关于在"实施乡村振兴战略推进美丽乡村建设"专项行动中加强无障碍建设的函》，要求各区政府统筹好无障碍建设，将无障碍建设理念融入村庄建设发展规划，无障碍建设方案纳入村庄建设实施方案中。市规划自然资源委将无障碍纳入《北京市村庄规划导则》。市残联下发了《关于扎实推进美丽乡村无障碍环境建设工作的通知》，组织召开了河南台村美丽乡村建设规划专题研讨会，分3期对美丽乡村规划师进行了无障碍培训，对美丽乡村无障碍规划方案进行评估，提出建设性意见，进一步提高了美丽乡村无障碍规划水平。

4）公共服务无障碍环境建设

市残联与建行北京分行签署《提升建行营业网点无障碍服务战略合作协议》，制定《中国建行北京营业网点无障碍设计导则》（试行）和《建行丰台支行无障碍提升方案》，率先在本市打造建行丰台支行无障碍环境建设旗舰店，未来将利用5年时间全面提升建行无障碍服务水平。

市旅游委连续为全市A级景区配备轮椅1622台，陆续改造旅游景区、民俗村无障碍坡道1011.21m，旅游厕所无障碍改造2000余座，改造完成第三卫生间37座，5A级旅游景区做到了第三卫生间全覆盖。

新增景区中实行政府定价或政府指导价的等级景区向残疾人免收门票、免费开放，同时鼓励实行市场定价的等级景区向残疾人免费开放，或制定免费开放日，或实行优惠参观。

"首都之窗"网站无障碍进一步优化。北京电视台新闻频道《新闻手语》节目全年播出共计时长3570min。

2019年，市文化和旅游局持续落实北京市50家执行政府定价和23家执行市场调节价的173家A级旅游景区对进入景区游览的残疾人免收景区门票的规定。市文化和旅游局编制《北京市残障人士文化旅游资源手册》，系统介绍17家优秀旅游景区、17家图书馆以及13家文化馆无障碍设施情况，并针对不同类型残疾人推荐3条旅游路线。

2019年市文化和旅游局共完成旅游厕所改造165座，完成家庭卫生间（第三卫生间）改造42座，5A级以及大部分4A级旅游景区做到了家庭卫生间全覆盖。
截至2019年年底，全市公共图书馆设立盲文及盲文有声读物阅览室7个，开展残疾人文化周活动400场次，市区两级残联共举办残疾人文化艺术类的比赛及展览17次。
2019年歌华有线所辖区域共有残疾人用户40.81万，其中歌华有线电视用户26.07万，接入率占63.88%；歌华宽带用户共3.52万，接入率占8.63%；残疾人家庭互联网普及率已经实现100%。
2019年北京广播电视台全台11套电视频道全部按无障碍环境建设要求设置字幕，设置率达到100%；BTV新闻频道手语播报新闻工作，按要求"每周至少播放一次配播手语新闻节目"，设置率达到100%。
2019年市级政府网站集约化平台部署了政府网站无障碍浏览功能应用组件，实现了政府网站无障碍浏览功能。市政府门户网站首都之窗、各区政府门户网站以及50余个市级部门网站均已实现无障碍浏览。
2009年原北京市旅游局对社会公布北京市150家执行政府定价和23家执行市场调节价的173家A级旅游景区对进入景区游览的残疾人免收景区门票的规定。2020年市文化和旅游局持续落实相关政策。
2020年市文化和旅游局提升改造旅游厕所192座，完成家庭卫生间改造34座。2020年共计改造完成750个无障碍设施点位，其中旅游景区97个，宾馆饭店471个，文化馆28个，图书馆31个，剧院123个。
北京市公共文化设施全部向残疾人免费开放，基本服务项目全部免费，残疾人免费参加各文化馆组织的文化活动。公共图书馆为残疾读者设立康复文献阅览室，室内配有方便盲人读者使用的盲文图书及盲人阅读设备。举办残疾人专场公益讲座，打造"心阅书香"助盲有声阅读志愿服务项目，开创了"语你相通"手语志愿服务项目，组建手语服务队伍，帮助听障人士认识公共图书馆的概况和功能服务。
2020年全市整改政务服务大厅511个、宾馆酒店260个、商场170个、超市248个、餐厅361个、医疗机构749个、学校1064个、银行293个、文化体育休闲场所 185 个、公园景区绿地广场 405 个、公共厕所 2294 个、居住社区及配套设施 19523 个。打造 33 个无障碍示范街区或示范商圈。

北京市不断提高残疾人家庭有线电视入户普及率，截至 2020 年年底歌华有线所辖区域共有残疾人用户 43.67 万，其中歌华有线电视用户 29.51 万，接入率占 67.57%。2020 年市广播电视局对全市主要电视频道字幕、手语等无障碍环境建设情况进行摸底调查。电视频道字幕无障碍环境建设实现全覆盖，北京广播电视台全台 11 套电视频道全部按无障碍环境要求设置字幕，设置率达到 100%；电视频道手语无障碍环境建设达标，重点在 BTV 新闻频道手语播报新闻，"每周至少播放一次配播手语新闻节目"，设置率达标。

2020 年整改政务服务网站、融媒体中心等 162 个，疫情防控新闻发布会在全国率先配备手语翻译，"北京市残疾人在线服务"作为经典案例入选《2020 年联合国电子政务调查报告》。

2020 年市经济和信息化局协助市残联开展无障碍设施建设成果在互联网地图的应用，拟将无障碍设施厕所、公交等数据在百度地图、高德地图上对公众进行发布，在北京市政务数据资源网上为开发者提供下载调用服务，进一步提升城市无障碍设施的建设效果，支撑冬奥会的筹办建设，以及残疾人、老年人等群体的应用（图 4.31）。

图 4.31　无障碍在互联网地图上的应用

5）完善无障碍地方标准体系，推进重点区域、重点项目无障碍建设

发布《北京无障碍系统化设计导则》，从技术层面全面提升全市无障碍环境建设水平，改善城市无障碍整体运行环境。

市规划自然资源委开展无障碍设施可视化、数据化的研究工作，实地采集城市核心区盲道总里程 358km，缘石坡道 8000 余处，公共建筑出入口 2000 余处，提示盲道近万处，成果汇入地理国情系统，逐步形成采集、分析、评价体系，提供决策支持。

2019 年市残联牵头制定《北京市进一步促进无障碍环境建设 2019—2021 年行动方案》，开展无障碍环境建设检查 99 次，无障碍培训 13043 人次。

2019 年，市规划自然资源委编制完善《北京无障碍城市设计导则》，重点解决城市公共空间建筑场地和建筑内部空间之间无障碍设施的系统性和连续性问题。市规划自然资源委委托北京市建筑设计研究院有限公司开展《北京市无障碍环境建设工作优化方法与策略研究》，聚焦无障碍环境建设硬件方面的不足与改进途径。

2019 年开展公共体育场馆无障碍环境建设专项行动，制定《北京市体育行业领域无障碍环境建设专项行动工作标准》，明确了 4 类体育馆、体育场无障碍的建设要求。

2020 年按照《北京市进一步促进无障碍环境建设 2019—2021 年行动方案》要求，初步探索形成"群众提需、专班推动、行业定标、属地整改、网格管护、社会评价"的北京经验，40255 人参与的线上满意度调查好评率 84.7%，16 区千名访谈肯定评价超过 90%，媒体正面、中立舆情占比 94.5%。突出 3 个重点区域 4 个重点领域 17 项重点任务，11 万个点位、98 万无障碍设施元素纳入"无障碍环境建设信息管理系统"。2020 年 6~12 月，共整治闲置、占用问题 7.31 万个；完成整改点位 4.9 万个，整改率 99.51%。

2020 年市规划自然资源委继续开展无障碍标准研究工作，梳理、修订了一系列无障碍设计标准和图集 30 余项，逐步建立完善了无障碍标准体系。启动《公共建筑无障碍设计规程》地方标准的制定工作，在国家相关标准的基础上结合本市

实际进行提升。发布了《北京市无障碍城市设计导则》,提出了"一个都不能少"的原则。结合市级无障碍专项行动,对街边门店进行专项研究,制定《街边门店无障碍提升设计指引》,指导街边门店无障碍设施建设和改造工作。

2020年市发展改革委将无障碍设施建设有关内容纳入"十四五"时期妇女儿童、老龄事业、城市管理等专项规划。配合市重大办、市规划自然资源委、市住房城乡建设委等部门,做好冬奥会冬残奥会场馆和交通基础设施无障碍建设,参与无障碍设施规划设计审查。

6)民生领域无障碍建设

市残联、市财政局、市民政局和市老龄委出台了《北京市居家环境无障碍改造服务管理暂行办法》,制定了与之相配套的"细则""评估制度""入围制度"和"验收标准",提高了居家改造工作的科学化、规范化、精细化管理水平。

2019年,市住房城乡建设委出台了《北京市老旧小区综合整治方案(2018—2020年)》,将无障碍设施和适老化改造、老楼加装电梯等纳入综合整治内容。截至2019年年底,全市老楼加装电梯新开工693部,完工555部,完成200部以上的年度计划。

2019年成立市民政局无障碍环境建设专项行动工作专班,制定《北京市民政局无障碍环境建设(2019—2021年)行动方案》,将无障碍建设纳入新建并投入使用的20家街道(乡镇)养老照料中心和150家社区养老服务驿站。

2019年对《北京市居家环境无障碍改造服务管理暂行办法》进行修改完善,拟采取"互联网+"服务管理模式,扩大服务范围、规范服务流程、完善标准规范、扩大市场供给,为残疾人居家环境无障碍常态化改造奠定基础。

2020年市住房城乡建设委成立了无障碍环境建设专项行动工作专班,制定印发了《新(改、扩)建工程项目无障碍设施建设整改工作指引》(京建发〔2020〕288号)、《北京市居住社区建设工程无障碍环境建设标准规范》、《关于老旧小区实施适龄化改造和无障碍环境建设的指导意见》等规范性文件,明确开展专项工作的具体任务方案。

市住房城乡建设委出台《北京市老旧小区综合整治方案(2018—2020年)》,将无障碍设施和适老化改造、老楼加装电梯等纳入综合整治内容。2017—2020年全市共确认433个老旧小区进行综合整治，已实施开工317个，完工105个，加装电梯1843部。

2020年市民政局督导各区加大社区办公用房无障碍设施建设力度。社区办公用房在楼上或者地下的，尽量调整到一楼，不能满足条件的，安装电梯等无障碍设施；社区办公用房在一层的增设坡道、扶栏等无障碍设施。

2020年正式印发《北京市居家环境无障碍改造服务管理暂行办法》，同时下发了配套的实施细则、家改目录、备案办法、评估工作指引系列配套文件，修改完善了"家改服务信息化平台"，目前政策已正式实施。

7）加大无障碍监督力度

建立了"互联网+随手拍"无障碍监督平台，动员社会力量积极参与监督工作。促进了共享自行车占压盲道、城市副中心公租自行车设置占压盲道、海淀区东源大厦无障碍设施缺失、石景山模式口东里居民小区增加无障碍配套设施、广内人行步道完成无障碍升级改造、六里桥地铁站周边因管理设置栅栏导致残疾人无法就近出入地铁等问题的解决。

2018年以查处占压盲道停车等严重违法为重点，全市共查处停车违法562.6万起。

2019年市交通委组织公交集团对无障碍公交车的无障碍设施进行普查，累计普查运营车12498辆，其中：无障碍坡板存在问题1653辆（电动490辆、手动1163辆）、轮椅固定装置存在问题2859辆、无障碍呼叫装置存在问题3965辆。截至2019年12月底，除待报废486辆、返厂维修96辆外，其余车辆无障碍设施均已修复完毕。

2019年组织无障碍专家和残疾人到首都机场、大兴机场、动物园等进行无障碍设施实地体验活动，营造"无障碍方便你我他"的良好社会氛围。

2020年全市住建系统质量监督机构共对872个建设项目开展无障碍环境建设监督检查，发现存在问题项目17个（均已要求整改）；共对407个建设项目完成无障碍环境建设竣工验收，发现存在问题项目1个并已整改。

2020年通过采取线上线下相结合方式，对1572人开展业务培训，1475人通过考试并取得专业监督员资格。为全市各区、各委办局及相关单位提供专业技术及系统应用、建账员和系统管理员培训共计46场，2900余人次，组织开展8个重点区监督检查23次、351个点位，为各区、各行业整改提供技术督导50余次。组织各区残疾人监督员、人大政协委员、社会各界代表约5000人次，对交通出行、社区宜居、公园景区、商超购物、政务服务、政务网站等方面的无障碍环境进行体验活动。

8)"七小"门店无障碍改造

北京无障碍环境的提升，不仅要扮靓"面子"，更要做实"里子"。其中改造街边"七小"门店，就是北京作为首善之区，打造无障碍温暖"里子"的典型。

"七小"门店，指的是小餐馆、小网吧、小旅馆、小浴室、小歌舞厅、小理发店、小便民店。可别小看这些小店，它们是与市民生活最息息相关的地方，是残疾人、老人活动最多的"一亩三分地"。市规划自然资源委为了改造"七小"门店，专门出台了针对街边门店的无障碍环境设计指引，属地街道办事处或基层残联等部门统一组织社区责任规划师或专业机构，专人负责、一案一策，对每个门店的个性问题进行无障碍专项设计。这样进行无障碍改造的"七小"门店，2021年在全北京已达2.43万个。

第 5 章

北京 2022 年冬奥会和冬残奥会

5.1 社会背景：北京成为"双奥之城"

2015 年 7 月 31 日，中国成功获得 2022 年冬奥会的举办权，北京也成为世界上唯一举办夏奥会和冬奥会的"双奥之城"。习近平总书记指出："北京冬奥会是我国重要历史节点的重大标志性活动，是展现国家形象、促进国家发展、振奋民族精神的重要契机。"作为我国全面建成小康社会并开启全面现代化建设新征程的第一项全球性活动，2022 年北京冬奥会和冬残奥会无疑承载着重要的时代使命，凝结着中华民族伟大复兴的历史情结，寄托着全体人民共同富裕的理想信念。作为冬奥会不可或缺的组成部分，冬残奥会也将在 2022 年同时举办。正如 2008 年的残奥会极大地推动了我国残疾人事业的发展一样，2022 年冬残奥会的举办无疑也将是新时期我国残疾人事业发展的一个重要契机。

5.2 政策文件

5.2.1 《北京市"十四五"时期残疾人事业发展规划》

为深入贯彻党和国家领导人对北京重要讲话精神和关于残疾人事业的重要指示批示精神，认真落实党中央、国务院和市委、市政府决策部署，切实保障残疾人平等权益，根据《中华人民共和国残疾人保障法》《北京市国民经济和社会发展第十四个五年规划和二〇三五年远景目标纲要》等，有关部门制定了《北京市"十四五"时期残疾人事业发展规划》。

本规划规定的主要任务为：完善残疾人社会保障制度，为残疾人提供更加稳定、更高水平的民生保障；推进残疾人充分就业，鼓励残疾人通过生产劳动过上更好更有尊严的生活；健全残疾人关爱服务体系，提升残疾人康复、教育、文化、体育等公共服务质量；创造更高水平无障碍环境，保障残疾人平等参与社会生活的权利；完善支持保障措施，促进残疾人事业高质量发展。

"十四五"时期残疾人事业发展主要指标如表 5.1 所示。

表 5.1 "十四五"时期残疾人事业发展主要指标

序号	指标	目标	属性
1	残疾人家庭人均收入年均增长（%）	与 GDP 增长基本同步	预期性
2	符合条件的残疾人纳入最低生活保障比例（%）	100	约束性
3	困难残疾人生活补贴覆盖率（%）	100	约束性
4	重度残疾人护理补贴覆盖率（%）	100	约束性
5	城乡残疾人职业技能培训人数（人）	[2.5 万]	约束性
6	残疾儿童少年义务教育入学率（%）	99	预期性
7	残疾人基本康复服务覆盖率（%）	90	约束性
8	残疾人辅助器具适配率（%）	90	约束性
9	残疾人居家环境无障碍改造覆盖率（%）	90	约束性
10	残疾人温馨家园联系服务覆盖率（%）	100	预期性

注：[ ] 内为五年累计数。

5.2.2 《北京市进一步促进无障碍环境建设 2019—2021 年行动方案》（京政办发〔2019〕20 号）

为落实市委、市政府主要领导批示精神，加快推进本市无障碍环境建设，2019 年 5 月下旬，市领导责成市残联牵头，研究制定《北京市无障碍环境专项整治行动方案（2019—2021 年）》。其间，副市长、副秘书长先后 3 次召集会议，进行研讨；多次专题听取市残联工作汇报，进行具体指导，并最终确定为"1+4"行动方案。"1"即《北京市进一步促进无障碍环境建设 2019—2021 年行动方案》（简称《行动方案》）；"4"即《北京市无障碍环境建设宣传方案》《全市无障碍设施专项执法整治工作方案》《北京市无障碍环境建设绩效考核及奖补资金管理办法》《北京市无障碍环境建设行动工作组办公室职责》。

《行动方案》根据《无障碍环境建设条例》《北京市实施〈中华人民共和国残疾人保障法〉办法》等法律法规，并结合北京 2022 冬奥会和冬残奥会筹办工作相关要求，以深入贯彻以人民为中心的发展理念，全面落实党中央、国务院及市委、市政府关于无障碍环境建设工作的部署要求，切实解决无障碍环境建设领域突出问题，补齐缺口短板，完善长效机制，不断提升无障碍设施的规范化、精细化、常态化管理水平。《行动方案》的主要内容如下。

1. 分阶段推进

前期准备阶段（2019年12月月底前）。市残联牵头建设全市统一的"北京市无障碍环境建设信息管理系统"，编制《北京市无障碍环境建设标准化图示图集》；市行业主管部门按照职责分工，制定本行业、本领域、本系统的无障碍环境提升工作计划，明确各阶段任务和完成时限，开展相关整改工作；各区政府开展自查，建立无障碍设施台账，梳理归纳各类问题，统筹研究公共场所无障碍设施存在问题的整改措施。

重点推进阶段（2020年12月月底前）。各区政府、市行业主管部门完成对重点区域和重点领域无障碍设施未能有效使用问题的整改，对无障碍设施损毁、应建未建等问题进行整改，切实做到应改尽改。

全面提升阶段（2021年12月月底前）。重点解决无障碍设施不规范、不到位、不系统的问题，推进无障碍设施管理长效机制建设，显著提升全市无障碍环境的规范性、适用性、系统性水平。

2. 重点任务

1）城市道路无障碍

①盲道。全面排查盲道设置状况，研究盲道设置规范。该修复的修复、该建设的建设，确保盲道帮"盲"。加大盲道日常监管力度，落实接诉即办工作要求，对侵占、损毁盲道行为，第一时间进行制止查处。

②人行道。确保人行道在各种路口、出入口位置设置缘石坡道，实现坡面平整、防滑，尽量保证缘石坡道的坡口与车行道之间没有高差。有台阶的人行道、人行天桥及地下通道按标准设置满足轮椅通行需求的无障碍坡道、无障碍引导标识。人行横道两端设置缘石坡道，配置过街音响提示装置，完善相应管理措施。

2）公共交通无障碍

①地面公交。加强公交车无障碍设施维护和对司乘人员的培训，确保现有无障碍

公交车标识清晰，坡板、轮椅固定装置有效使用。逐步增加无障碍公交车，实现城市无障碍公交车配置率达到80%。升级完善导乘信息系统，努力实现公交车内外使用语音和字幕报站。加强公交站台无障碍改造，建设和完善进出站台缘石坡道、盲道。

②轨道交通。优化轨道交通车站内外无障碍标识系统，加强无障碍电梯、升降平台、无障碍卫生间等设施的日常维护，优化轨道交通车站无障碍设施与周边无障碍设施的衔接。

③公共停车场。对已备案的公共停车场、配建停车场和驻车换乘停车场，须按规定比例和标准就近设置无障碍停车位，并在显著位置设置标识。加强无障碍停车位日常使用管理，加大执法检查和处罚力度，确保能够正常使用。

3）公共服务场所无障碍

本市各类公共服务场所应按照可达性、便利性原则，依据《无障碍设计规范》GB 50763—2012，优化无障碍通道，实施出入口坡化处理，设置低位服务设施、无障碍电梯、无障碍卫生间（无障碍厕位）以及用于无障碍信息交流的语音、字幕、标识等无障碍设施。

①政务服务窗口。政务服务中心应在建筑物入口或显著位置设置楼内示意图，在重要信息提示处设置语音播报、电子显示屏等。

②宾馆酒店。按照相关标准，星级宾馆酒店应按1%~2%比例设置无障碍客房，连锁型快捷酒店应至少设置1间能够方便乘坐轮椅人士住宿的客房；鼓励引导旅游住宿预订网站及手机应用程序（APP）增加无障碍住宿设施信息内容。

③商场超市餐厅。有条件的大中型商场超市，应合理配备适合乘坐轮椅人士的购物车，设置无障碍购物引导标识；鼓励有条件的餐厅进行无障碍设施改造。

④医疗机构。二级以上医疗机构应设置无障碍卫生间，社区医疗机构应设置无障碍厕位，各类医疗机构的室内通道应设置无障碍扶手。鼓励有条件的医疗机构配备手语导医服务。

⑤学校。着力推进校园无障碍环境建设，为融合教育创造有利条件。各类学校普通教室根据实际需求配置供乘坐轮椅学生使用的课桌；主要教学及生活用房所

在建筑内至少设置一处无障碍卫生间（无障碍厕位），具备条件的应设置无障碍电梯。特殊教育学校无障碍改造按照《特殊教育学校建筑设计标准》JGJ 76—2019 执行。

⑥银行。各银行网点应提供语音播报、文字提示、盲文标识、电话预约等无障碍信息服务。有条件的银行应提供手语服务，24h 自助银行设置自助低位服务设施。

⑦文化体育休闲场所。影剧院、图书馆、博物馆、文化馆、体育场馆应按比例设置轮椅席位，设置无障碍设施位置图；完善无障碍标识系统，在有闸机的出入口设置无障碍通道，实现无障碍通行。有条件的影剧院应设置方便视力障碍者的听影设施。市、区级图书馆应设置盲文阅览室，并配备助视阅读设备。

⑧公园景区绿地广场。具备条件的公园、A 级以上封闭式旅游景区及大中型广场、绿地，应设置无障碍游览路线图及无障碍设施位置图。不具备改造条件的对外开放重点文物保护单位，应配备临时性无障碍设备，并提供相应服务。

⑨公共厕所。二类以上公共厕所应设置独立的无障碍卫生间，其他公共厕所应设置无障碍厕位，并确保能够正常安全使用。

⑩居住社区。将居住区无障碍改造纳入老旧小区综合整治、背街小巷环境整治提升和美丽乡村建设规划中统一实施，居住建筑出入口应设置无障碍坡道和轮椅回转空间。具备条件的老旧住宅楼可按有关政策加装电梯。居住区内便民服务场所应设置必要的无障碍设施。

4）信息交流无障碍

①媒体服务。全面实施政府网站以及公共服务应用程序的信息无障碍建设和改造。市广播电视台在播出电视节目时应逐步增加配播字幕，在播出新闻节目时应逐步增加配播手语翻译的时间。

②生活服务。鼓励水、电、气、热、通信、金融、医疗卫生等公共服务类网站及相关电商平台实施无障碍改造。积极推进手机导航、电子地图等的无障碍信息服务。在北京市委、市政府的高度重视下，《行动方案》聚焦首都定位，以新一版城市总规为指引，突出抓好"双奥"会场馆周边、四环以内地区、城市副中心 3 个

重点区域无障碍系统化改造，这是首都加强"四个中心"功能建设、提高"四个服务"水平最核心、最集中的区域，也是服务保障冬奥会冬残奥会、展示首都形象最直接、最密切的区域，是无障碍环境建设的重中之重。同时聚焦人民"七有""五性"需求，突出抓好城市道路、公共交通、公共服务场所、信息交流四个重点领域；实施《行动方案》是提升北京市无障碍环境建设水平、建设国际一流的和谐宜居之都的重要抓手。

5.3 工作机制

5.3.1 北京市无障碍环境建设专项行动工作组

北京市健全政府及部门工作责任体系。市行业主管部门按照职责分工，牵头组织本行业、本领域、本系统的无障碍环境建设专项行动，制定标准、明确要求、打造示范工程。各区政府负责组织实施本行政区域内的无障碍环境建设专项行动，细化任务，明确分工。各街道（乡镇）依托党建引领"街乡吹哨、部门报到"工作机制，组织所有权人或管理人加强无障碍设施的改造、维修、保护和管理。市城管执法局指导各区政府和市有关部门开展联合执法活动，集中清理整治重点地区无障碍设施被占用、损毁等问题。市、区残联按照实用、易行、广泛受益原则提出无障碍设施整改需求，并组织开展专项评估、满意度调查等工作。

2019年11月14日，北京市人民政府印发了《北京市进一步促进无障碍环境建设2019—2021年行动方案》的通知。首次由市政府主要领导挂帅，成立了由市政府主要领导任组长，市委、市政府分管领导共同担任执行组长，34个委（办）（局）、16个区领导组成的北京市无障碍环境建设专项行动工作组。

5.3.2 北京市建设工程勘察设计质量告知承诺制实施办法

为贯彻落实《无障碍环境建设条例》第二章第十条"无障碍设施工程应当与主体工程同步设计、同步施工、同步验收投入使用，并与周边的无障碍设施相衔接"

的要求，市规划自然资源委针对设计图纸不落实相关无障碍标准或落实不到位等问题，依托监管平台，配合北京市勘察设计单位及项目负责人设计质量信用评价实施标准，制定了《无障碍环境建设专项检查要点》（表 5.2），对北京市行政区域内新建、扩建、改建房屋建筑工程施工图无障碍环境建设专项设计文件实施事后抽查、联合监管、信用记分及行政处罚。

《无障碍环境建设专项检查要点》包括法律、行政法规、部门规章中的部分规定及各专项设计承诺的内容（表 5.2）。

表 5.2 无障碍环境建设专项检查要点

序号	检查项目	类别	检查内容
13.0			总则
13.0.1			为强化工程社会安全监管，保障人民生命财产安全、建设工程质量安全、消防安全、公众权益和公众利益，并配合北京市勘察设计单位及项目负责人设计质量信用评价实施标准，制定本要点
13.0.2			本要点适用于新建、改建、扩建的建筑工程的无障碍设计事后检查
13.0.3			本要点适用于房屋建筑类内装修改造项目的无障碍设计事后检查时，实行全部改造的项目，执行本要点的内容及相关规范要求；针对部分改造的房屋建筑类内装修改造项目的无障碍设计事后检查时，仅针对涉及无障碍改造部分的区域执行本要点及相关规范要求，且其无障碍改造部分不低于原设计标准
13.0.4			涉及无障碍标识等规范要求，须写入设计说明中以便于后续检查和实施
13.1			检查要点
13.1.1			无障碍环境建设专项检查内容强制性条文部分详见：建筑专业检查要点—无障碍专篇
13.1.2			无障碍环境建设专项检查内容非强制性条文地标部分详见：地方标准执行专项检查要点

在事后抽查中发现违反 B 类工程建设强制性标准条文 1 条的，项目负责人评价分值将被扣除 4 分，设计单位评价分值将被扣除 1 分。未达到无障碍环境建设设计质量承诺，项目负责人评价分值将被扣除 2 分，设计单位评价分值将被扣除 1 分。

同时市规划自然资源委制定了《北京市施工图数字化监管系统无障碍专项检查要点复查工作流程》，及时地将平台推送的问题进行分类处理、整改确认，同时建立台账汇总问题，对设计单位进行定期培训。

无障碍环境建设专项检查要点清单和无障碍地方标准专项检查要点如表 5.3、表 5.4 所示。

表 5.3　无障碍环境建设专项检查要点清单

序号	专业	规范全称及编号	条　文　编　号
1	建筑	《建筑与市政工程无障碍通用规范》GB 55019—2021	第 2.1.1 条、第 2.1.2 条、第 2.1.4 条、第 2.2.1 条、第 2.2.2 条、第 2.2.3 条、第 2.3.1 条、第 2.3.2 条、第 2.3.3 条、第 2.3.4 条、第 2.3.5 条、第 2.4.1 条、第 2.4.2 条、第 2.4.3 条、第 2.5.2 条、第 2.5.3 条、第 2.5.4 条、第 2.5.5 条、第 2.5.6 条、第 2.5.7 条、第 2.5.8 条、第 2.5.9 条、第 2.6.1 条、第 2.6.2 条、第 2.6.3 条、第 2.6.4 条、第 2.6.5 条、第 2.7.1 条、第 2.7.2 条、第 2.8.1 条、第 2.8.2 条、第 2.8.3 条、第 2.8.4 条、第 2.8.5 条、第 2.9.1 条、第 2.9.2 条、第 2.9.3 条、第 2.9.4 条、第 2.9.5 条、第 2.9.6 条、第 2.10.1 条、第 2.10.2 条、第 2.10.3 条、第 2.10.4 条、第 2.10.5 条、第 2.10.6 条、第 2.10.7 条、第 2.11.1 条、第 2.11.2 条、第 2.11.3 条、第 2.11.4 条、第 3.1.1 条、第 3.1.2 条、第 3.1.3 条、第 3.1.5 条、第 3.1.7 条、第 3.1.8 条、第 3.1.9 条、第 3.1.10 条、第 3.1.11 条、第 3.1.12 条、第 3.1.13 条、第 3.2.1 条、第 3.2.2 条、第 3.2.3 条、第 3.2.4 条、第 3.3.1 条、第 3.3.2 条、第 3.4.1 条、第 3.4.2 条、第 3.4.4 条、第 3.4.5 条、第 3.4.6 条、第 3.5.1 条、第 3.5.2 条、第 3.5.3 条、第 3.5.4 条
		《居住区无障碍设计规程》DB11/1222—2015	第 7.6.2 条
		《公共建筑无障碍设计标准》DB11/1950—2021	第 3.1.6 条、第 4.1.4 条、第 4.5.4 条、第 5.1.6 条
2	给水排水	《建筑与市政工程无障碍通用规范》GB 55019—2021	第 2.1.4 条、第 2.2.4 条、第 3.1.5 条、第 3.1.10 条第 3 款
3	电气	《建筑与市政工程无障碍通用规范》GB 55019—2021	第 3.1.4 条，第 3.1.6 条，第 3.1.8 条第 6 款，第 3.2.3 条第 2 款，第 3.4.3 条，第 3.4.4 条第 2 款，第 3.4.8 条，第 4.0.7 条第 2 款、第 3 款

表 5.4 无障碍地方标准专项检查要点

序号	专业	规范全称及编号	条 文 编 号
1	无障碍设计	《公共建筑无障碍设计标准》DB11/1950—2021	第 3.4.4 条、第 3.6.4 条、第 4.4.2 条、第 4.5.1 条、第 6.3.1 条、第 6.4.1 条
2		《居住区无障碍设计规程》DB11/1222—2015	第 7.4.1 条

5.4 技术体系与建设成果

5.4.1 技术标准

1.《建筑构造通用图集 21BJ12-1 无障碍设施》(2021 年 5 月发布)

为了给活动受限者平等参与社会生活提供便利条件,依据相关规范,北规院弘都规划建筑设计研究院有限公司与清华大学建筑学院共同于 2021 年编制完成该图集(图 5.1)。

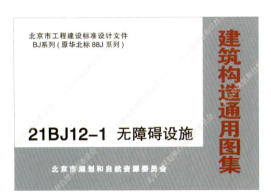

图 5.1 《建筑构造通用图集 21BJ12-1 无障碍设施》封面

该图集包括前言,无障碍标志牌布置方式及选型,城市道路无障碍设施设计,轨道交通车站无障碍设计,建筑无障碍设施设计,无障碍厕所、浴室设计,无障碍厨房设计,无障碍客房设计,母婴室设计,附录 10 个部分,适用于新建、改建和扩建的公共建筑、居住建筑、居住区以及城市道路、广场、绿地、停车场、城市轨道交通等城市公共空间的无障碍系统化设计。该图集包含各部分无障碍设计技术措施要求及常用的建筑构造做法。

该图集对相关规范中的尺度，标识，配套设施，相关材料的种类和规格、技术参数、建筑构造等进行具体化的详图展示。

无障碍设施为系统工程，包括城市道路、轨道交通、公共活动空间、建筑物等。各部分需要相互密切配合共同发挥作用。不同场所或建筑，根据使用功能，使用对象不同，所采用的无障碍设施需有所侧重，同时要兼顾多种活动受限者的需要。

2.《公共建筑无障碍设计标准》DB11/1950—2021（2021年12月发布）

为进一步提高北京市公共建筑的无障碍设计水平，保障社会成员平等参与社会活动的权利，营造友好、包容、共享的无障碍环境，北京市规划和自然资源委员会组织制定了《公共建筑无障碍设计标准》DB11/1950—2021（以下简称DB11/1950），并与北京市市场监督管理局联合发布，于2022年7月1日正式实施（图5.2）。

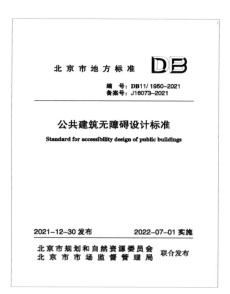

图5.2 《公共建筑无障碍设计标准》DB11/1950—2021 封面

DB11/1950 适用于北京市行政区域内新建、扩建、改建和改造公共建筑工程的无障碍设计。养老、特殊医疗康复、特殊教育、铁路、航空、城市轨道交通以及水运交通建筑的无障碍设计，除符合该标准外，还应符合相关建筑类型标准中的具体规定。DB11/1950 提出公共建筑的无障碍设计应遵循下列基本原则：保证残疾人、老年人等对于无障碍环境有需求的人士的社会生活；遵循通用设计、合理便利、广泛受益的原则，保证公共建筑无障碍环境的安全性和便利性，兼顾经济、绿色和美观；保证无障碍通行、无障碍服务和无障碍信息交流的系统性，保证与其他项目衔接的无障碍设施的连贯性和系统性；各级文物保护单位根据需要在不破坏文物的前提下进行无障碍设计。

5.4.2 北京 2022 年冬残奥会无障碍建设

近年来，北京市突出重点，始终把冬奥会和冬残奥会场馆周边、四环路以内地区、城市副中心 3 个重点区域作为重中之重，围绕城市道路、公共交通、公共服务场所、信息交流 4 个重点领域的 17 项重点任务问题进行整改。截至 2021 年年底，累计整治整改点位 33.6 万个，精心打造 100 个无障碍精品示范街区、100 个"一刻钟无障碍便民服务圈"。首都城市功能核心区、冬奥会冬残奥会赛事和服务保障相关区域基本实现无障碍化，群众好评率达到 88.35%。

无障碍环境适用水平显著提升。近年来，经过大力整治，全市的无障碍环境建设成效显著，北京逐步成为残疾人友好型城市。①城市道路更加顺畅。修复盲道 2.6 万处、人行横道 6597 处；改造人行天桥和地下通道 35 个，城市全域主要道路盲道基本"无断点"、缘石坡道基本"零高差"。②交通出行更加友好。改造公交枢纽、公交站台、地铁站、公共停车场 2000 余个；地铁 1、2 号线等老线车站更新 59 部爬楼车和 142 部轮椅升降平台；打造 606 条无障碍公交线路，1.2 万余辆公交车配备无障碍导板等设施，占城区公交车总数的 80.12%；配置无障碍出租车 535 辆。更多残疾人、老年人可以独立出行。③公共服务更加便利。市、区、街乡三级政务大厅，二、三级医院，一、二类公共厕所全面实现无障碍化；公园景区、宾馆饭店以及图书馆、文化馆、影剧院等公共文化体育场所无障碍设施及服务进一步普及；大中型商超无障碍软硬件水平明显提升；各级学校无障碍设施进一步完善，软性服务实现全覆盖；银行无障碍设施、服务持续优化。

社区环境更加宜居。实施残疾人、老年人家庭无障碍改造；老旧小区实行"菜单式"改造，加装电梯等无障碍设施改造成为常规性项目。2.95 万栋老旧住宅楼加装扶手、单元门口进行坡化，改造街边"七小"门店 2.43 万个，努力解决群众家门口"最后一公里"的无障碍问题。

信息交流和服务更加贴心。在全国首批通过适老化及无障碍改造评估的网站和 APP 中，全市 51 家网站和 26 款 APP 应用榜上有名，残疾人、老年人交流障碍逐渐消除。

精细化治理水平显著提升，助推无障碍环境建设规范化发展。2021 年颁布实施的《北京市无障碍环境建设条例》，构建全人群享有、全要素覆盖、全流程监管、全社会参与的无障碍环境建设制度体系。北京市政府把无障碍环境建设纳入北京"十四五"规划和 2035 年远景目标纲要。实际工作中，把公共空间无障碍设施维护纳入城市网格化管理，处置占用、闲置无障碍设施问题 23.47 万个；建立无障碍设施信息管理系统，对有关问题及其解决进行常态化上账销账。北京在全国率先公示无障碍达标公共场所名单，接受群众监督；2000 名专业监督员活跃在一线，以体验查问题、以监督促整改，参与无障碍改造的事前评估、事中指导、事后验收；10 万余人参加无障碍推动日活动，"首善有爱，环境无碍"正在成为社会共识。

5.5　无障碍环境人文建设实践与探索

5.5.1　阜内大街

1. 项目背景

建成于元代的阜内大街是北京最古老的大街之一，距今已有 700 多年历史。道路全长 1.4km，沿线有妙应寺白塔、历代帝王庙、广济寺、鲁迅故居等众多文保单位（图 5.3、图 5.4）。

图 5.3　阜内大街范围

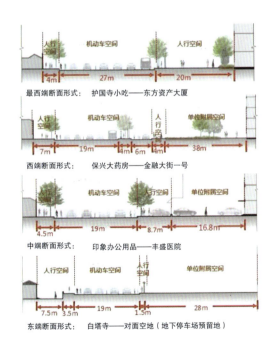

图 5.4　阜内大街问题导向——街道尺度失衡、功能区域混杂

阜内大街整治首次引入了绿行带。所谓绿行带，就是将步行、骑行、市政设施、非机动车停车空间、城市家具、景观绿植等内容，全部整合集约到非机动车及人行步道之间约 6.8m 的带状空间内。

在阜内大街西侧，一段数十米长的绿行带示范段已经建成（图5.5）。原先比人行步道低10多厘米的非机动车道，通过垫高与步行道找平，取消了缘石；非机动车道与机动车道间增加了半米高的铁质护栏；非机动车道与步行道之间，也就是行道树的树下空间，增加了多组容器绿化带、共享单车停车架、休闲长凳等。配电箱以及城市家具，也集中摆放在这条狭长地带里。

图5.5 安全有序的街道——绿行带：通过合理布局，满足行人步行、休憩、交流、绿化和市政设施等安排的空间

绿行带，一是解决了自行车与机动车混行的问题，一道护栏让双方各行其道；二是解决了自行车与行人混行的问题，因为中间隔着公共设施、休闲长凳、绿护带；三是解决了目前路侧乱停车的问题。过去非机动车道经常被当作路侧停车场，没有了专用道，自行车只能跟机动车混行。现在通过重新划分路权，路侧停车空间被挤压，乱停车问题有望从根儿上解决（图5.6、图5.7）。

图5.6 改造后鸟瞰图

第 5 章　北京 2022 年冬奥会和冬残奥会　97

图 5.7　改造后道路街面效果图

2. 街道景观更新策略

搭建多专业协同、多部门联动的工作平台，通过城市设计统筹建筑、景观、交通、市政等多专业团队；通过市级单位、区级单位、城管、街道等多部门联动，形成合力，推动街道更新的合理落地与持续维护。明确街道设施权责：明确街道责任主体，加强各权责部门在规划、实施、管理环节的沟通协调，保障人员配置（图 5.8、图 5.9）。

图 5.8　改造后公交车站

图 5.9 改造后道路断面

（1）安全有序的街道

地铁站：重新布局地铁 2 号线出入口周边公共空间的交通组织，建设地铁人流疏散通道，与公交停车场站进行绿化软隔离，避免地铁人流与公交人流交叉，各行其道，有效利用空间。整体优化地铁 2 号线出入口周边无序空间，拆除违章建筑，打通通道，理顺与公交停车场的人流交叉，增加绿植，全面提升地铁交通节点周边交通组织。公交并站，方便市民换乘。站台线型新颖，视野开阔，气流通透。提升街景美感和行人安全感（图 5.10~图 5.12）。

图 5.10 改造前绿化缺乏，街景空旷，地面裸露，阳光暴晒

图 5.11　改造后的效果图

图 5.12　改后面貌：艺术化城市家具，满足市民小憩需求

骑行道设置在公交站点内端，消除骑行动线与公交车进出站台 2 个动线交叉点。步行空间与骑行空间适度物理隔离杜绝停车占步道现象，各行其道（图 5.13、图 5.14）。关于公交并站，召开协调会 10 余次。

图 5.13　交通混杂、功能缺失、街道拥堵、行走不便

图 5.14　改后功能分区清晰、增绿文化特色

绿行带：通过合理布局，满足行人步行、休息、交流、绿化和市政设施等安排的空间（图 5.15~ 图 5.18）。非机动车道抬升至与步道平层，加宽地面宽度，优化坡面倾角。骑步行空间与机动车道物理隔离，骑步行空间之间以街道设施带隔离。

图 5.15　综合交通组织失衡，　　　　图 5.16　举起空调外挂机，
　　　　人行通道占用不通　　　　　　　　　　打通通行道路

图 5.17　改造前空间围墙行人无法通行　　图 5.18　改造后拆除围栏还路于民

（2）高效智能的街道

综合杆：设置综合杆，洁净街道立面，拆除杆体占用的低效空间用于增补绿化（图5.19、图5.20）。

图 5.19　改造前街面多杆林立，行人危机四伏

图 5.20　改造后，在进行专业分类后，相当的专业类线网实现了合杆使用，释放了大量的平面空间，也极大提升了街道的立体空间景色

（3）活力有趣文化提升的街道（图5.21~图5.27）

塑造小微活力空间，激发居民参与空间互动的自主性。依据规划红线，围墙双齐，腾退出宽敞的步通空间，实现规划红线。将院内封闭的大树释放为开敞的公共绿荫。树下设置休息座椅，可对望白塔寺，成为极佳的观景点和林下休憩空

间。形成城市对景点与文物古迹的双效视点。利用高差围合形成下沉广场，营造安全的邻里休息场地。为周边居民提供自主栽植的区域，尊重老城居民栽植的生活习惯和文化传统。

图 5.21　改造前的文物单位门前人行道和文物建筑门前裸露的空间

图 5.22　改造后的文物单位门前人行道和文物建筑前面的风景

图 5.23　文物单位门前改造后的无障碍坡道安全、舒适，与文物建筑和景观浑然一体

第 5 章　北京 2022 年冬奥会和冬残奥会　103

图 5.24　改造后的文物单位门前小空间

（a）改造前公交车站

（b）改造后公交车站

图 5.25　公交车站改造前后实景对比

（a）改造前被市政设施侵占的人行空间　　（b）改造前被高低、坑洼的平面切碎的人行空间

（c）改造后的街道效果

图 5.26　改造后充满活力的、通畅的街道空间

图 5.27　阜成门改造后文化提升效果

5.5.2 "小空间　大生活"百姓身边微空间改造

1. 项目背景

2020 年，北京市规划和自然资源委员会牵头组织实施完成了"小空间　大生活－百姓身边微空间改造行动计划"，该行动计划共 8 个试点项目（图 5.28）。在项目改造过程中，实践性地探索整体化、精细化、人文化的无障碍全龄友好型

的城市更新与城市综合整治的改造模式,取得了非常好的社会效益和环境效益,获得了 2021 年度北京市优秀城乡规划奖二等奖。

图 5.28 "行动计划"试点项目

2. 实施流程

全龄友好无障碍整体化实施体系如图 5.29 所示。

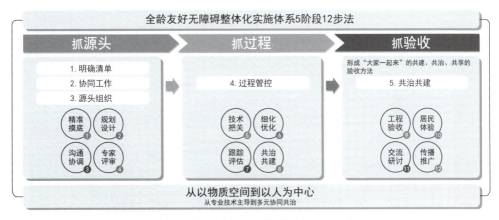

图 5.29 全龄友好无障碍整体化实施体系

1)抓源头

以问题为导向,通过明确清单、建立协同、源头组织 3 步,全面摸排并精准定位社区痛点问题、人群比例,建立导师牵头的团队管理模式,形成高水平设计师全程把关模式。

(1)明确清单

①设计阶段确定全龄友好无障碍环境建设菜单,明确小区适老化改造、无障碍环境及儿童友好环境建设内容,建立老旧小区适老化和无障碍更新体系(图 5.30)。

优先级别：基础类＞提升类 ＞完善类
①市住房城乡建设委+市残联：老旧小区适老化改造与无障碍环境建设分类与改造内容表
②国家卫生健康委：全国示范性老年友好型社区创建标准（试行）
③市规划自然资源委：北京市房屋建筑工程施工图事后检查要点（试行）
④市发展改革委：城市儿童友好空间建设导则（试行）及北京市儿童友好城市建设实施方案（征求意见稿）

出行环境全龄友好

场景	序号	建设内容	要求	类别	服务群体	出处
顺畅的全龄全人群出行环境	1	场地之间无障碍通行	城市开敞空间、建筑场地、建筑内部及其之间应提供连贯的无障碍通行流线	基础类	无障碍	③
	2	路面	无障碍通行设施的地面应紧固、平整、防滑、不积水	基础类	无障碍	③
	3	高差处理	无障碍通道上有地面高差时，应设置轮椅坡道或缘石坡道	基础类	无障碍	③
	4	夜间照明系统	小区主要道路至住宅楼单元门设置夜间照明系统	基础类	适老和无障碍	①
	5	场地之间无障碍通行	小区内人行道路无障碍改造，实现小区入口、主要道路、主要活动场地和住宅单元出入口之间的无障碍通行	基础类	适老和无障碍	①
	6	标识系统	小区引导指示标志系统适老化改造	基础类	适老和无障碍	①
	7	救护车辆停靠	社区道路系统保证救护车辆能停靠在建筑的主要出入口处	基础类	适老	②
	8	慢行系统	建设联贯中小学校、儿童活动场地和校外活动场所的慢行系统，与城市慢行系统和公共交通相衔接	基础类	儿童友好	④
	9	学径	结合街区慢行系统建设，根据儿童使用数量和出行频次选择出行路径，建设全域覆盖的学径空间和学径网络。学径沿线各类公共空间及设施应采用适儿化设计，宜有完整的地面标识和立体标识系统	基础类	儿童友好	④
	10	游乐街巷	有条件的街区，可在住区周边选择适宜街巷，在周末、节假日等特定时间段实施交通管制，调整街巷的功能，创造儿童临时游乐区域，构建趣味游乐街巷	基础类	儿童友好	④
	11	道路稳静化	根据道路实际条件，通过优化道路断面，缩小转弯半径、设置路障等措施，降低机动车速度，提高儿童出行安全性	基础类	儿童友好	④
	12	人车分行	小区内道路宜采用人车分行管理	完善类	适老和无障碍	①

居住社区公共空间全龄友好

场景	序号	建设内容	要求	类别	服务群体	出处
居住社区全龄友好设施	1	扶手	供公众使用的三级及三级以上的台阶或楼梯应设置扶手	基础类	无障碍	③
	2	救助呼叫装置	具有内部使用空间的无障碍服务设施应设置易于识别和使用的救助呼叫装置	基础类	无障碍	③
	3	场地内无障碍	小区内老年人专用活动场地平整地面、更换防滑地材及消除场地高差坎	基础类	适老及无障碍	①
	4	安全警示	小区内高台、水池等临空、临水处增设安全警示标志及防护措施	基础类	适老及无障碍	①
	5	敬老宣传	公共场所及住宅楼加装宣传橱窗或电子屏，加强养老、孝老、敬老文化宣传	基础类	适老及无障碍	①
	6	儿童游乐场地	结合游园、口袋公园等增设儿童游乐场地，并配置沙坑、浅水池、滑梯、微地形等游乐设施。新建居住区的儿童游乐场地面积不宜小于100m²。游乐设施的设计和材料选用要突出自然特征，并设置看护人休息设施	基础类	儿童友好	④
	7	儿童体育运动场地	新建社区应建设不小于800m²的多功能运动场地，可配置适宜儿童参与的篮球、排球、足球、棒垒球场地等体育设施。在紧急情况下可转换为应急避难场所。既有社区可结合更新改造，见缝插针、灵活布局儿童体育运动场地	基础类	儿童友好	④
	8	风雨连廊	小区设置风雨连廊、风雨场场、阳光房等设施，方便老年人和社区居民在雨雪天气及较为寒冷的天气里进行户外活动	提升类	适老及无障碍	①
	9	老年食堂	有条件的可设置老年餐桌或老年食堂	提升类	适老及无障碍	①
	10	紧急呼救装置	小区公共活动场所增设与社区物业服务机构或医疗、消防、公安等有关部门联动的紧急呼救装置	提升类	适老及无障碍	①
	11	移动医疗装置	小区公共活动空间增设自动体外除颤器（AED）等用于紧急救治的移动医疗装置	提升类	适老及无障碍	①
	12	扶手提升	小区原有安全防护扶手材质升级改造，室外金属类扶手更换为树脂类扶手	提升类	适老及无障碍	①
	13	无障碍停车位	小区住宅楼栋入口附近设置无障碍停车位	提升类	适老及无障碍	①
	14	智慧系统	小区增设老年家庭与社区医疗及为老服务机构连接的智慧系统	提升类	适老及无障碍	①
	15	增设活动场地	小区绿化与公共场地整治改造，增设老年人活动场地并保证轮椅可通达	完善类	适老及无障碍	①
	16	老年健康锻炼	老年人活动场地健康锻炼器材及使用指导设施	完善类	适老及无障碍	①
	17	休息设施	老年人活动场地及散步道沿途增设休息座椅和公共娱乐设施	完善类	适老及无障碍	①
	18	放置物品设施	老年人活动场地设置专用放置随身物品及衣物的设施	完善类	适老及无障碍	①
	19	无障碍厕位及厕位	老年人活动场地周边增设无障碍卫生间或在邻近的公共卫生间内设置无障碍厕位	完善类	适老及无障碍	①

居住建筑全龄友好

场景	序号	建设内容	要求	类别	服务群体	出处
居住建筑全龄友好设施	1	扶手	加强老年人住宅公共设施无障碍改造，重点对坡道、楼梯、电梯、扶手等公共建筑节点进行改造，满足老年人基本安全通行要求。老年人口、残疾人口比例高的老旧小区增设电梯、缓坡道、休息座椅等无障碍设施设备	基础类	无障碍	③
	2	救助呼叫装置	建筑主要出入口应为无障碍出入口，有地形限制时，应提供其他出入口为无障碍出入口，并应设置引导标识	基础类	无障碍	③
	3	场地内无障碍	供公众使用的三级及三级以上的台阶或楼梯应设置扶手	基础类	无障碍	③
	4	安全警示	具有内部使用空间的无障碍服务设施应设置易于识别和使用的救助呼叫装置	基础类	无障碍	③
	5	建筑出入口改造	住宅楼出入口无障碍改造，满足以下三种情况之一：1. 出入口高差较小时，改造为平坡出入口；2. 出入口高差较大时，同时设置入口平台、台阶、轮椅坡道与安全扶手；3. 出入口高差较大时，同时设置入口平台、台阶、升降平台与安全扶手	基础类	适老及无障碍	①
	6	单元门无障碍	住宅楼单元门扩宽门洞、消除门坎高差	基础类	适老及无障碍	①
	7	电梯	建筑内设有电梯时，至少应设置1部无障碍电梯	基础类	无障碍	③

图 5.30　全龄友好无障碍环境建设菜单

场景	序号	建设内容	要求	类别	服务群体	出处
	8	防撞提示措施	室内公共走道两侧的玻璃隔断应设置醒目的防撞提示措施	基础类	无障碍	③
	9	爬楼辅助设施	有条件的四层及以上无电梯住宅加装电梯或安装爬楼辅助设施	完善类	适老及无障碍	①
	10	呼救系统	建立社区防火和紧急救援网络，完善老年人住宅防火和紧急救援救助功能，鼓励为老年人家庭安装独立式感烟火灾探测报警器等设施设备	完善类	适老	②

公共建筑全龄友好

场景	序号	建设内容	要求	类别	服务群体	出处
公共建筑全龄友好设施	1	无障碍出入口	建筑主要出入口应为无障碍出入口，有地形限制时，应提供其他出入口为无障碍出入口，并应设置引导标识	基础类	无障碍	③
			居住区配套公共设施供居民使用的主要出入口应设置为无障碍出入口；有3个以上出入口时，无障碍出入口不应少于2个	基础类	无障碍	③
	2	防撞提示措施	室内公共走道两侧的玻璃隔断应设置醒目的防撞提示措施	基础类	无障碍	③
	3	楼梯扶手	供公众使用的三级及三级以上的台阶和楼梯应设置扶手	基础类	无障碍	③
	4	无障碍电梯	公共建筑内设有电梯时，至少应设置1部无障碍电梯	基础类	无障碍	③
	5	无障碍卫生间	公共建筑中的男、女公共卫生间（厕所），每层应至少分别设置1个满足无障碍要求的公共卫生间（厕所），或在男、女公共卫生间（厕所）附近至少设置1个独立的无障碍卫生间（厕所）	基础类	无障碍	③
	6	救助呼叫装置	具有内部使用空间的公共服务设施应设置易于识别和使用的救助呼叫装置	基础类	无障碍	③
	7	托育服务设施	托育服务设施每托位建筑面积不应少于9m²，应为婴幼儿提供安全可靠的照护服务，可与幼儿园、社区综合服务站等统筹配建。应提高无障碍建设水平，为有特殊需求儿童提供适宜的随班就读环境	基础类	儿童友好	④
	8	幼儿园	一般宜为6~12班，建筑面积不宜小于2200m²，用地面积不宜小于3500m²，为3~6岁幼儿提供普惠性学前教育服务。应提高无障碍建设水平，为有特殊需求儿童提供适宜的随班就读环境	基础类	儿童友好	④
	9	儿童之家	宜设置儿童之家，向儿童及家庭提供游戏娱乐、亲子阅读、课后托管、家庭教育指导、主题实践活动、保护和转介服务	基础类	儿童友好	④
	10	中小型养老机构	小区增设提供全日照料服务的中小型养老机构	提升类	适老及无障碍	①
	11	小型医疗机构	小区增设提供社区基本公共卫生服务和社区基本医疗服务的小型医疗机构	提升类	适老及无障碍	①
	12	社区卫生服务中心	合理确定社区卫生服务中心服务半径和建设规模。应设置儿童预防接种室、儿童保健室、妇女保健与生育指导、家庭婴幼儿早期发展指导等用房。有条件的可设置儿童专属科室和床位	提升类	儿童友好	④
	13	卫生间完善升级	小区原有无障碍卫生间或新建公共卫生间适老化无障碍完善升级	提升类	适老及无障碍	①
	14	母婴室	推动公共场所母婴室和第三卫生间建设配置。引导大型商业设施开展母婴、儿童友好环境建设	提升类	儿童友好	④
	15	儿童阅读空间	拓展儿童阅读空间，在公共图书馆设置儿童阅览区，鼓励设置少儿图书馆，提供适宜残疾儿童的阅读资源，开展儿童友好图书馆建设	提升类	儿童友好	④
	16	老年服务区	小区内商业、医疗、银行及其他公共设施内增设老年人专用休憩区或服务区	完善类	适老及无障碍	①

全龄友好服务

场景	序号	建设内容	要求	类别	服务群体	出处
服务	1	儿童保护	到2025年，全市街道（乡镇）未成年人保护工作站建设率不少于70%，每个工作站至少配备1名专业的儿童保护工作人员	基础类	儿童友好	④
	2	安全检查	定期对独居、空巢、失能（含失智）、重残、计划生育特殊老年人家庭用水、用电和用气等设施进行安全检查或入户排查，对老化或损坏的及时改造维修，排除安全隐患	完善类	适老	②
	3	健康管理	基层医疗卫生机构通过家庭医生签约服务，定期为老年人提供生活方式和健康状况评估、体格检查、辅助检查和健康指导等健康管理服务	完善类	适老	②
	4	医疗服务	基层医疗卫生机构符合老年友善医疗机构相关要求。鼓励基层医疗卫生机构为高龄、失能、行动不便等居家老年人提供家庭病床、巡诊等上门医疗服务	完善类	适老	②
	5	安宁疗护	鼓励基层医疗卫生机构增加康复、护理床位，开设安宁疗护病区或床位	完善类	适老	②
	6	长期照护	支持发展社区嵌入式医养结合机构，为失能老年人提供长期照护服务	完善类	适老	②
	7	养老服务	建立社区养老服务机构或设施，为老年人提供生活照料、助餐助行、紧急救援、精神慰藉等服务	完善类	适老	②
	8	辅助器具	社区养老服务设施配备包括康复辅助器具在内的老年用品，并向有需要的老年人提供专业指导	完善类	适老	②
	9	社区探访	建立居家社区探访制度，定期探访独居、空巢、失能（含失智）、重残、计划生育特殊家庭等困难老年人	完善类	适老	②
	10	多样化服务	以多种形式为社区老年人提供助餐、助浴、助洁、代购、康复护理、紧急救援、康复辅具租赁等多样化服务	提升类	适老	②
	11	社工服务	按照社区老年人需求，持续开展心理疏导、情绪抚慰、关系调适、社会融入等专业社会工作服务	提升类	适老	②
	12	防诈骗宣传教育	开展老年人防诈骗知识与技巧宣传教育工作，提高老年人识别和防范非法集资、电信诈骗等非法侵害的能力	提升类	适老	②
	13	公共法律服务	社区设立公共法律服务室，为老年人提供法律援助等公共法律服务，帮助解决涉及老年人的纠纷及相关事务	提升类	适老	②
	14	志愿养老服务	鼓励发展居家社区养老服务等志愿服务机制，鼓励和支持社区居民为有需求的老年人提供非专业性的养老服务	提升类	适老	②

信息化全龄友好

场景	序号	建设内容	要求	类别	服务群体	出处
信息化	1	智慧健康养老信息平台	提高社区为老服务信息化水平，利用智慧健康养老信息平台（社区综合服务平台），有效对接服务供给与需求信息，加强健康养老终端设备的适老化设计与开发。为老年人提供方便的智慧健康养老服务	提升类	适老	②
	2	远程及技术辅助服务	鼓励智能健康养老产品进社区进家庭，依托智慧养老平台和相关智能设备，为开展居家照护、医疗诊断、健康管理等远程服务及技术辅助服务	提升类	适老	②
	3	智能产品学习	通过社区老年教育学习点等平台，帮助老年人学习电脑、智能手机等智能产品和智能技术的使用，缩小老年人群与青年人群之间的"数字鸿沟"	提升类	适老	②
	4	保留传统服务方式	为使用智能技术困难的老年人在其高频活动场所保留必要的传统服务方式	提升类	适老	②

图 5.30　全龄友好无障碍环境建设菜单（续）

体系中不缺项漏项、不重复建设，涵盖全龄段人群。②建立多专业（建筑、工程、景观、美学、策划、社区治理等）协同工作方法，建立专家导师—设计团队— 社区居民三者合一的设计团队。③建立精准摸底调研、规划设计、沟通协调、专家评审四项源头设计组织方法。

（2）协同工作

建立"两个3"的协同工作机制：建立市级统筹、区级负责、街社联动的"市—区—街社"3层工作机制；建立责任规划师、负责制建筑师、居民设计参与者的"规划—建筑—居民"3级人员体系（图5.31）。

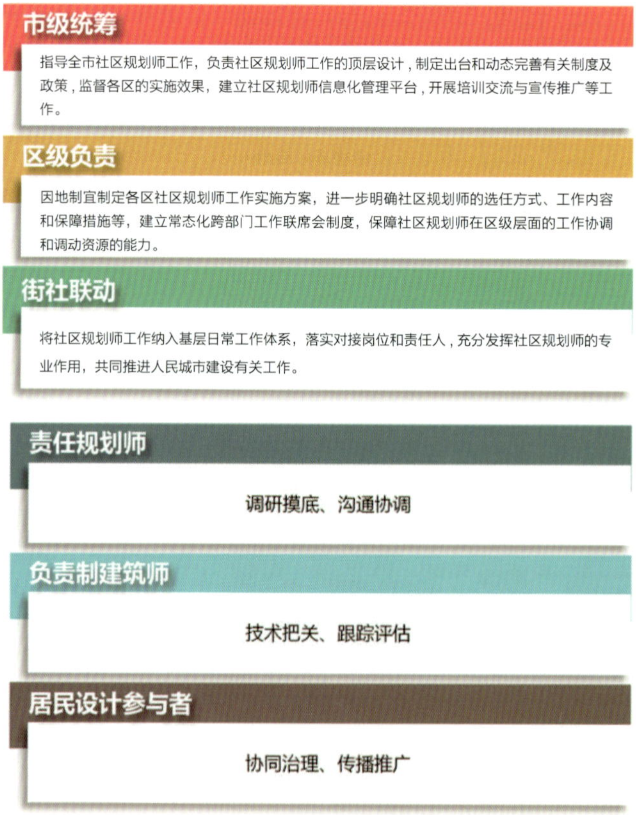

市级统筹
指导全市社区规划师工作，负责社区规划师工作的顶层设计，制定出台和动态完善有关制度及政策，监督各区的实施效果，建立社区规划师信息化管理平台，开展培训交流与宣传推广等工作。

区级负责
因地制宜制定各区社区规划师工作实施方案，进一步明确社区规划师的选任方式、工作内容和保障措施等，建立常态化跨部门工作联席会制度，保障社区规划师在区级层面的工作协调和调动资源的能力。

街社联动
将社区规划师工作纳入基层日常工作体系，落实对接岗位和责任人，充分发挥社区规划师的专业作用，共同推进人民城市建设有关工作。

责任规划师
调研摸底、沟通协调

负责制建筑师
技术把关、跟踪评估

居民设计参与者
协同治理、传播推广

图 5.31 协同工作机制

（3）源头组织

源头组织工作实施过程如图 5.32 所示。

图 5.32　源头组织工作实施过程

2）抓过程

通过技术把关、细化优化、跟踪评估、共治共建 4 步。严格按照施工质量标准体系进行施工作业，对过程中出现的影响施工质量的因素进行综合研判和调整，保证整体项目的高质量完成。

（1）技术把关

在不进行大的变动、节约成本的前提下根据施工工艺的手法、材料的特性、空间的条件、功能的综合、设计的技巧不断优化完善施工细节，力求减少死角、硬角（图 5.33）。

图 5.33　技术把关实施过程

图 5.33　技术把关实施过程（续）

（2）细化优化

听取社区居民、社区工作者、志愿者等的建议，建立过程人性化、精细化、一体化实施方法（图 5.34）。

图 5.34　细化优化实施过程

（3）跟踪评估

高校专家、设计院专家、无障碍专家不定期到现场调研跟踪，对施工过程出现的问题及时研判并解决，确保落地和使用效果（图5.35）。

图5.35 跟踪评估实施过程

（4）共治共建

工程竣工验收后，街道办事处组织施工单位与维护管理单位进行工程移交。维护管理阶段，为加强项目改造后的小区管理，街道办事处责成施工单位、物业管理单位、社区居委会共同制定公共空间后期管理维护方案（图5.36）。

以北新桥街道民安小区为例：工程竣工验收后物业公司、建设单位、社区居委会共同制定了《北新桥街道民安小区26号楼后期管理维护方案》。该方案包括施工单位保修职责、物业管理单位管理职责、社区居委会管理职责，涉及设施维护、保洁服务、日常维修、公共秩序管理、垃圾收集清运、停车管理等多项内容，明确了维护管理相关单位的职责与分工，并及时听取居民意见进行管理方面及环境方面的整改工作，确保给居民提供可持续的整洁文明、安全舒适的居住环境。

3）抓验收

通过工程验收、居民体验、交流研讨、传播推广4步，形成"大家一起来"的共建、共治、共享的验收方法，激发居民共同参与的热情，传播推广全龄友好无障碍建设经验。

图 5.36　社区共治共建

（1）工程验收

由市规划自然资源委组织街道办事处、施工单位、监理单位、设计单位、勘察单位等对项目进行工程正式竣工验收，针对分部工程、质量控制资料、安全和主要使用功能、观感质量等方面进行验收检查和抽查，确保项目达到工程标准（图 5.37）。

图 5.37　工程验收工作过程

（2）居民体验

相关部门做好接诉即办登记，及时针对居民诉求进行合理的施工方案调整，高标准、高质量推动项目建设落地。项目验收通过后，相关单位建立维护管理制度，定期评价并听取公众意见，引导居民参与维护管理，通过环境品质提升，激发社区居民热爱社区、主动参与建设社区的内在热忱和愿望（图5.38）。

图 5.38　居民交流与体验

（3）交流研讨

相关部门组织高校专家、设计院专家、资深无障碍专家等技术团队到现场调研进行技术指导和质量把关。属地政府、街道、社区、设计师、责任规划师、居民等多方积极开展交流（图5.39）。

图 5.39　居民交流与体验

（4）传播推广

以全龄全人群看得懂、可参与的形式，对无障碍环境建设进行宣传、培训、推广。在进行城市更新的老旧小区环境改造项目中推广和复制全龄友好无障碍环境建设经验（图 5.40）。

图 5.40 责任规划师在推广与宣传

3. 建设成果

1）西城区大栅栏街道厂甸 11 号院院内公共空间——党群共建欢乐之家

（1）改造前状况分析

西城区厂甸 11 号院是大栅栏片区唯一的楼房住宅小区，原为电信局宿舍，建于 1984 年，共有 206 户居民。室外空间由 1 号、2 号住宅楼及北侧配套用房围合而成，面积 3134m^2。院内杂物及建筑垃圾随意堆放；线缆横飞、杂乱，安全隐患极大；景观绿化未能提供宜人空间，严重缺乏供老年人、儿童活动和交流的空间；800m^2 配套建筑老旧、利用率低，被"僵尸"自行车占满；室外电动车随意拉线充电，自行车无序停放，垃圾杂物严重占用居民公共活动空间。

（2）改造前存在的问题

难：居民室外休闲交往难、活动难、出行难、如厕难、健身难；线缆入地难，安全隐患大。

困：非机动车、杂物强占室内外空间，居民出行之困；公共空间绿化杂乱、品质低下，居民休闲活动之困。

忧：电动车充电线随意拉线，消防安全之忧；休闲、健身设施老化，使用安全之忧；建筑垃圾常有长存，卫生健康之忧。

烦：公共空间被私人侵占，活动空间缺失之烦；无室内休闲交流场所之烦；室外地面常修，出行不便之烦。

（3）全龄友好场景

厂甸 11 号院院内公共空间改造前后对比如图 5.41 所示。

图 5.41　厂甸 11 号院院内公共空间改造前后对比

通行流线无障碍：改善庭院公共空间，保留树木并增加景观设施，改造高花坛为可穿行绿地，形成更宜人可使用的活动休憩空间。改造后形成完整的无障碍流线，社区活动场地、公共空间、无障碍卫生间、建筑出入口，轮椅、婴儿车都可以无障碍通行（图5.42）。

（a）改造前通行流线（一）　　　　（b）改造前通行流线（二）

（c）改造后通行流线（一）　　　　（d）改造后通行流线（二）

图 5.42　改造前后通行流线

建筑出入口无障碍：原有配套建筑地坪与室外地坪存在高差，对老年人出入造成不便。改造后建设无障碍坡道，配合栏杆扶手，实现公共空间全龄友好品质提升（图5.43）。

（a）改造后出入口　　　　　　　　　（b）改造前出入口

图 5.43　改造前后出入口

室内空间无障碍改造：改造前原有北侧车棚脏乱，基本无人使用，社区内缺少多功能室内活动场地。改造后建设了党群活动中心，设置党建、物业、健身、娱乐、阅览、休闲、便民服务等功能，为居民提供丰富、便利的室内公共活动空间和社区党建场所（图 5.44）。

（a）改造后成为社区党群党建活动中心　　（b）改造前停满"僵尸"自行车的车棚

图 5.44　改造前后室内空间

改造前社区缺少孩子课外拓展活动的空间。改造选取相对安静位置的室内空间，打造社区食堂及儿童书屋，为社区孩子们开辟出放学后能安心自习和阅读的学习空间（图 5.45）。

改造前社区缺少为老年人提供餐饮服务的空间。改造选取出入方便、采光好、通风好的室内空间，打造老年食堂，售卖营养丰富的平价餐，为社区老人解决就餐问题（图 5.46）。

(a) 改造后成为儿童自习、学习中心　　(b) 改造前车棚

图 5.45　改造前后室内空间（二）

(a) 改造后成为社区食堂　　(b) 改造前室内空间

图 5.46　改造前后餐饮服务空间

公共卫生间无障碍：原有社区内卫生间年久失修，上、下水不通，不能使用。改造整治、增设无障碍卫生间，解决老年人及高楼层居民室外活动中如厕难的问题（图 5.47）。

配套设施无障碍改造：换热站东侧小院长期被建筑垃圾占据，且无人看管，安全隐患大。通过清理、整治院落等改造，为电动车停车腾出空间，增设室外电动车充电桩，消除拉线充电安全隐患（图 5.48）。

（a）改造后无障碍卫生间　　　　　　　　（b）改造前卫生间

图 5.47　改造前后卫生间

（a）改造后小院　　　　　　　　　　　（b）改造前小院

图 5.48　改造前后小院

活动场地无障碍：改造前换热站西侧小院长期被私人物品占用，无法使用，社区内缺少儿童活动场地和多功能室内活动空间。改造后清除了原有功能单一的车棚空间，腾出换热站西侧废弃物空间，建设了儿童专属游戏场所，铺设塑胶地面，让孩子安全、妈妈放心（图 5.49）。

垃圾分类及快递收取便捷化改造：原有社区内垃圾分类箱简陋、不健全，无快递收取配套设施。改造后集中布局垃圾分类收集处和快递柜，采用先进的智慧分类系统，利用物联网、互联网融合技术，实现便捷的垃圾分类和快递收取（图 5.50）。

（a）改造后健身场地　　　　　　（b）改造前被占用场地

图 5.49　改造前后活动场地

（a）改造后垃圾分类处及快递柜　　（b）改造前垃圾分类处及快递柜

图 5.50　改造前后垃圾分类处及快递柜

2）东城区北新桥街道民安小区——欢声笑语的院子

（1）改造前状况分析

东城区北新桥街道民安小区 26 号楼为回迁安置房，建于 2003 年，居住总户数为 706 户，常住人口 2063 人。小区内部空间由住宅建筑东西南三面围合而成，北侧是北新桥派出所南墙，空间整体呈"凹"字形，场地规模 4113m^2。院内现状场地受高层住宅"凹"形布局影响，全年缺少阳光；场地不平整、障碍较多、安全隐患较大；杂物及建筑垃圾随意堆放；景观绿化未能提供宜人空间，严重缺乏供老年人、儿童活动和交流的空间；室外电动车随意拉线充电，自行车无序停放；邻里关系极度紧张。

(2) 改造前存在的问题

难：居民室外活动难、健身难；建筑入口设有台阶，居民出行阻碍大之难。

困：生活垃圾随意堆放，垃圾收集设施简陋，环境卫生恶劣之困；机动车、非机动车乱停乱放，强占消防通道、人行空间，居民出行之困。

忧：建筑垃圾常有长存，侵占大量公共空间，公共卫生之忧；配套服务设施缺少、利用率低，生活不便。

烦：活动空间全年缺少阳光，空间狭小之烦；活动设施缺乏之烦；邻里关系紧张。

(3) 全龄友好场景

民安小区内公共空间改造前后对比如图 5.51 所示。

图 5.51　民安小区内公共空间改造前后对比

营造公共活动空间：改造前场地环境杂乱，无休闲设施、无落座空间，无人使用。整治且综合利用场地现状，改造建设多种休闲服务设施，为居民提供一个功能复合、空间丰富的集中活动空间（图 5.52、图 5.53）。

（a）改造前小区鸟瞰图　　　　　　　（b）改造前垃圾堆放、无法进入使用的空间

图 5.52　改造前的小区公共空间

（a）改造后的公共活动空间（一）

图 5.53　改造后的公共活动空间

（b）改造后的公共活动空间（二）

（c）改造后的公共活动空间（三）

图 5.53　改造后的公共活动空间（续）

通行流线无障碍：原人防建筑北墙与派出所外墙间的通道狭窄无用。改造利用低效无用空间，设置残疾人坡道，配合残疾人扶手，保障前往二层平台通行便捷（图 5.54）。

(a)通往二层的无障碍坡道(一)

(b)通往二层的无障碍坡道(二)

(c)改造前灰色空间

图 5.54 改造前后通行流线

建筑出入口无障碍：原单元入户门口均有台阶，与地面存在高差，安全隐患大。改造后单元入户出入口均为坡道且加装残疾人扶手，实现轮椅、婴儿车、老年人安全出行（图 5.55）。

（a）改造后建筑出入口（一）

（b）改造后建筑出入口（二）

（c）改造前建筑出入口

图 5.55　改造前后建筑出入口

健身场地无障碍：原场地西北侧空间被非机动车与建筑垃圾占据，社区内无休闲健身场所。改造利用场地西北侧建设运动长廊，为居民提供轻量化的休闲运动场地，解决了居民无处健身活动的问题（图 5.56）。

休息场地无障碍：原场地内植被杂乱，景观品质差，且无休憩设施。运动场地周边经改造设置休息座椅，精心设计花池、树池，为使用者营造舒适美观的休闲空间（图 5.57）。

（a）改造后健身场地　　　　　　（b）改造前被占用场地

图 5.56　改造前后健身场地

（a）改造后休息场地　　　　　　（b）改造前被占用场地

图 5.57　改造前后休息场地

规范非机动车停车、充电：原单元入户两侧被非机动车占据，居民出行难，安全隐患大。经改造，廊下空间建设为集中的非机动车停车区，配置非机动车充电桩，为居民提供便捷的停车、充电服务（图 5.58）。

规范机动车停车：院内机动车、非机动车乱停乱放，挤占人行通道、消防通道的现象严重。经改造，规范场地内及车行道两侧机动车、非机动车停放，创造安全有序、易通行的小区内部道路（图 5.59）。

（a）改造后非机动车停车、充电场地　　（b）改造前非机动车停车场地

图 5.58　改造前后非机动车停车场地

（a）改造后机动车停车　　　　　　（b）改造前机动车停车

图 5.59　改造前后机动车停车

3）海淀区牡丹园东里小区——牡丹园里寻牡丹

（1）改造前状况分析

海淀区牡丹园东里小区由 4 个小区合并而成，占地面积 9hm^2，有 18 栋塔楼板楼，居民 2144 户，是典型的高密度老旧小区。北里 1、2 号居民楼之间存在一面积 4928m^2 的低效公共空间，其中包括 800m^2 的拆违暴露地。场地停车混乱无序，居民出行极其不便；机动车停车挤占消防通道，安全隐患大；非机动车停车混乱，自行车棚年久失修破旧不堪，结构老化；文娱设施、体育设施严重缺

失，休闲空间缺乏；绿地分散、利用率低下，绿化缺失；无障碍设施严重缺乏；社区文化缺失，缺乏老小区应有的社区凝聚力。

（2）改造前存在的问题

难：车棚年久失修，结构存在安全隐患，车位少，难以满足需求，非机动车乱停乱放现象严重。

困：拆违遗留地面积大，更新改造瓶颈多，居民矛盾突出。

忧：拆违遗留地面坑洼不平，建筑垃圾常有长存，消防通道无法疏通，存在极大安全隐患。

烦：停车规划混乱、私占现象严重，占据居民休憩空间。

（3）全龄友好场景

牡丹园东里小区内公共空间改造前后对比如图 5.60 所示。

图 5.60　牡丹园东里小区内公共空间改造前后对比

营造公共活动空间：改造前消防环路常年被随意停放的车辆占用，存在安全隐患。改造后打通中断多年的消防通道，实现小区消防环路的贯通，同时合理优化楼宇出入口和停车布局，使日常使用便利和消防安全一并实现。以牡丹广场作为核心场地，提取牡丹花的元素打造一条贯穿整个场地的健身步行道（图5.61）。

（a）改造后的牡丹广场

（b）改造前的牡丹广场　　　　　（c）改造前被占用的消防通道

图 5.61　改造前后公共活动空间

通行流线无障碍：改造前慢行通道常年被机动车占据，难成系统。改造后铺设步道并用绿植及阻车装置规范行车管理，保证居民活动区域内不受汽车影响，并合理设置坡度与扶手，确保通行流线无障碍（图5.62）。

（a）改造后规范行车，安全通行　　　　（b）改造前人车混行、乱停乱放的通道

图 5.62　改造前后通行流线

建筑出入口无障碍：改造前居民楼出入口缺乏配套的无障碍设施。改造中充分调研居民行为模式，全面布设老龄友好无障碍设施，采用观光双层树脂栏杆扶手，以最佳的四季使用舒适度方便社区老年人及残障人士散步扶行，同时发挥绿地及步行区域划分功能，保障使用安全（图 5.63）。

（a）改造后建筑出入口　　　　　　　（b）改造前建筑出入口

图 5.63　改造前后建筑出入口

休闲活动场地无障碍：改造前休闲活动空间功能品质较低，缺乏适幼设施。改造后在广场一侧，铺设彩色塑胶儿童活动场地，增设滑梯等活动设施，让孩子能有一个嬉戏玩耍的安全空间（图 5.64）。

休息场地无障碍：改造前绿化较少且景观品质低下，缺乏可以驻足停留的室外空间。改造时在场地原有绿植的基础上，补植各类乔木、灌木，种植包括牡丹、芍药在内的四时花卉,以及紫藤、爬山虎等爬藤植物,打造寻迹牡丹、雨水花园等特色景观节点,并结合相应节点布置驻留空间(图 5.65)。

(a)改造后休闲活动空间　　　　　　(b)改造前休闲活动空间

图 5.64　改造前后休闲活动空间

(a)改造后休息座椅

(b)改造前休息座椅

图 5.65　改造前后休息座椅

规范非机动车停车、充电：改造前车棚年久失修，结构存在安全隐患，非机动车乱停乱放现象严重。改造更新小区原有的3处车棚，设置电动自行车充电桩、增加玻璃顶；规范各类非机动车停车，使小区非机动车使用环境得到提升（图5.66）。

（a）改造后非机动车停车　　　　　　　（b）改造前非机动车停车

图 5.66　改造前后非机动车停车

规范机动车停车：改造前停车位规划混乱，车行通道狭窄，线路不清，经常占用消防通道。改造后拆除私占地锁，重新规划、集中布置机动车停车位，建设植草格车位，增加绿色空间。更新后固定车位有所增加，并增设残疾人车位、临时应急车位共3处（图5.67）。

（a）改造后机动车停车　　　　　　　（b）改造前机动车停车

图 5.67　改造前后机动车停车

4)新街口街道玉桃园三区 12 号楼公共空间——融乐家园

(1)改造前状况分析

玉桃园三区 12 号楼为 20 世纪 90 年代所建回迁房,建筑本体老旧,居住环境较差,院内空间狭小拥挤,停车空间缺乏,停车拥挤杂乱,百姓缺少可以活动的公共空间;小区南侧有 1 处小花园,权属为民政局所有,改造前为银龄老年公寓花园。由于居民和民政局双方对于小花园边界权属界线存在争议,导致场地利用率低,空间环境杂乱。

(2)改造前存在的问题

难:小区内私搭乱建严重,不仅破坏公共环境,同时侵占原本局促的室外空间,加上机动车和非机动车的无序停放,让空间显得更加拥挤。

难:社区老龄化严重,单元出入口无障碍设施不完善,影响老年人和有需求人群日常出行。

忧:小区环境杂乱,现有绿化无人管理导致杂草丛生,景观设施破旧不堪。

烦:小区缺少配套生活服务设施,垃圾分类收集点简陋,院内大件垃圾乱堆乱放。

(3)全龄友好场景

玉桃园三区改造前后对比如图 5.68 所示。

规范机动车停车:经过施工方、街道和社区工作者与居民多番沟通,在积极听取居民们的意见和心声的基础上,各合作单位协调配合,获得了居民们的理解与支持,最终拆除违建。利用腾出的空间梳理机动车停车位,增加非机动车停车棚,让停车更加有序(图 5.69)。

建筑出入口无障碍:改造前单元出入口无障碍设施缺乏,杂物堆积,居民出行不便。改造后在单元入户门口增加必要的无障碍坡道,在公共花园的入口处设置无障碍坡道,保障场地出入的可达性和全龄友好性(图 5.70)。

社交空间无障碍:改造前场地环境杂乱,无休闲设施、无落座空间,无人使用。整治、高效且综合利用场地现状,建设多种休闲服务设施,为居民提供一个功能复合、空间丰富的集中性活动空间(图 5.71)。

改造前　　　　　　　　　改造后

图 5.68　玉桃园三区改造前后对比

（a）改造后停车场地　　　　　　（b）改造前停车场地

图 5.69　改造前后停车场地对比

图 5.70　改造后建筑出入口

图 5.71　改造前后社交空间

通行流线无障碍：改善庭院公共空间，保留树木并增加景观设施，改造高花坛为可穿行绿地，形成更宜人可使用的活动休憩空间。改造后形成完整的无障碍流线，社区活动场地、公共空间、无障碍卫生间、建筑出入口，轮椅、婴儿车都可以无障碍通行（图 5.72）。

（a）改造后通行流线（一）

（b）改造后通行流线（二）

（c）改造前通行流线

图 5.72 改造前后通行流线

活动场地无障碍：改造前，社区内缺少儿童活动场地，健身器材周围杂草丛生。改造后腾出空间建设儿童专属游戏场所，铺设塑胶地面，让孩子安全、妈妈放心（图 5.73）。

补充生活设施，补齐生活短板：改造前，小区环境品质较差、服务设施缺乏，楼体老旧，居民生活幸福感低。改造后，通过提升小区的环境品质，补充服务设施，让居民生活在这里真正能感受到幸福，收获到实惠（图 5.74）。

第 5 章　北京 2022 年冬奥会和冬残奥会　137

（a）改造后活动场地（一）

（b）改造后活动场地（二）

（c）改造前活动场地

图 5.73　改造前后活动场地

（a）改造后社区场地　　　　　　　　（b）改造前社区场地

图 5.74　改造前后社区场地

5）朝阳区小关街道惠新西街 6 号至 10 号楼小区外西侧公共空间——转过街角，会心一笑

（1）改造前状况分析

项目位于朝阳区小关街道，惠新西街东侧地铁 5 号线 C 口与惠新西街 6 号楼至 10 号楼之间地块，是城市主干路与住宅小区之间的开敞空间。紧邻的住宅小区惠新西街小区原为构件厂，建于 1990 年，共 4 栋居民楼，576 户居民。本次改造地块位于 6 号楼和 10 号楼之间，场地长期处于无人管理的弃置状态，改造前绿化杂草丛生，树木种植无规划，大面积土地裸露用绿网苫盖；紧邻小区的墙面老旧斑驳，临街的铁艺护栏锈迹斑斑；北侧的地铁出入口占据人行道，步行交通不畅，且地铁出入口、桥下停车场出入口与社区出入口太近，没有缓冲空间；南侧 5 条线的公交车停泊站没有港湾，交通局部拥堵。

（2）改造前存在的问题

难：地铁出入口车辆通行难，人行空间狭窄，市民出行难；绿化空间常年荒弃。

困：场地与人行道之间存在一段绿化空间，常年处于闲置状态，景观效果欠佳，使用率较低。

忧：场地周边交通流线混乱，拥堵严重，交通问题亟待解决。

烦：场地长期处于与城市、住区相隔离的状态，无人使用，空间消极无活力，安全隐患严重。

（3）全龄友好场景

惠新西街改造前后对比如图5.75所示。

图5.75 惠新西街改造前后

无障碍通道改造后如图5.76所示。

图 5.76　无障碍通道改造后

儿童友好：连续曲面墙设置新奇有趣的哈哈镜，以"会心"一笑回应"惠新"特性，形成独具一格的空间趣味（图 5.77）。

社交活动无障碍：设计下沉式微广场，营造绿色为主的人性化环境景观，设置休息座椅，提供人们交流的场所。利用场地内现有单层建筑，提供城市公共服务，因广场有人注视，从而提高城市安全感（图 5.78）。

图 5.77　场地坡道

图 5.78　下沉式微广场

休息无障碍：休息座椅结合现状保留乔木进行设置，满足了老年人遮阳需求。中心广场地面采用树脂水泥和钢筋混凝土，整体无缝、防滑，有效提高老年人广场活动的安全性（图5.79）。

图 5.79　休息座椅

夜间照明无障碍：结合场地布置夜景照明，在增加夜景效果的同时为不同时段百姓活动需求提供便利，营造安全舒适的公共空间环境。小广场、休息座椅、绿化、坡道、台阶、小品、照明、垃圾箱等设施齐全（图5.80）。

营造场所精神，保留共同记忆：城市的历史记忆是文脉和市民文化自认的基础，利用混凝土元素还原地区老"构件厂"的本地文化，延续小区职工的历史记忆。城市家具与小品设计贯穿混凝土新技术与新工艺，彰显地区文化，降低维护成本（图5.81）。

6）丰台区长辛店街道朱家坟社区局部公共空间——在北方相遇，让群钻亮起

（1）现状分析

朱家坟社区位于丰台河西地区长辛店街道，是始建于1946年的全国重点保军单位北方车辆集团（前北方车辆厂）家属区，涉及居民6000余户。本次改造沿穿社区而过的滨河地段两侧分别选取南北两处小微空间地块，面积合计1368m²。北侧地块原是堆放废弃建筑材料的剩余空间，被围挡围起处于闲置状态，场地与周边存在竖向高差，内部市政电缆和设施错综复杂，居民无法进入活动；南侧地块属

于城市边角地，长期被违法建设占用，后因违法建设被拆除而长期处于闲置状态。

图 5.80　夜间照明

图 5.81　保留共同记忆

（2）现状问题

难：休闲功能设施不足，缺少高品质公共活动场地，活动难、休闲难。

困：北部地块为拆违后堆放废弃建筑材料的剩余空间，内部市政电缆和设施错综复杂，与周边用地存在较大竖向高差，居民无法进入活动。

南部地块位于朱家坟社区中心地段，场地内有一处新建成社区公共卫生间，受内部建筑占地及立面外观等因素影响，剩余空间难以满足居民休憩活动需求，空间缺乏统筹安排使用功能，迅速成为各类废弃物、杂物堆放空间，加剧环境恶化。

忧：缺少老兵工地域文化传承，宝贵精神财富亟待呈现。

烦：周边环境景观凌乱、无序，大量电线杆和架空线造成天际线视觉效果杂乱。南北地块间滨水绿化空间缺乏休闲设施且缺少乔木等遮阴空间，公共活动品质有所不足。

（3）全龄友好场景

朱家坟社区改造前后对比如图 5.82 所示。

图 5.82　朱家坟社区改造前后

通行流线无障碍：对高、低压和通信电缆架空线进行整治，经多方协调实现电线、电缆及电线杆整体挪移，市政电缆和设施入地。坡化处理高差，轮椅、婴儿车可以无障碍通行。结合场地布置夜景照明，在增加夜景效果的同时为不同时段百姓活动需求提供便利，营造安全舒适的无障碍通行流线（图5.83）。

图5.83　通行流线

建筑出入口无障碍：建设无障碍坡道，坡化处理高差一体化无障碍设施设计，实现建筑出入口无障碍（图5.84）。

儿童友好：改变原有空置的城市剩余空间状态，补充社区功能短板，丰富社区空间视觉景观效果；关注老人和儿童需求，以艺术地面和地面标识增加场地安全感，并充分考虑不同年龄人群的休闲娱乐需求，设置配套休闲娱乐设施（图5.85）。

社交场地无障碍：设置多功能廊架，结合儿童涂鸦墙、坐凳，并在廊架立面设计宣传栏和高低错落的种植花箱，形成多功能复合场地。旨在营造活力氛围，促进邻里交流的户外会客厅（图5.86）。

图 5.84 建筑出入口

图 5.85 儿童活动场地

第 5 章　北京 2022 年冬奥会和冬残奥会　147

图 5.86　多功能廊架

活动场地无障碍：突出人文关怀复合功能，充分考虑不同年龄的休闲娱乐需求，重点结合老人和儿童使用特性补充社区功能短板，结合不同功能形成老年人健身带、园艺带、户外桌椅带、中心交流圈、健身圈、游乐圈几大功能场地（图 5.87）。

图 5.87　活动场地

保留场所精神、共同记忆：通过设计和布置主题雕塑，突出地域文化特色，彰显老兵工人艰苦奋斗和自主创新的精神内涵；北钻公园以"淬炼"主题公共艺术雕塑为场地核心，以"三尖七刃"麻花钻为设计灵感传承弘扬"同心同德、勤劳朴实、锐意进取"的群钻精神（图5.88）。

图 5.88 "淬炼"主题公共艺术雕塑

南钻公园以履带小品象征车辆厂制造的先进坦克奋勇奔驰，战无不胜。缅怀车辆厂艰苦卓绝的奋斗岁月，打造彰显老兵工人锐意进取的精神家园（图 5.89）。

图 5.89 履带小品

7）西城区新街口街道大乘巷教师宿舍公共空间——全龄友好，暖心惠民
（1）改造前状况分析
大乘巷教师宿舍位于北京市西城区新街口街道小乘巷胡同 2 号院，地处西城区北部，毗邻什刹海街道、金融街街道和展览路街道。地块东临赵登禹路，西临西二环，南临平安里西大街，四周环绕居住小区。小区建成于 20 世纪 80 年代，内有居民楼 2 幢，居民 400 户。
（2）改造前存在的问题
难：居民室外活动、交往之难；电动自行车充电之难；建筑垃圾堆放之难。
困：非机动车、老年代步车挤占室外通道，居民通行之困；废旧自行车大量挤占公共空间，清理之困；绿化空间缺乏打理，品质之困。
忧：电动自行车私拉电线，消防安全之忧；场地现存大量高差，出行无障碍之忧；蚊蝇滋生，建筑垃圾堆放，卫生安全之忧。
烦：绿地被私人侵占，公共空间缺失之烦；树木缺乏养护，全年缺少阳光之烦；活动场地面积过小，不便于使用之烦。
（3）全龄友好场景
大乘巷教师宿舍改造前后如图 5.90 所示。
活动场地无障碍：突出人文关怀复合功能，充分考虑不同年龄的休闲娱乐需求，重点结合老人增加无障碍设计，营造和谐社区。花园内扩大绿地广场面积，通过微地形形成无障碍活动场地（图 5.91）。
配套设施无障碍：原有墙面漆面脱落、不整洁，改造后的墙面提升了质量，将原有展示墙面进行一体化设计，增设社区宣传栏、电子显示屏，整体配置了社区公告栏、宣传屏以及快递收发柜，形成融社区文化宣传、社区服务功能于一体的幸福入口，打造整洁的智慧化社区（图 5.92）。
非机动车停车无障碍：通过改造，逐一清理原有车棚内的大量废弃车辆，采用双层垂直升降自行车停放装置，大大提升停车容量；在保留原有结构的基础上，增加电动车充电设施及无障碍设施（图 5.93）。

改造前　　　　　　　　　　改造后

图 5.90　大乘巷教师宿舍改造前后

图 5.91　活动场地

第 5 章 北京 2022 年冬奥会和冬残奥会 151

图 5.92 社区宣传栏

图 5.93 自行车停车

室内活动中心无障碍：降低室内高度，配备无障碍设施，开放室内空间，形成党联系群众的活动场所。拓展原有党建小屋的功能，成为定期举办党群活动、普及党的知识、加强基层组织建设能力、收集居民问题，面向全体业主的综合活动室。提供手机充电、急救药品等便民服务，改造成为小区内的核心交往空间，实现了将工作做到群众身边，融入百姓生活。

5.5.3 建设成效

1. 小投入 大收获

在城六区选择 8 个试点打造样板，经过一年多的设计、施工、建设，2021 年 6 月全部竣工交付居民使用。项目聚焦群众身边需求和改造意愿强烈的边角地、畸零地、废弃地、垃圾丢弃堆放地、裸露荒地等消极空间近 2.69 万 m^2，一揽子解决影响百姓日常生活宜居度的揪心事、烦心事，真正使百姓的美好幸福生活得益于小微公共空间改造提升，显著提高幸福指数，收获百姓满意口碑。

2. 微改造 广惠及

以问题为导向，注重空间统筹、"一老一小"、社区建设、文化传承、多元参与，通过对社区配套设施、景观环境、无障碍设施、公共艺术、城市家具等进行一体化城市设计，实现小微空间高效利用，解决公共设施缺乏、场地安全隐患大、人车混行、停车无序、环境脏乱差等问题。据不完全统计，8 个示范改造项目共使 4700 余户、13700 余人直接受益，更辐射周边楼房、平房达 21000 余户，惠及相关社区 60000 余人。

3. 低成本 高收益

每个项目投资 300 万~500 万元不等，改造面积 1500~5000m^2，平均花费单位面积改造费用仅约 1200 元，以小投入实现大收获，在资金投入上发挥财政资金"四两拨千斤"的引导撬动作用。不仅项目投入成本低，更重要的是通过环境品质提升，激发了社区居民热爱社区、主动参与建设社区的内在热忱和愿望。

同时，物业签约率由 20% 提高到 90%，部分社区引入较好品质的物业，很多居民表示愿意承担与所享受品质服务相适应的物业等费用，打破了物业管理和公共服务不足或缺失—物业费用缴纳率较低—社区环境维护改造缺乏投资等类似不良循环，带动优质服务企业和社会资金进入老旧小区，保障了社区服务的良性运营和持续发展。

4. 小空间　大生活

百姓事无小事，紧紧抓住人民最关心最直接最现实的利益问题，立志追求细节，无微不至地解决群众身边急难愁盼的关键小事。通过惠民生、暖民心的举措，倾心改造微空间，为居民室内外活动营造安全舒适、富有活力的空间，提高了公共服务水平和人民生活品质，满足了居民精神文化方面的需求，为促进基层党建、社区自治、物业管理提供平台，为引入社会资本等多元资金参与社区更新改造探索了新路径。将社会治理和城市更新完美结合，真正将居民家门口的小微空间变成有颜值、有温度、有乡愁的一方乐园。

5.6　形成可推广可复制的实施方法《全龄友好无障碍设计实施导则》

由北京市规划和自然资源委员会主编、中国中建设计研究院有限公司承编的《全龄友好无障碍设计实施导则》已通过验收。该导则坚持以人民为中心，以群众诉求为核心，首次界定了全龄友好无障碍的基本定义，构建了北京市高品质全龄友好城市建设的方法体系，并提出了未来的城市场景。该导则充分结合北京市已开展的"小空间　大生活——百姓身边微空间改造行动计划" 8 个项目，全面总结梳理建设全过程的实践，形成了技术支撑和实用的方法论。成果体系完善、路径清晰，表达与展现形式新颖，达到了预期目标。该导则成果遵循党的二十大要求，坚持人民城市人民建、人民城市为人民，服务于加强"四个中心"的功能建设，对北京全龄友好无障碍环境建设和城市更新项目具有可复制、可推广的作用（图 5.94）。

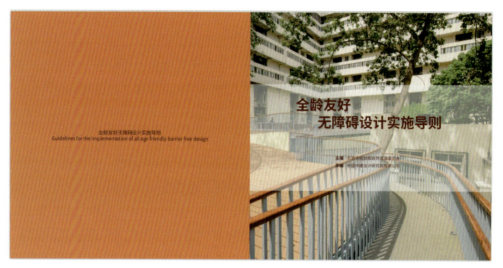

图 5.94 《全龄友好无障碍设计实施导则》封面

5.6.1 为全龄全体人群服务

该导则从体系框架上首先明确了全龄友好城市与社区是为老年人、残疾人、儿童等全龄全体人群服务的；建设过程中遵循系统化、精细化、一体化、同步化与同质化的"五化"原则；社区公共空间、城市公共空间、公共服务设施三大场所中，构建全龄友好无障碍公共空间。

5.6.2 全方位覆盖群众生活

该导则将全龄友好城市与社区的建设内容进行分类分项，包括城市公共空间、社区公共空间、公共服务设施在内的三大类别，覆盖了群众出行、健身、娱乐和交往等全方位的需求（图 5.95）。

分类分项明确三大类别多项场景中全龄友好无障碍环境设计要点，并示意因地制宜、因需施策的方法与典型样例（图 5.96）。

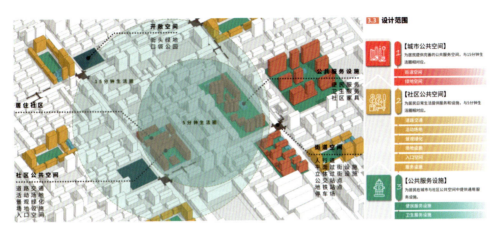

图 5.95　服务范围

分类	分项	包含内容
城市公共空间	街道空间	人行道、平面过街设施、立体过街设施、公交站点、地铁站点、停车场
	开敞空间	街头绿地、口袋公园
社区公共空间	道路交通	社区车行道路、社区步行道路、机动车停放
	活动场地	健身活动场地、文化活动场地、儿童友好设施
	景观绿化	宣传展示栏、休息设施、导视标识
	场地设施	居住楼栋入口、服务设施入口
	入口空间	绿化遮荫设计、种植养护苗圃、景观雕塑、互动设施
公共服务设施	便民服务设施	社区综合服务设施、便民商业设施、快递配送设施
	卫生服务设施	社区公共厕所

图 5.96　建设内容

5.6.3　全面迈向未来的城市场景

在形成了理论支撑与技术体系后，描绘了有温度、有味道、有颜值的未来城市场景，以最直观的方式展现出未来的全龄友好城市与社区是什么样的（图 5.97）。

图 5.97　未来的城市场景

第 6 章

《北京市无障碍环境建设条例》的发布

6.1 《北京市无障碍环境建设条例》出台背景

2004 年，北京颁布实施我国第一部无障碍建设领域的地方性法规《北京市无障碍设施建设和管理条例》，着眼于设施建设，推动北京无障碍设施的规划建设水平，对于保障 2008 年北京奥运会的成功举办发挥了不可或缺的作用。

伴随着北京经济社会的发展和人民生活水平的不断提高，以及无障碍建设成果和经验的不断积累，对无障碍事业的关注从设施转向综合环境品质提升。2012 年，国务院颁布实施《无障碍环境建设条例》，在关注无障碍设施硬环境建设的同时，对于无障碍信息交流和社区服务等软环境建设也作出了规定。同时，除残疾人外，老年人及伤病患者、孕妇、儿童等其他社会成员对无障碍环境的需求持续增长，特别是社会老龄化程度不断加深，对地方立法提出了新要求和新挑战。当时，为迎接北京冬奥会和冬残奥会的召开，市委市政府领导开展了为期三年的无障碍环境专项提升行动，回应民生关切，追求弱有所扶，取得了显著成就，彰显了包容、开放、文明的城市形象，展现了大国首都风采。2022 年冬奥会和冬残奥会顺利举办，在此前积累的丰富的精细化、高标准无障碍建设经验，为推进和完善立法创造了条件。

2021 年 3 月 31 日，北京市人大常委会主任会议同意《北京市无障碍设施建设和管理条例》修订。为推动立法工作，市人大常委会法制办、城建环保办和市司法局、市规划自然资源委、市残联组建立法工作专班，同步开展起草工作，广泛听取各方意见与建议。此次修订，将《北京市无障碍设施建设和管理条例》名称调整为《北京市无障碍环境建设条例》。

6.2 新时代要求

随着社会经济发展，人们对城市建设的要求也在提高，其中作为重要部分的无障碍环境也更加受到社会关注，对无障碍建设的要求也已经从实现"有没有"提升到"优不优"的阶段。无障碍建设正在从设施建设向环境建设转变。

1. 对"软环境"的需求与日俱增

当前社会对于无障碍建设的关注，往往集中在无障碍交通、建筑、器械等传统设施上，对于无障碍信息交流和社区服务等软环境建设缺少关注，如盲人电子盲道的开发建设等无障碍信息化应用建设系统尚属空白。在互联网高速发展的今天，无障碍环境建设应提供无障碍信息传播与交流的便利，推进社交通信、生活购物、旅游出行等无障碍引导势在必行。

无障碍建设本身起步于物理无障碍建设，但随着经济发展，互联网普及程度呈爆炸式增长，人们很难离开信息科技而获得社会服务、参与社会生活。因而，在信息化时代，就特别需要重视无障碍信息、服务等"软环境"建设，以保护残障人士、老年人等弱势群体平等获得信息、获取服务的权利。

2. "无障碍"的内涵和外延

无障碍设施建设的内容由单纯的物质环境建设过渡到全方位的社会环境建设，从有形的道路交通、公共设施、建筑，发展到无形的制度、行为习惯、社会心理、公共意识。未来无障碍设施建设的发展趋势将是从以体验为基础的经验性设计向以研究为基础的系统性设计发展，从标准化设计向个性化、精细化设计发展，从硬件设施的建设向综合信息和服务的整体环境建设发展。

3. 其他社会成员对无障碍环境的需求持续增长

伴随社会发展和人们的需要不断发生变化，经济的发展带来社会无障碍意识的根本转变。"无障碍"早已不是特殊群体的"专利"，而成为全社会所有人共享的"普惠"。除残疾人的需求外，老年人及伤病患者、孕妇、儿童等其他社会成员对无障碍环境的需求持续增长，特别是社会老龄化程度不断加深，立法要面对新的形势。

4. 无障碍设施建设系统性不足

目前的技术规范主要是关于各类建筑无障碍设计方面，在城市、街区规划层面的空间尺度上，缺乏以实现无障碍设施的系统联通为目标的整体性统筹安排，不同层级国土空间规划尚未形成针对无障碍环境建设专题、专项规划的技术规范集成要求。

虽然部分城市在将无障碍环境建设内容纳入不同层级国土空间规划方面进行了积极有益的尝试，但对于无障碍环境建设相关内容的整体性和系统性思考仍显不足，缺乏对区域整体、领域系统、重要节点等方面的具体技术性要求。

6.3 社会发展需求

据北京市统计局发布的第七次全国人口普查数据，全市常住人口中，60岁及以上人口为4298590人，占19.6%，其中65岁及以上人口为2912060人，占13.3%。与第六次全国人口普查相比，北京市60岁及以上人口的比重上升7.1个百分点，65岁及以上人口的比重上升4.6个百分点。社会发展需求的增长加快推进了无障碍环境的建设。

随着高质量发展的内在需求，人们对无障碍环境的需求不再是"有没有"，而是"好不好"。无障碍环境建设仍普遍存在不平衡、不充分、不系统等问题，过去单纯的建设无障碍设施已无法满足广大残疾人和老年人对美好生活的需要，应转型至建设功能化、人性化、精细化的全龄友好无障碍环境，存在问题主要表现如下：

一是对城市公共空间无障碍是城市所必需的基本功能认识不足。全龄友好无障碍的公共空间慢行系统的无障碍性能就如同城市的基础设施一样，是城市的基本功能标准，其体现为"少台阶，多坡地"。这是从城市性能标准的角度对城市公共空间功能的提升，保证所有城市可行走和停留的公共空间能够使所有人使用各种代步工具均可达到。由此可以看出满足无障碍设计要求，不等于要增加很多设施，而是应强调无障碍功能如何与城市公共空间规划相结合。

二是对无障碍设施是提升城市环境品质的关键要素认识不足。我国普遍认为无障碍设施是附属设施，不能占据主要位置，很多场所没必要都可达。目前我国相对更注重道路及其相关节点设施的建设，没有将其外延与城市公共空间环境品质提升相结合。这反而造成了设施越建越多，实用性、便利性和美观性都不遂人愿，感觉与国际一流水平存在差异的现象。

三是对如何使无障碍环境与环境美学相结合认识不足。当前，我国很多建筑师是因为有标准强制性条文才考虑无障碍设施，并没有将其理解为城市和建筑的基本性能，也没有考虑如何使其作为建筑创作的手段融于环境之中。

四是对无障碍环境提升是城市更新修补的重要组成部分认识不足。在发达国家近几十年的城市更新提升的过程中，他们已将原有街区进行系统化的坡地和标识引导改造，实在有困难无法进行改造的，也采用了临时性的可替代器具或可替代性服务进行补充。我国当前对于城市更新修补仍然停留于环境整治和点位的"见绿留白"修补，对于结合用地边界的城市公共空间环境中的人性化无障碍品质的提升却普遍缺乏思考。《北京市城市更新条例》中明确提出"落实无障碍环境建设要求"，但目前城市更新行动中存在全龄友好型无障碍环境建设不系统、核心技术支持不足、建设标准无体系的问题。应及时形成完善的体系，避免全龄友好无障碍环境建设在城市更新过程中"被甩下"。

北京城市
无障碍环境未来
Beijing Future
Accessibility Environment

下篇
北京城市无障碍环境未来

第 7 章

《北京市无障碍环境建设条例》颁布带来的变化

7.1　无障碍设施建设到无障碍环境建设内涵转变

无障碍建设领域由设施建设转向整体物质和人文环境建设。

2004 年北京颁布实施的我国第一部无障碍建设领域的地方性法规——《北京市无障碍设施建设和管理条例》（简称 2004 版《条例》），立足于从设施角度推动北京无障碍建设的水平。2004 版《条例》将无障碍设施界定为"为了保障残疾人、老年人、儿童及其他行动不便者在居住、出行、工作、休闲娱乐和参加其他社会活动时，能够自主、安全、方便地通行和使用所建设的物质环境。"（2004版《条例》第二条）。2012 年，国务院公布实施《无障碍环境建设条例》，把"创造无障碍环境"作为条例的目标，关注无障碍设施硬环境建设的同时，对于无障碍信息交流和社区服务等软环境建设也作出了规定（《无障碍环境建设条例》第一章第一条）。2021 年 11 月 1 日，《北京市无障碍环境建设条例》（以下简称《条例》）正式实施，目标定位于"提升无障碍环境建设水平"，将"无障碍设施"扩大为"无障碍环境"（《条例》第一章第二条）。《条例》将无障碍环境建设的内涵界定为"为便于残疾人、老年人等社会成员自主安全地通行道路、出入相关建筑物、搭乘公共交通工具、交流信息、获得社会服务所进行的建设活动。"

《条例》丰富和提升了无障碍环境内涵，由自主安全地通行道路、出入建筑物的标准，扩展到搭乘公共交通工具、交流信息以及获得社会服务，体现了北京市无障碍环境建设从"有"向"好"，从"设施建设"向"全方位无障碍环境建设"的转变。无障碍环境的含义从"设施"到"环境"两个字的变化，体现了无障碍建设的内涵扩展到整体的物质环境和人文社会环境，实现了无障碍建设理念质的飞跃。

7.2　无障碍设施建设到无障碍环境建设价值取向转变

无障碍建设的价值取向由单纯的物质设施供给转向美好的人居环境追求。

2004 版《条例》目标为"加强本市无障碍设施建设和管理"（2004 版《条例》第一条）；《条例》将无障碍环境建设的目标设定为"保障社会成员平等参与社

会生活的权利,促进友好人居环境建设,提高社会文明程度"(《条例》第一章第一条)。

无障碍环境是城市文明的标尺,是城市现代化、精细化、人性化的象征。无障碍环境建设是以人民为中心理念的体现,是提高人民群众满足感、幸福感、获得感的重要保障。《条例》考虑到不同情境下社会成员对无障碍环境需求的多样性,以提升社会环境的包容性为目标,推动全人群平等参与、共享社会发展的成果,提升人居环境和社会文明水平。

7.3 无障碍设施建设到无障碍环境建设受益人群转变

无障碍建设的服务对象由残疾人、老年人、儿童等需求人士扩展为全龄友好人群。2004版《条例》中强调对"残疾人、老年人、儿童及其他行动不便者"通行活动进行保障(2004版《条例》第二条);《条例》将服务范围界定为"残疾人、老年人等社会成员"(《条例》第一章第二条),受益群体的范围扩展。

无障碍并非专为残障人士提供服务,蹒跚学步的孩童、行动迟缓的老人,甚至处在特殊状况的青壮年和每个家庭,都可能会感受到对无障碍的需求。无障碍环境不仅是对特殊群体的关照,更是全体社会成员的共同福利,其受益群体的范围具有普遍性和包容性。面向更广泛使用者的需求,让有需求的群体能够更平等、自主、便利地参与社会生活,从而在全社会促进更广泛的认同和参与。与此同时,《条例》进一步与《残疾人权利公约》等国际公约、条约接轨,将"通用设计、合理便利"等确定为无障碍环境建设的基本原则,并充分体现在制度中,彰显无障碍环境"广泛受益"的原则与"全龄友好"的理念。

7.4 无障碍设施建设到无障碍环境建设治理机制转变

无障碍建设的治理机制由项目管理转变为行业体系和行业制度建设。
2004版《条例》采用项目管理的思路,强调设施建设中设计、施工、验收的规范性（2004版《条例》第九条、第十一条至十四条）。《条例》提出建立全行业、全过程的管理机制。一是将无障碍环境建设发展规划纳入国民经济和社会发展规划和相应的国土空间规划（《条例》第一章第四条）；二是建立部门间工作协调机制，统筹解决无障碍环境建设与管理中的重大问题，督促落实各项工作任务（《条例》第一章第四条）；三是支持无障碍环境的科学技术研究，加强相关领域人才培养，鼓励采用无障碍通用设计的技术和产品，推进无障碍技术和产品的开发、应用和推广（《条例》第一章第七条）；四是明确各方的责任，《条例》从专项规划、标准建设、方案审批、质量监督、后期运维等方面作出详细规定，尤其细化了无障碍设施责任人的责任范围。在公众参与方面，不仅重视邀请残疾人、老年人等代表对无障碍设施进行试用体验、发表意见和建议，而且鼓励社会力量参与无障碍设施改造。

《条例》提出建立行业体系和行业制度的无障碍治理机制。无障碍环境建设是全社会的共同责任，应该由政府、市场、集体和个人共同推进。机制的转变是对已有管理体系的提升。中国残联副主席吕世明认为，在我国判断无障碍设计和设施产品质量的依据、无障碍设计和施工验收过程中缺乏专业性、系统性和强制性的考量，进而影响了无障碍环境建设的监管效果和效率。《条例》提出加大对无障碍建设相关研究机构、社会组织、专业人才、产业发展的孵化培育，鼓励全社会参与监督。无障碍领域技术、产品与服务全面发展，无障碍环境建设的现代化水平全面提升，是未来发展的重要方向。

第 8 章

《北京市无障碍环境建设条例》实施引发的对未来的思考

《条例》提出增进弱势群体福祉的重要举措，为全体社会成员描绘了崭新的生活图景，指明北京市无障碍环境建设的新方向。《条例》实施引发全社会对未来的畅想，必将激起更广泛的创新变革，加快实现人民对美好生活的向往。

8.1 受益人群

无障碍环境的受益对象是全体社会成员，其目标是建设适度、便捷、安全、舒适的无障碍环境。

1996年联合国人居环境会议中首次提出"儿童友好城市"的理念，要求将儿童的权益纳入城市规划（UNICEF，2012）。2007年联合国人居署提出以性别角度评估城市建设需求，旨在通过城市规划促进性别平等（UNHABITAT，2007）。2007年，世界卫生组织（WHO）发布《全球老年友好城市建设指南》，提出了建设老年友好城市8个方面的基本标准，旨在创立适合老年人生活的物理环境和社会环境（WHO，2007）。无障碍是推动基本公共服务均等化和高质量发展的重要途径。儿童友好、女性友好、老年友好、弱势人群友好和需求人群友好等理念都基于对人的基本尊重，关注个体发展需求，最终通向全龄全人群友好。全龄友好的内涵不仅指向年龄差异，还潜在地涵盖了性别、健康程度、收入水平和社会地位等方面的差异，是对全体社会成员的友好（黄怡，2022）。全龄友好重视物质环境、公共空间等硬环境建设，同时强调城市政策法规、公共服务、福利保障、文化氛围、人才技术等城市软环境建设。建立全龄友好型城市，需要以人的多层次、全生命周期的需求为导向，将包容互助与人文关怀的理念渗透到城市规划、建设、治理、运行的各个环节，体现城市对人无所不在的关怀。

8.2 价值取向

无障碍环境建设要消除社会环境中存在的障碍，使人文思想在全社会达成共识，即平等、尊重、助人与自助、包容与共同发展。

老龄化社会背景下，无障碍环境已经从对需求人群尤其是残障人士的特别照顾转向全体社会成员的刚需和普惠（凌亢，2021），消除障碍是全社会的共同责任。联合国第九任秘书长古特雷斯（2019）在《残疾人权利公约》第十二届缔约国会议上指出，在改变心态、法律和政策以确保世界各地残疾人的权利、机会和尊严方面，我们还有很长的路要走，最终目标是让包括残疾人在内的所有人都能享受平等机会，在决策过程中拥有充分发言权并真正受益于经济、社会、政治和文化生活。无障碍建设不仅要构建无障碍的物质环境，更要消除社会与心理的障碍，从而营造大爱的社会氛围，实现社会成员之间无差别的平等、尊重、助人与自助，以及共同发展。

社会大爱的实现要求全社会用公平、包容的理念看待不同人群的生存与发展需求，尤其要用积极老龄观看待老龄化社会的实质。健康、参与、保障作为积极老龄化的三大支柱，与全龄友好无障碍社会环境的构建具有内在一致性，要求通过广泛的社会支持为全体社会成员尤其是弱势群体创造安全感与归属感。美国加利福尼亚州梅肯研究院人口老龄化未来研究中心主席保罗·欧文（PaulIrving，2018）认为，未来的关键是"有目的地变老"，将危机转化为机遇，使老年人自身成为改变的推动者，改变文化、创造机会并推动增长。提升老年人、残障人士等弱势群体的生活质量，提供社会保障，尊重老年人、残障人士等弱势群体的发展需求，肯定其社会价值，增强其生活能力和社会融入能力，构建老年人与社会之间的知识、技能和文化的传递网络，是社会大爱的内在要求。

8.3 治理机制

以无障碍全龄友好环境建设为契机，建立健全通达的体制机制，形成上下同心、全民友好的文明社会氛围。

无障碍环境建设制度体系是弱势群体平等参与社会生活、共享社会资源的保障；是促进社会和谐健康发展、形成全民友好社会氛围的推动力；是衡量城市文明及与国际接轨程度的重要标尺。健全的无障碍环境建设制度体系拥有更广泛的内涵：扩大了适用对象和拓展实现途径，由物质环境设施建设到信息和社会服务建设，由无障碍设计走向通用设计；提升无障碍相关法规、政策、标准与规范的科学性；畅通公众参与的途径，提高残障人士的社会参与度。这样的机制下，每个个体都能在城市环境中享受到充分的尊重和人性的关怀。

《条例》的颁布，为构建新时代无障碍环境建设制度体系指明了方向，推动建立有法可依、执行有力、主体明确、权责清晰、全程监管、保障实施、城乡融合、均衡发展的无障碍社会。社会成员特别是需求人群积极参与到无障碍环境建设中，无障碍环境建设不仅涵盖自上而下的规划、实施与管理，还包含自下而上的反馈与监督。以无障碍全龄友好环境建设为契机，最终形成上下同心、人心和顺的文明社会氛围。

8.4　科技助力

无障碍环境建设要依靠科学技术助力，实现无障碍环境建设中的信息无障碍建设。

智慧城市概念可以追溯到 20 世纪 90 年代后期的美国"智能增长运动"，聚焦于信息通信技术对城市基础设施运营的作用（IBM，2009）。经过不断发展，智慧城市的内涵逐渐外延至包括传统基础设施、现代通信基础设施和社会发展在内的可持续发展与高品质生活（Yigitcanlar et al.，2019）。科学技术飞速发展下，数字服务和智能解决方案成为城市更具弹性、效率和吸引力的重要因素，但同时老年人、残疾人等弱势群体进入智慧城市面临着巨大的障碍。

更透彻的感知、更全面的互联互通与更深入的智能化，这样的智慧城市理念（IBM，2009）已经渗透到城市治理的方方面面，并与材料科学、工程技术科学以及信息通信技术（Information and Communication Technologies，ICT）紧密融合，为解决城市出现的各类问题，实现城市可持续发展贡献了新的解决方案。智慧城市助推城市规划从物质空间转向社会空间，为加快无障碍环境建设，增强老年人、残障人士等弱势群体独立生活和参与社会活动的能力，创造了更多可能性。

大数据、人工智能、物联网、区块链、5G网络、云计算等技术构建了无障碍智慧管理平台。个性化科技辅助产品和智能终端设备拓展了无障碍生活范围；导盲系统、声控系统、视觉引导、人机交互、自动驾驶、智慧协助等技术助力无障碍物质空间建设；图文识别、语音识别、自然语言处理、语音合成等技术支持突破信息交流障碍。科学技术进步大大提升人们的存在感与获得感，惠及所有人。

第9章

城市无障碍全龄友好建设借鉴

无障碍理念是文明社会的世界通行标识，无障碍是人类文明进步的尺度。世界各国致力于在社会发展的各个领域探索无障碍环境的发展方向和具体措施，促进和维护残障人士和弱势群体的权利，提升人类福祉。

9.1 国际组织的推动

残疾是伤残者和阻碍他们在与其他人平等的基础上充分和切实地参与社会的各种态度和环境障碍相互作用所产生的结果（《残疾人权利公约》）。在人口老龄化与城市化同时加剧且交汇影响的背景下，联合国、WHO 等国际组织较早关注到了这一社会问题并着手应对，提出了影响世界各国无障碍环境建设策略制定的理念框架与实践倡议。

9.1.1 联合国

早在 20 世纪 80 年代，联合国就开始探索如何应对人口老龄化问题。1982 年联合国在维也纳召开第一届世界老龄大会，通过了包括 62 项建议在内的《老龄问题国际行动计划》。1991 年联合国大会通过了《联合国老年人原则》，确立了关于老年人地位 5 个方面的普遍性标准：独立、参与、照顾、自我充实和尊严。2002 年联合国在马德里召开第二届世界老龄大会，通过了《老龄化马德里政治宣言》和《2002 年马德里老龄问题国际行动计划》，呼吁社会各阶层改变观念和政策，增进老年人健康和福祉，发挥老年人的社会价值。联合国对于老龄化问题的关注重点由健康、消费、住房、家庭和社会福利等物质保障逐步拓展至老年人的独立、参与、自我充实和发展，积极老龄化观念被纳入各国发展框架（WHO，2002）。

2006 年通过的《残疾人权利公约》是联合国历史上第一个旨在全面保护残疾人权利的国际法律文件，也是 21 世纪联合国制定的第一个综合性人权公约。公约重申了所有残疾人都平等享有一切人权和基本自由，以法律约束力保证残疾人权利，促进对残疾人固有尊严的尊重，它的实施标志着人们对待残疾人的态度和方法发生了"示范性转变"。2015年通过的《2030年可持续发展议程》提出17项人类共同的可持续发展目标，强调不落下任何一个人。《残疾人权利公约》和《2030年可持续发展议程》的实施，体现出保障残疾人以及各年龄段人群的平等权益、促进他们的福祉成为国际社会和各国的普遍共识和共同行动。

1996年，联合国第二次人居环境会议首次提出"儿童友好城市倡议"（Child Friendly Cities Initiative），建议创建安全、包容、符合儿童需求的城市和社区，确保儿童拥有游戏社交的安全场所。

联合国在2015年通过了《2030年可持续发展议程》，所有国家和利益攸关方将携手合作，以促进可持续和具有包容性的经济增长、社会发展和环境保护，特别指出"向所有人，尤其是妇女、儿童、老年人和残疾人，普遍提供安全、包容、无障碍的绿色公共空间"（UN，2015）。在2016年召开的第三届全球人居大会上通过了《新城市议程》（UN-Habitat，2016），以此作为一个以行动为导向的，并为国家、地区以及地方政府提供指导性的文件。文件指出，我们共同的愿景是人人共享城市，即人人平等使用和享有城市与人类住区，努力促进城市的包容性。特别是"不让任何一个人掉队"，要从社会的公共服务、基础设施建设等方面，更加重视有关于妇女、儿童和老年人、残疾人等弱势群体的需求。

9.1.2　世界卫生组织

1990年在哥本哈根国际老龄大会上，WHO把"健康老龄化"（Healthy Ageing）作为应对人口老龄化的一项发展战略。在2002年的第二届世界老龄大会上，WHO在健康老龄化的基础上提出积极老龄化（Active ageing）概念，并将其定义为"最大限度地提高老年人健康、参与和保障的水平，确保所有人在老龄化过程中能够不断提升生活质量"；同时，在《联合国老年原则》确认的"独立、参与、照料、自我实现和尊严"的基本原则指导下，构建了由健康、参与和保障三大支柱组成的实施积极老龄化理念的政策框架（WHO，2002）。

在城市化与老龄化的双重压力下，2005年WHO首次提出"老年友好型城市"概念，并于2007年颁布《全球老年友好型城市指南》（Global Age-friendly

Cities：A Guide），旨在让人们转变视角，认清城市的发展现状与不足，从而通过各种方式使城市更加老年友好。《全球老年友好型城市指南》涵盖老年友好城市八个相互关联的建设领域，包括社区和医疗保障、交通、住房、社会参与、户外空间和建筑、尊重和社会包容、公众参与和就业、通信和信息（WHO，2007）。2010年，WHO成立老龄友好城市和社区全球网络（Global Network of Age-Friendly Cities and Communities，GNAFCC）。2020年WHO"健康老龄化行动十年2020—2030"提案中提出包括"包容性"和"通用性"在内的九大老龄友好原则，旨在通过改变观念、发挥老龄价值、提供长期老龄服务等方面的集体行动，以减少健康不平等现象，改善老年人及其家庭和社区的生活（WHO，2020）。

健康老龄化行动十年的指导原则：

①相互联系且不可分割。所有参与实施的利益攸关者共同处理所有可持续发展目标，而不是在目标清单中挑挑拣拣。
②包容性。涉及社会的所有阶层，不论其年龄、性别、民族、能力、所在地或其他社会类别如何。
③多方利益攸关者的伙伴关系。动员多方利益攸关者的伙伴关系，以分享知识、专长、技术和资源。
④通用性。使所有国家（不论收入水平和发展状况如何）致力于促进可持续发展的全面工作，并酌情根据国情和人口进行调整。
⑤不让任何人掉队。适用于所有人，无论他们是谁和身在何处，并针对他们面临的具体挑战和脆弱性。
⑥公平。倡导受益于健康老龄化的决定因素和推动因素的平等和正当的机会，包括社会和经济地位、年龄、性别、出生或居住地、移民身份和能力水平。有时可能需要对某些人口群体给予不平等的关注，以确保社会上最弱势、最脆弱或边缘化的成员最大限度地受益。
⑦代际团结。促进各代人之间的社会凝聚力和互动交流，以支持所有人的健康和

福祉。

⑧承诺。维持十年和更长期的工作；

⑨不伤害。使各国致力于保护所有利益攸关者的福祉，并尽量减少对其他年龄段人群的可预见伤害。

9.1.3 世界银行

世界银行在全球范围内推动与支持养老金制度改革。1994 年，世界银行在《防止老龄危机：保护老年人及促进增长的政策》中首次提出养老金"三支柱"模式，被各国养老金体系广泛采用（The World Bank，1994）。1998 年出版的《老年保障：中国的养老金体制改革》指出了中国存在养老保险制度问题，建议实行统一的养老金制度（The World Bank，1998）。1999 年 9 月世界银行召集"关于老年保障的新概念"研讨会，总结了 20 世纪 90 年代晚期养老金改革的发展历程，为世界各国的改革提供了更多成熟经验（Holzmann & Stiglitz，2001）。2006 年世界银行发布报告——《21 世纪的老年收入保障——养老金制度改革国际比较》，阐述世界银行关于养老金制度改革的框架和实施问题（Holzmann，2005）。2012 年世界银行发布报告——《中国农村老年人口及其养老保障：挑战与前景》，审视了农村老年人口的生活和福利状况，回顾了中国农村养老保障制度的发展历程，并阐述了实施过程中所面临的问题及未来的发展方向（Cai et al.，2012）。2018 年世界银行发布报告——《中国养老服务的政策选择：建设高效可持续的中国养老服务体系》力求提出一个符合中国国情、能够逐步落实的政策框架（Glinskaya & Fen，2018a）。

2018 年开始，世界银行在安徽实施养老服务体系建设示范项目，在贵州实施全球首个结果导向型贷款养老服务体系建设项目，推动了良好的养老服务市场的建立与运行，为每个老年人都能获得符合自身需求、喜好和财力的服务创造条件。安徽养老服务体系建设项目总投资 1.9784 亿美元，其中世界银行贷款 1.18 亿美元，政府投入 7984 万美元。内容包括建设面向政府、民营养老机构和消费者的养老服务综合信息系统、加强政府有关部门进行老年人能力评估的能力、加强养老服务质量标准和组织人力资源培训,提升养老服务效率、质量和消费者满意度,在安庆市和六安市建设社区居家养老服务站,为本社区老年人提供日间和夜间照料服务,向民办养老机构购买服务,政府承担保障对象的基本养老服务责任,建立健全城市公立医院和农村福利院的专业护理设施(The World Bank,2018a)。贵州养老服务体系建设项目世界银行融资 3.5 亿美元,总融资规模接近 5 亿美元。内容旨在加强基本养老服务体系化、网络化建设,促进居家、社区、机构养老相协调;加快养老人才队伍培养,提高专业化水平和服务质量;推动养老服务信息体系建设;完善养老服务体系和机制改革,促进医养、康养相结合;健全法律法规,保障可持续发展(中国政府网,2021)。

信息无障碍方面,世界银行与盖茨基金会合作,协助中国政府通过推广信息通信技术及其相关服务改善农村居民生活。项目开展的一项研究评估了中国老龄人口信息通信技术使用率的提升潜力,研究了公共图书馆及类似机构在促进老龄人口数字化和社会包容性、改善其福祉中的作用,并于 2014 年将研究成果汇总成《建设中国数字包容的老龄化社会:公共图书馆的潜力》报告(Beschorner et al.,2014)。

世界银行一直重视将残疾人融入发展进程,支持各国落实《残疾人权利公约》。2002 年主办了首个残疾人与融合发展大会,为华盛顿残疾统计小组提供初始资金。2011 年,世界银行与 WHO 共同编写了《世界残疾报告》(以下简称《报告》),强调对以残疾为重点的干预措施的支持,在环境、社会、基础设施和减贫项目中推动残疾问题主流化,将残疾问题纳入世界银行"环境与社会影响评估和绩效标准"指导文件。《报告》指出,与健全人相比,残疾人的健康状况更差,教育水平更低,参与经济活动的机会更少,贫困发生率更高,存在的障碍包括羞耻和歧视,缺乏适当的卫生保健和康复服务,缺乏无障碍交通、建筑和信息通信技术。《报告》建议,各国政府及其发展伙伴要使残疾人获得所有主流服务,投资针对残疾人需求的专门规划和服务,采取国家残疾人战略和行动计划。此外,各国政府应当努力提高公众对残疾问题的认识和了解，支持在该领域开展更多的研究和培训。重要的是，在设计和实施此类活动时应当与残疾人协商并使其参与进来（The World Bank，2011）。

2013年世界银行在联合国大会——"残疾与发展"高级别会议上发表声明，把残疾人纳入2015年后的发展议程，真正实现包容性，使残疾人得以与其他人在平等的基础上受益。"残疾与发展"是世界银行审议安全保障政策和程序过程中要解决的七个新兴议题之一（The World Bank，2013a）。2018年在与英国国际发展部共同主办、肯尼亚政府和国际残疾人联盟合作举办的全球残疾人峰会上，世界银行与其他参会各方一起，宣布在教育、数字化发展、数据采集、性别、灾后重建、交通、私营部门投资和社会保护等领域为加快残疾人融合发展全球行动进程作出十项承诺（The World Bank，2018b）。

为实现十项承诺，世界银行在各国进行实践。2019年，在非洲建设塞内加尔达喀尔快速公交（BRT）项目解决弱势群体出行难题，在越南进行通行设施无障碍改造，在中国的在建铁路项目和拉美地区的在建地铁项目中解决出行不便人士的通行需求问题（The World Bank，2019）。

世界银行下一步将扩大行动规模，重视通过惠及所有人群且不落下任何人的营养、优质医疗、就业和技能培养等服务。包容残疾人成为世界银行国际开发协会第19次增资（IDA19）的一个跨部门主题，以保障残疾人的健康福祉、受教育和就业机会（The World Bank，2019）。

残疾人融合发展全球行动十项承诺（2018）包括：①确保到2025年所有世界银行贷款教育规划和项目实现残疾人融合。②确保所有世界银行贷款数字化发展项目敏感顾及残疾问题，包括通过使用通用设计和无障碍标准。③在全球标准和最佳实践的指导下，扩大残疾数据收集和使用规模，比如采用华盛顿残疾统计小组所设计的成套残疾计量简易问题。④将残疾问题纳入《妇女、营商与法律》调查，更好地理解残疾妇女的经济赋权。⑤确保到2020年所有资助灾后重建公共设施的项目实现残疾人融合。⑥确保所有支持公共交通服务的世界银行贷款城市交通和铁路项目实现残疾人融合。⑦加强对国际金融公司投资的私营部门项目有关残疾人融合的尽职调查。⑧确保到2025年75%的世界银行贷款社会保护项目实现残疾人融合。⑨增加世界银行残疾员工人数。⑩在世界银行员工中宣传《残疾人融合与问责框架》，作为支持世界银行新《环境与社会保障框架》的方式之一。

9.1.4 联合国儿童基金会

联合国儿童基金会在各项工作中坚持以维护儿童权利为根本，不论儿童的性别、家庭经济水平、民族或宗教信仰如何，也不论其是否身有残障，通过工作使得儿童尤其是最脆弱儿童的健康、发展和受保护状况得到改善。为了实现儿童权利这一共同目标，联合国儿童基金会与多个政府部门、学术机构、私营部门以及社会组织携手开展了富有成效的合作。

人道主义行动是联合国儿童基金会的中心任务。联合国儿童基金会帮助降低儿童面临的潜在风险，包括分享知识及良好的实践与经验教训，以及提供技术援助，来支持备灾、救灾和灾后恢复工作。联合国儿童基金会与应急管理部的工作计划旨在加强以儿童为中心的机构应急能力，提高对以儿童为中心的减灾概念的认识，在创新技术方面开展合作，并通过知识中心与其他国家分享。

每一名儿童都应享有公平的机会。联合国儿童基金会携手中国政府及其他合作伙伴，共同应对挑战，包括贫困和不平等、社会救助、基本医疗保险、针对儿童的基本服务、针对公共财政管理和治理中的不平等现象等。通过提供更多优质且可负担的社会保护和社会服务，进而减少儿童卫生、营养、教育、水和环境卫生、住房、信息、社会保护的多维匮乏现象。1996年，联合国儿童基金会与联合国人居署共同发起"儿童友好型城市"倡议，并于2019年出版《构建儿童友好型城市和社区手册》，旨在通过制定儿童友好相关政策法规，创建安全、包容的城市环境，促进儿童积极参与社会公共事务，提升儿童福祉（联合国儿童基金会，2019）。

在儿童健康与发展方面，确保婴幼儿、儿童、青少年的生存与发展，促进其释放全部发展潜能。联合国儿童基金会正携手中国政府及其他合作伙伴，优先开展减少可预防的新生儿死亡、强化儿童早期发展服务、应对儿童公共卫生新挑战等方面的工作。具体工作包括改善分娩前后保健服务的质量及公平性，促进医疗机构提供孕产妇营养服务，消除艾滋病、梅毒、乙肝母婴传播，预防伤害导致的儿童死亡、残障，扩大儿童早期发展服务的可及性，促进婴幼儿营养，倡导家庭友好政策，预防及降低儿童、青少年超重，改善青少年心理健康，扩大环境卫生服务可及性及提高环境健康水平。

在儿童教育方面，保障每个儿童的受教育权。联合国儿童基金会与中国政府及其他合作伙伴一起，应对教育差距、校园暴力和欺凌、教育投入不公平、儿童早期发展与教育、教育质量提升等挑战，围绕幼儿保育和教育机会不公平及质量不均、学习成果存在差异以及青少年生活和工作技能不足等重点议题开展合作。其目标是增加儿童受教育的机会，确保所有儿童接受公平优质的教育，为每位儿童的学习和生活提供坚实的开端，确保女童享有与男童同等的机会，帮助儿童掌握所需技能，助力儿童茁壮成长。

在儿童保护方面，保护儿童免受暴力、虐待、剥削与忽视的权利。联合国儿童基金会携手中国政府及其他合作伙伴，致力于应对立法和行政措施不完善、社会工作人才队伍不过硬、治理和责任制度不到位等挑战；开展能力建设并倡导立法改革，以终结基于性别的暴力以及因传统观念和文化信仰造成的歧视；推动修订《中华人民共和国刑法》中有关侵害未成年人犯罪的规定，以应对新型犯罪；携手家长，共同培育积极的家庭养育观念，促进亲子互动，增进对儿童发展的认识，提高父母和儿童的适应能力；推动建立跨机构的儿童保护信息管理系统，系统地收集有关一切形式的暴力行为、调查数量、惩治措施以及受害人救助赔偿的数据。

联合国儿童基金会致力于实现《2030年可持续发展议程》目标，利用其全球影响力和多样化伙伴关系，为发展中国家面临的重大挑战寻找可持续的解决方案，共同应对挑战。每个儿童都有生存和成长的权利，然而，儿童仍面临新生儿死亡、营养不良、不安全的水、不良的环境卫生和个人卫生条件、气候变化、紧急情况、学习危机等挑战。通过南南合作为发展中国家分享知识、解决方案、技术和资源，帮助发展中国家加快实现儿童可持续发展目标的进度，减少不平等现象，并保障弱势儿童的权利。

2013 年，包括中国在内的 51 个国家在摩洛哥马拉喀什通过了《马拉喀什条约》。《马拉喀什条约》是一个国际上为方便盲人、视力障碍者或其他印刷品阅读障碍者而制定，在版权领域具有人权性质的国际条约，为便利视力障碍者获取出版作品，规定著作权的限制与例外，是解决世界上 3.4 亿盲人、视力障碍者和印刷品阅读障碍者面临"书荒"问题的一个善举。中国在 2021 年 10 月批准了该条约，2022 年 5 月生效（中国政府网，2022）。

9.2 以适老为核心的无障碍建设经验

9.2.1 英国终生社区建构

英国是世界上较早步入老龄化社会的国家之一，20 世纪 20 年代已进入老龄化社会。在面对老龄化挑战的过程中，早期的英国政府强调通过完善养老机构等设施建设和福利体系，保障老年人的居住条件和生活权益。20 世纪末，受到全球"积极老龄化"等理念的影响，英国政府对老年人居住环境的关注重点由养老机构拓展至普通住宅和社区。英国首先提出"终生住宅"的概念，强调为居民提供高质量、高包容的住宅，满足不同年龄阶段人群的弹性使用需求；尤其要提升住宅的适老性，关注老年人在住宅中的独立性问题。2007 年 11 月英国社区和地方政府部与英国长寿中心发表联合提案《迈向终生社区：设计全民可持续社区》，在"终生住宅"的基础上提出了"终生社区"（Lifetime Neighbourhood）理念（Croucher，2008）。

终生社区将适老性问题由住宅扩展到社区环境，强调通过参与协作式的社区自治，利用包容性与通用性设计手段，提高社区服务和管理的适老水平，提升社区居住环境的适老性能，从而改善老年人的生活质量，延长老年人在社区中独立生活的时间（Phillipson，2011）。终生社区的建设包括居民授权、可达性、建成和自然环境、服务和相关设施、社会参与网络、终生住房6个核心主题（Harding，2007）。居民授权是终生社区理念实施的核心策略，可达性是终生社区的关键构成要素，包容性与通用性设计是终生社区建设与改造的重要手段。通过以人为本、多元差异、提供多样的选择、使用灵活、设计后环境对每个人都便捷舒适的包容性设计，保证了终生社区的有效实施。

居民授权作为核心策略，其实质是构建一种参与协作的社区自治模式，加强社区发展的公众参与。在英国复杂的土地权属关系背景下，社区居住者对社区的改变拥有决定性的发言权，社区建设与改造需要居民授权。居民授权的实现形式是一种多层次、多组织的协作形式，即通过各种公共机构、民间组织、志愿团体以及地方政府会议等征集居民意见，让社区中包括老年人在内的居民主导社区规划建设；专业团体和政府等作为服务者，从专业角度为社区规划建设提供理论支撑，落实居民意见。

曼彻斯特作为第一个加入WHO全球老龄友好城市和社区网络的城市，"曼彻斯特老年人友好计划"（AFM）以参与协作的社区自治为基础，老年人在其中发挥主导作用。在居民授权的实现形式上，采取的措施包括：成立老年人委员会并由老年人担任董事，定期召开会议，促进战略实施过程中的老龄友好性；召开老龄友好大会，将其作为老年人的咨询机构和发声平台；成立AFM指导小组，将理事会、法定部门、志愿团体和文化部门的高级代表聚集在一起，共同监督相关法令文件的落实；召集老年人志愿者组成文化团体，汇集广泛的文化组织，形成老年友好文化工作小组，增强老年人对社会文化活动的参与（McGarry & Morris，2011；Buffel et al.，2014；McGarry，2018）。

英国通过应对老龄化探索出来的终生社区发展策略，对我国无障碍环境建设具有积极的参考意义，一是要构建多元主体全过程参与机制，尤其要保证老年人、残障人士等需求人群参与规划决策与监督，提升社区自治能力；二是要利用通用性与包容性设计，完善社区无障碍设施与服务，提升社区适老性能。

9.2.2 日本老龄化社会下适老化法规政策体系

从养老保险、医疗、社区介护、适老化住房与老年人就业等各方面完善适老化政策体系，积极应对人口老龄化。

20世纪70年代后，日本进入老龄化社会。根据2021年9月的数据，日本65周岁以上老年人占总人口的29.1%，是世界上老龄化程度最高的国家之一（日本总务省统计局，2021）。为应对人口老龄化带来的严峻挑战，日本从养老、医疗、介护、居住和就业等多方面构建了完善的适老化政策体系。

日本建立并完善了养老保险制度，形成了"国民皆年金、国民皆保险"的公共与非公共相结合、多层次、覆盖全体国民的养老保险体系（丁英顺，2019）。1961年实施的《国民年金法》，确立的强制性的、覆盖全体国民的国民养老金构成了养老年金保险体系中最基础的部分，与就业收入相关的雇员养老金共同构成日本养老金的主要部分。雇员养老金包括企业职员厚生养老金和公务员共济养老金，2015年10月起共济养老金与厚生养老金合并为厚生养老金。国民养老金和厚生养老金由日本政府运营且具有强制性。此外，国民还可以自由选择非公共养老年金保险。

日本率先在全球范围内建立了以社区为主体的介护保险制度。根据2000年实施的《介护保险法》，强制要求40岁以上国民必须缴纳介护保险金。介护保险由政府、个人和企业共同承担筹资责任，市、町、村等地方行政单位作为实施主体，为65岁以上老年人或40~65岁之间患有疾病导致个体失能的人群提供介护服务。需要护理服务的人通过申请并经政府评估后可获得相应的介护服务，包括居家服务、地域密切衔接型服务和机构服务3种，其中居家服务是核心内容（周泽纯等，2019；Tamiya et al., 2011）。介护保险的重点是构建替代部分机构介护的社区养老护理服务体系（Saito et al., 2019）。在保证专业介护质量的前提下，引导中等介护需求者减少对机构介护的依赖，并以此为框架鼓励社会力量参与并提供居家与社区介护服务（张乐川、钟仁耀，2019）。

完善高龄者住宅政策体系，适应老年人在住宅面积、护理、社区服务等方面的居住需求变化。针对越来越多的老年人选择租赁住房养老，2001年颁布的《高龄者居住法》提出，通过建设或改造，为老年人提供具备相应的面积、设备与无障碍设计要求的优质高龄者租赁住宅。日本出台《高龄者专用租赁住宅登记标准》，搭建面向老年人的租赁信息平台。根据2011年修订的《高龄者住宅法》，放宽经营高龄者住宅的申请，增强民间企业参与的积极性。此外，日本政府在各地区推行老龄者居住稳定计划，建设附带服务功能的老年住宅，包括建设养老院以及构建社区综合护理体系。高龄者住宅逐步呈现设施功能复合化、居住环境整治常态化、服务内容多样化、住宅小规模化、室内设备智能化，以及通用设计等特点，支持了老年人在住宅和社区的自主生活（于喆、林文洁，2011）。

日本建立并完善老年人就业制度。1986年，日本将《中老年人就业促进法》更名为《老年人雇佣安定法》，规定企业有义务尽量雇佣劳动者至60岁。经过近30年的多次修订与完善，雇佣年龄提升至65岁，要求企业履行雇佣老年人的义务，废除对招聘年龄的限制；鼓励和促进企业延长退休年龄或采取继续雇佣制度，为退休后再就业的老年人继续提供雇佣保险（Oshio，2018；Jones & Seitani，2019）。政府为促进继续雇佣制度的实施，对采用继续雇佣制度的企业给予奖励，以减轻中小企业由于提高退休年龄而加重的负担。此外，日本政府积极支援老年人就业创业，通过提供补贴、就业咨询等便利条件，建立面向老年人的融资制度等，提高老年人的就业能力与就业机会（Katsumata，2000）。

日本为应对"少子化、老龄化"挑战而建立的适老化政策体系，对我国无障碍全龄友好环境与社会建设具有积极的参考意义。

9.2.3　新加坡积极老龄化理念下的细节设计

以精细化的设计与服务彰显人文关怀，提升老年人持续社会参与的积极性。

新加坡是亚洲人口老龄化速度最快的国家之一，早在20世纪50年代就开始应对老龄化问题。通过持续探索，新加坡构建了一套完整的积极老龄化政策与环境支持体系，包括建立优质廉价的医疗卫生体系、倡导健康积极的生活理念与生活方式、支持老年人社会参与和就业、营造无障碍物质与社会环境（赵晓芳，2019）。

新加坡创新社会化养老理念，建立亲老龄社会。1955年建立的中央公积金制度标志着新加坡制度性老年社会保障的开始。新加坡通过不断完善公积金制度，出台各种老年救助措施，吸纳政府、社会、机构、老年人等多元主体联合应对老龄化问题。1985年，新加坡建屋发展局开始针对老年人进行无障碍环境建设，采用通用性与实用性设计，满足老年人在居住和出行上对安全便利的需求。2015年新加坡推出"成功老龄化行动计划"（Action Plan for Successful Ageing）和"老年友好型城市行动计划"。

在老龄化率较高的社区进行交通适老精细化改造。2014年，新加坡陆路交通管理局（LAT）推出"乐龄安全区"（Silver Zone）项目，为老年人打造安全、便捷的出行环境。在乐龄安全区外，新加坡强调城市生活空间建设中全面落实无障碍与细节关怀。重要措施包括在养老院、公交站点和卫生机构等老年人主要活动空间之间的连接通道上安装栏杆，以增加出行安全性；为行人高架桥、医院、天桥等安装无障碍电梯；在道路与建筑出入口、公交站等的交汇处，衔接设施使用缓冲坡道而非台阶；在休闲等候区设置带扶手的无障碍座椅；合理运用导向标牌、颜色、铺装等形成清晰的无障碍标识；在人行道交通灯上安装特制读卡器，以方便老年人根据需求刷卡延长绿灯通行时间（Chng et al.，2022）。

"乐龄安全区"（Silver Zone）项目主要措施：通过行政规定限制车速与路面改造，引导车辆降速；在较宽的道路中心设置安全岛以增加老人横穿马路途中休息与观察的时间，并根据老人过街时长延长安全区内人行道绿灯时间；将出行适老延伸至生活区，包括将步行道接驳至公园和城市绿地、给公交候车椅设置扶手、对地面井盖等金属表面进行防滑处理、完善路口、人行道等处的夜间照明、在半失能老人密集区域设置路面起拱以消除过街斑马线与人行道路缘石的高差、在马路前后设置局部盲道地面和易识别标识等；增强地块功能复合性，将区域内单一居住属性用地调整为涵盖商业、餐饮、医疗等社区生活服务设施的多功能用地,从源头上减少老年人跨越机动车道与长距离出行的频次(Authority, L. T., 2020)。

新加坡在应对老龄化问题的过程中,在物质环境细节设计与社会服务中彰显人文关怀,是新加坡无障碍建设的特色。

9.3 以适幼和适弱为核心的无障碍建设经验

9.3.1 幼儿关照

在政府主导下,荷兰完善法律制度、注重儿童教育、全社会共同参与建立适合儿童游戏与独立出行的公共空间环境、构建儿童友好型社区与城市。

1995年荷兰加入联合国《儿童权利公约》的缔约国行列,成为承认未成年人拥有参与治疗决策权利的先驱国家之一,并在同年制定的《荷兰医疗法》(WGBO)中规定了不同年龄儿童的治疗决定权利(Schalkers et al., 2015)。2007年荷兰签署了联合国《残疾人权利公约》。2011年荷兰成立儿童权益监察署,鹿特丹、海牙和阿姆斯特丹等市级政府设立儿童权益监察部,并任命儿童权益监察专员。儿童权益监察专员的主要职责是监督儿童的权益是否真正得到政府、托儿所、儿童福利机构和卫生保健等部门的保护,并为儿童提供建议,帮助他们以最有效的方式来维护权益。

荷兰构建了主要包括养老保险、医疗保险、失业保险、残疾人补助、儿童津贴和国家救济等方面的社会福利法规体系。荷兰政府通过构建长时序的儿童养育福利政策,降低家庭的育儿成本。重要举措包括:为家庭设置带薪产假和陪产假;儿童从出生至18岁每月都可享受政府发放的儿女补贴金,其中儿童日托或幼儿园的补贴金达70%;每个育儿家庭都享有政府提供的教育福利。为家庭提供的儿童福利政策除体现人人均等的原则外,特别强调为低收入家庭提供额外的儿童福利,由于疾病、残障或参加学习计划而不住在家里的儿童可申请双倍家庭福利。

在教育方面，自 1981 年开始，荷兰国家电视台为儿童观众量身制作了儿童新闻联播，旨在用孩子能接受的方式让他们了解这个世界正在发生的事情（许文骏，2017）。1932 年起，荷兰小学引入交通安全教育，通过教育培训的方式保证儿童掌握基本交通安全知识、具备独立骑行上路能力，同时也通过细致的规划设计为儿童打造良好的出行环境，让孩子们出行更安全。

在城市层面，针对儿童成长产生的城市空间需求，荷兰政府于 2015 年推出国家城市议程"Rijksoverheid2015"。在社区层面，荷兰政府在主要城市建造儿童友好社区和独栋住宅，在户外空间增加儿童娱乐设施，鼓励居民共同设计自己的社区，创建更绿色、安静、儿童可玩耍、居民可聊天的友好社区环境。在通学环境层面，2018—2021 年推出"Cycling4School"行动，旨在缓解学校周边的交通拥堵，建立小学周边的无车和安全环境，为孩子们日常独立出行提供保障，增进儿童户外运动。

2005 年，"Childstreet"国际会议在荷兰代尔夫特市召开，与会者共同探讨"如何在繁忙而拥挤的城市中，满足儿童游戏和独立出行的需求"，签署了《代尔夫特宣言》，呼吁尽早建立和完善适宜儿童游戏和独立出行的街道及公共空间环境（曾鹏、蔡良娃，2018）。会后，代尔夫特市针对居住街区、学校周边、城市道路等区域制定了详细的儿童友好型街区建设改造计划，塑造儿童友好城市（梁爽静、袁迪，2021）。阿姆斯特丹、埃因霍温等城市重视儿童在户外环境中玩耍成长的优先权，尤其强调为儿童提供充足的活动空间与活动设施，重视并创造儿童与乡村和自然环境接触的条件。

荷兰儿童友好经验在以下方面具有借鉴意义：优化完善与儿童相关的制度和保障体系，从医疗、保险、儿童津贴等各方面保障儿童作为未成年人的权利；加强针对儿童文化、安全、学习等方面的教育和培训，为儿童营造适宜的人文环境；围绕儿童友好出行路径优化城市空间，建立儿童友好的城市空间网络，同时促进了老年人、残疾人等群体的出行安全与社交需求的实现。

小学生在毕业前要通过荷兰交通安全协会（VVN）在校内安排的交通安全教育与

考试，取得自行车"驾照"。通过的学生可以获得荷兰交通安全协会颁发的证书。这个自行车"驾照"堪称另一种小学毕业证，对学生来讲具有里程碑意义。2010年荷兰王后马克西玛亲自为"路考季"揭幕并向学生颁发"驾照"，以鼓励他们重视交通安全（于夫，2021）。

9.3.2 适弱社会

中国台湾地区通过构建人性化的无障碍环境硬件设施、接纳多元经济文化以支持弱势群体平等参与社会分工，关怀弱势群体，提升社会包容性。

在台湾地区，很容易在高铁、捷运、公交车等公共交通系统，或是公园、街头看到残障人士自由出行。这一景象是台湾地区无障碍环境建设持续努力的结果。

深化细化无障碍建设相关法规，从1980年出台残障福利相关规定开始，历经民间团体多年呼吁、地方政府部门不断制定和修订相关规定，无障碍环境建设从关注建筑物扩充到包括交通工具、人行环境、娱乐活动场所等所有的城市生活空间，惠及对象从残障人士扩展到推娃娃车的父母、骑行人士、推行李箱的外出者以及老年人等全龄范畴（Lin & Huang，2016）。

推进积极老龄化建设。2010年，台湾地区卫生福利部门呼应WHO倡议的"积极老龄化"及"老龄友好城市"理念，提出建设全龄友好社会。将WHO的"老龄友好城市"的8大要素面向本土化阐释为"无碍、畅行、安居、亲老、敬老、不老、连通、康健"8个方面，并根据WHO的《老龄友好城市指南》和其他国家与地区的成功经验，进行符合台湾地区实际的解读，制定出老龄友好城市的评估指标体系（谢楠，2017）。台湾地区应对老龄化挑战的策略核心是构建完善的无障碍硬件设施并接纳多元经济与文化，保障弱势群体平等参与社会分工，提升社会包容性。

构建完善的无障碍环境硬件设施体系。通过优化公共交通系统、步行环境、公共建筑、休闲娱乐项目等各方面的无障碍设计与服务供给，保障老年人、残障人士等弱势群体的无障碍出行。构建畅通的出行环境，具体策略包括车厢内设置轮椅专属停靠区的城市轨道交通、提供无障碍运输服务无差别计价的出租车、设有轮椅升降梯等设施的无障碍公交，以及步行环境中微凸的"导盲斑马线"和路口的盲人警示标志（Shi & Yang, 2013; Wu et al., 2020）。制定台湾地区的《建筑物无障碍设计规范》，对公共建筑内无障碍通道、楼梯、盥洗室等设施设计设置统一标准，保证残障人士正常地使用公共建筑（Chang, 2019）。打造无障碍文化休闲活动项目，包括依托无障碍交通和特色旅游路线让轮椅使用者欣赏自然景观之美，为视力障碍者打造触摸材质、听声等主题的无障碍旅游以及举办口述电影专场等活动。

注重关怀弱势群体、接纳多元经济与文化，构建持久包容的社会氛围。生活性街道的塑造是包容性社会氛围与乡土文化的重要体现。通过构建线路型商业区、土地混合使用以及支持非正规经济等方式打造生活性街道，其中非正规经济是重要构成要素。允许非正规经济的持续存在和多元发展，支持将"街道作为集市"，并对摊贩小业主进行就业扶持。健全非正规经济管理机制，通过出台管理办法、成立管理委员会、吸纳当地自治团体共同管理等方式，对摊贩的摆设、消防、卫生、废物处理等作出严格管理和专业化引导，来调节非正规经济发展所带来的城市管理问题。为协助摊贩转型以应对冲击，推出"改进摊贩问题五年计划"等专项计划。

构建多元活力的基层经济体系。以生活性街道为基础的摊贩与城市街道逐渐发展形成闻名世界的台湾地区夜市文化。夜市将多样的手工艺、美食等文化遗产呈献给大众，成为台湾地区旅游业的重要部分，夜市的发展激发了正规与非正规经济的活力（Hsieh & Chang, 2006）。摊贩等非正规经济部门往往是社会底层边缘和弱势群体主要的就业市场。通过支持弱势群体平等地参与社会分工与活动，体现对弱势群体社会价值的肯定，是包容性社会的内在要求。

为应对人口老龄化挑战，台湾地区提出的通过关怀弱势群体与接纳多元文化以提升社会包容性发展策略，对城市无障碍环境建设具有积极意义。

9.4 无障碍环境建设机制自循环体系的建设经验

9.4.1 无障碍环境建设机制

从无障碍设计边界、法律法规、监督保障机制、执业方式等方面构建完善的无障碍环境建设体制机制与职业伦理体系。

美国的无障碍建设概念肇始于第二次世界大战后残疾人大量出现。20世纪50年代后公民运动在美国兴起，社会参与理论逐渐深入人心，促进了残疾人的社会融合（闫蕊，2007）。1961年美国出台了第一部国家无障碍设计标准，即《美国国家标准协会（ANSI）A117.1：可达和可用的建筑与设施》（ASA），这是世界上最早的一部建筑无障碍设计标准。该标准为残疾人平等享用公共建筑、公共交通和其他服务的权利提供了法律保障，是后来著名的《美国残疾人法案》（ADA）的基础。经过半个多世纪的不断发展和完善，在无障碍设计边界界定、法律法规标准、监督保障机制、技术能力和执业体系等方面形成了完善的无障碍环境建设体制机制（薛宇欣、凌苏杨，2020；李迪华、诸葛雪瑾、陈思好，2022）。美国首先对无障设计的边界作出法律层面的界定，明晰法律保护与执行的范畴。《美国残疾人法案》《建筑无障碍法案》以及《美国残疾人法案无障碍设计标准》（2010版）对于每一个有歧义或者边界不清的术语都给予了相应的明确解释，减少了因解读偏差而产生歧义的可能性，从而在执法上实现了相对统一的标准。

根据国际损伤、残疾和残障的分类标准（WHO，1980），美国将无障碍设计需求人群中传统意义上的"残疾人"界定为涵盖残疾（Disabilities）与残障（Handicap）的双重范畴，既包括了符合残疾标准、因残疾或伤害获得补助的残疾人，也包括了因身体伤害、出生缺陷、发育问题或疾病造成的任何程度的临时或永久的身体残疾、衰弱、身体不协调、视觉障碍、听力障碍、言语障碍、精神障碍、学习障碍等人群，如老人、儿童、伤病人员、认知症患者、自闭症儿童、精神疾病患者等（Rozalski M et al, 2010）。《美国残疾人法案无障碍设计标准》（2010版）的第三章附注了《现有设施清单》，以帮助设计者、评估者和使用者明确环境中的"障碍"元素，包括公共场所的通道和入口、货物和服务、公共卫生间、电话与警报装置等。

美国的无障碍法律与设计标准经历了漫长的完善与修订历程。代表性工作包括：1961年，美国首次出台国家无障碍设计标准《美国国家标准协会（ANSI）A 117.1：可达和可用的建筑与设施》（ASA）；1968年和1973年国会分别通过了《建筑无障碍法案》和《联邦康复法》；1990年国会通过了《美国残疾人法案》（the Americans with Disabilities Act，ADA）；2004年，美国无障碍委员会更新了《无障碍纲要》及《建筑无障碍法案》的无障碍指南，使其二者的范围界定和技术标准同步，并作为《美国残疾人法案和建筑无障碍法案之无障碍指南》（Americans with Disability Act and Architectural Barriers Act Accessibility Guidelines）发布；2010年美国再次修订ADA法案，细化了在公共交通、公共空间、电子通信等方面满足残障人士需求，使其享受相同服务的条款；同年，美国司法部根据《美国残疾人法案》和《建筑无障碍法案》的无障碍法律条文，颁布了《美国残疾人法案无障碍设计标准》。这些努力为所有人能够平等、自由地进出所有的公共、私人以及商业空间，实现社会资源共享和共同参与提供了法治保障。

在完善无障碍法律规范和设计标准的同时，美国建立了多层次、多角度的支持和监督鼓励机制（闫蕊，2007）。美国联邦政府通过采取多项优惠措施，吸纳政府、市场等多元主体共同履行无障碍立法相关规定、参与无障碍环境建设，依据1986年通过的《税收调整法案》为参与无障碍环境建设的企业提供税收优惠和财政补贴。同时，建立了由无障碍委员会、全国残疾人委员会、各种残疾人组织以及公众等多方参与的监督诉讼机制。

通过教育培训、设立职业规范和法律约束，形成了完善的技术能力和执业资格认证机制，保证执业者对无障碍设计标准形成共识、遵守职业道德并承担相应的法律责任。美国建立了完善的注册设计师制度，包括建筑设计和景观设计的本科与研究生教育都要经过相关教育资格委员会的认证。成为注册设计师，除了要接受完善的设计教育外，还必须拥有实践工作经验并通过注册设计师考试。注册设计师每年必须参加行业协会组织的专业培训。ADA 等相关无障碍法律和标准是注册设计师考试和年度业务培训的必要和重要内容，无障碍环境履职能力和设计成果是评估注册设计师职业伦理的重要准则（李迪华、诸葛雪瑾、陈思好，2022）。

美国为保障残疾人、老年人等弱势群体的福祉所构建的法律制度体系，以及执业资格和职业伦理制度，对我国无障碍环境建设具有积极的借鉴意义。

9.4.2 可循环社会保障体系

构建"研究 - 科学决策 - 规划设计 - 监督反馈"可循环和不断更新的社会保障体系。

自 20 世纪 90 年代起，中国澳门特区人口趋向老龄化，2021 年人口普查显示，65 岁以上的老年人占总人口的 12.1%。预计到 2026 年，澳门将进入"老龄社会"，2036 年后进入"超老龄化社会"（叶桂平、王心、林德钦，2019）。为应对人口老龄化挑战，秉持"康复""共融"无障碍环境建设理念，提出"家庭照顾，原居安老；积极参与，跃动耆年"的长者工作原则，构建了完善的社会保障体系。澳门的无障碍环境建设理念经历了几次转变。20 世纪 80 年代侧重为肢体残障人士去除通行障碍。21 世纪初提出"康复"理念，旨在恢复、发展和提升残障人士独立生活与参与社群活动能力。《2016 至 2025 年康复服务十年规划》提出"平等权利、共融为本"的主张。

以"通用设计"作为无障碍设计的理念支撑，涉及步行环境、公共交通、公共建筑等各方面，并在设计中注重细节关怀。澳门人行天桥数量多，给步行带来障碍。为解决这一难题，采取人行天桥同时提供步梯、24h 运营的自动扶梯与电梯 3 种通行方式。通过 3 种不同高度的扶手、防滑措施、颜色对比明显的警示带和盲文标识等措施满足不同使用人群的需求，保障出行安全。建立了完备的无障碍公共交通系统，它们由无障碍公共汽车、无差别计价无障碍出租车、无障碍轻轨、由社团组织提供的残疾人预约无障碍汽车，以及无微不至的盲道、标识和卫生间等辅助服务设施构成（曾磊，2022）。

通过建立社会保障制度推进无障碍建设。随着人口老龄化加剧，"医社合作"逐渐成为社会保障体系中的发展主流，包括社会保障、社会服务和医疗服务3个部分。澳门参考世界银行的五支柱式老年经济保障方案，逐步建立了"双层式"社会保障制度，连同特区政府援助、个人储蓄、家庭支持等多层支柱为居民提供切实的养老保障（Lai，2006，2010，2014）。同时，建立了长效调整机制，规定每年将博彩经营毛收入的3%用于社会保障基金的运作，以巩固和保障社会保障基金的财政资源。

2016年推出《2016至2025年长者服务十年行动计划》。该行动计划分为短、中、长期3个阶段为居民提供社会服务，长时序逐步推动"老有所养、老有所属、老有所为"共融社会的建成。行动计划内容主要分为医社服务、权益保障、社会参与、生活环境4个部分，旨在增强老年人、残障人士的健康与独立自主的能力，支持弱势群体参与社会活动与创造社会价值。澳门特区政府与社团协同提供社会服务是澳门的一大特点（Chou，2015）。通过澳门特区政府与社团及其他企业等自上而下与自下而上相结合的协作照顾管理模式，澳门构建了更完善、更具人文关怀的社会服务体系。

传播积极健康的生活与健康理念。作为世界"健康城市"的代表，澳门特区政府基于"妥善医疗、预防优先"的理念，通过完善医保制度、协调公私营医疗机构、推广健康生活理念等方式提供医疗服务，保障居民健康。此外，澳门推行电子健康纪录平台（eHR），通过eHR实现澳门居民在各层级医疗服务提供者（包括公私营医疗机构）的病历、就诊记录、药物处方及检查报告等资料的共享，减少重复检查和错误用药等情况，提升医疗服务效率，加强医疗安全和连贯性（Zhang et al.，2020）。

澳门的社会保障体系呈现科学性、整体性、连贯性、参与性等特点，其"研究－决策－落实－监督"的循环工作模式对内地城市无障碍环境建设具有积极的借鉴意义。

澳门特区政府统筹财政局、卫生局、社会工作局等14个部门协调规划各项社会公共服务与惠民措施，为有意愿和就业能力的老年人、残障人士提供经济援助和专业化的就业支持服务。澳门特区政府注重吸纳社团、企业等主体参与社会公共服务供给和社会管理，为其提供基本的财政与技术支持，并对其社会服务的产出进行监督与管理。街坊总会、工联总会等社团致力于为老年人、残障人士等弱势群体提供多样、专业化的社会服务。代表性工作包括：为体弱及缺乏家人照顾的人士提供家居清洁、护理康复等服务；承办"平安通"呼援服务中心，为独居长者及其他有需求人士提供24h支持服务、长者热线、呼叫救护车、报警、情绪支持、定时问安和定期探访、家居安全评估等服务。

9.5 数字化智慧城市的无障碍建设经验

利用智慧城市信息技术方法，助力城市无障碍环境的规划设计与管理，提升残疾人获取关键城市服务与信息的可进入性，实现信息无障碍。

在智慧技术广泛应用的背景下，德国以"残疾人融入社会、实现其自我决定的权利"为目标，在智能技术应用于无障碍规划、提升互联网信息无障碍、探索城市无障碍空间交互与城市无障碍空间情感导向等方面，积累了丰富的经验（温芳、张勃，2020）。

德国的无障碍规划以相关研究为基础，借助信息与通信技术为城市无障碍规划提供科学依据，提升规划的有效性。例如，将GPS定位与心理-生理监测工具结合，提取城市障碍节点，了解残疾人何时何地产生哪些负面情绪反应，以此增强对城市空间障碍的识别能力，将残疾人的主观感受与体验纳入空间规划，为进一步解决具体环境节点的障碍问题提供全面的信息支持（Bergner et al., 2011）。德国强调在Web2.0时代建立信息无障碍通达途径，为老年人、残疾人等弱势群体便捷地获取并使用城市环境信息创造条件，包括提前了解出行路线及周边空间的无障碍状况，掌握建筑使用功能和收费情况、预定适宜到访时间和获取相关服务。互联网信息无障碍对支持老年人、残疾人等弱势群体的城市行为与心理活动有着重大意义，有效地促进了弱势群体的社会参与。

通过构建无障碍信息交互机制，实现了无障碍设施与服务、使用者、服务提供者之间的信息交互，有效地促进了老年人、残障人士等弱势群体使用城市公共空间和获得公共服务，并通过使用后评价与反馈提升无障碍环境建设与管理水平。

德国为提升弱势群体融入而发展出来的信息无障碍建设策略，对我国无障碍环境建设具有积极的意义：一是以大数据分析研究为基础，提升无障碍规划决策的科学性与有效性；二是提升互联网信息无障碍，促进弱势群体的社会参与；三是利用无障碍信息交互系统构建无障碍环境建设监督反馈机制，促进需求人群的公众参与，提升无障碍环境建设与管理水平。

德国明斯特市建立交互网站并发布残疾人互动式街道地图，为需求人群提供有关公共机构、娱乐设施、医疗设施和社会服务部门、无障碍公共卫生间的空间定位与服务信息，使其能够自主规划日常在城市中的活动。此外，该系统支持添加不同事件、链接不同的数据库，使残疾人用户可以获得尽可能多的空间探索和计划信息。同时，系统支持用户自主反馈城市中需要更改的公共服务点和需要建设或改造的无障碍空间节点，以此实现信息的双向交流（Neumann & Uhlenkueken，2001）。

9.6 高密度人群的全龄友好无障碍建设经验

应对高密度人居环境，中国香港特区提出一套综合的法律、设施建设改造与服务体系。作为世界上人口密度最高的城市之一，香港的土地利用、公共交通和基础设施高度集约，人流和物流密集，环境意外伤害频发一度困扰香港。在1970年引入的"伤健共融"理念的推动下，香港的无障碍环境建设在政策法规、推动机制、物质环境建设等方面取得全面发展。

建立社会公义、平等机会、非类别化、非分离化的基本价值观。"伤健共融"提倡"伤健本平等，机会非怜悯"，倡导社会从出席、参与、交流、协作 4 个层次开展实践，促进伤健人士在同一世界一同奋斗、共同生活（香港伤健协会，1972）。这一理念深刻改变了公众对残疾人的负面态度。

围绕维护权益、反对歧视、提供社会服务和保障机会均等等方面制定政策法规和构建机制。20 世纪 70 年代初跨部门工作小组成立并发表《香港康复计划方案》，针对康复服务发展提出建议，并定期检讨更新。1977 年康复咨询委员会成立，作为香港在涉及残疾人权益、发展和推行康复政策与服务方面的主要咨询组织；委员会拟定了香港推广《残疾人权利公约》的口号：无障碍社会由平等开始。20 世纪 90 年代后，香港基本法等明确界定所有人士（包括残疾人士）应享的权利，保障残疾人全面享有参与各项社会活动的平等机会。香港出台《性别歧视条例》《残疾歧视条例》《家庭岗位歧视条例》和《种族歧视条例》；成立执行机构平等机会委员会，负责反歧视法例执行工作（向立群、连菲、陆永康，2020）。2000 年后，香港大力发展社区力量，保障残疾人及其家人能够获得所居社区的支持，鼓励并支持社会企业单位为残疾人提供就业及接受职业训练的机会（孙一平、崔影，2007）。2011 年，各政策局和部门设无障碍经理、场地设无障碍主任，残疾人士可联络主任投诉，提出需求或服务要求。

制定清晰详尽的设计手册指导无障碍环境建设。1984 年，屋宇署推出《设计手册：伤残人士使用的通道》，规定私人楼宇必须为行动不便人士提供通道及设施，成为无障碍设计的代表性条文。1997、2008 年，《设计手册》经过 2 次重要更新，平等机会委员会基于《设计手册 2008》对 60 座公共建筑的无障碍通道及设施进行了调查，从政策、操作及技术层面提出改进建议（香港特别行政区屋宇署，2021）。

提供专门设施保障残疾人士顺畅出行。香港自 1978 年起设立复康巴士服务，专为不能使用公共交通工具的人士提供点到点特别交通服务。运输署于 1993 年首次印发《残疾人士公共交通指南》（后多次修订），为残疾人提供出行资讯。现行主要公共交通工具均提供特别设施，如无障碍通道及洗手间、触觉引路装置、报站器、坡道、固定斜板、轮椅停泊区、优先座椅等（万俊，2017）。2012年推出"人人畅道通行"计划，旨在扩大无障碍通道设施范围，方便市民出入。

设立专门组织机构完善信息无障碍。特区政府资讯科技总监办公室、通讯事务管理局办公室致力于推进网页、手机APP的无障碍设计工作；香港伤残青年协会设立了"无障碍资讯网"，提供饮食、旅游及复康资讯；香港复康会开设"香港无障碍旅游指南"网站，提供市内交通、观光景点、购物及餐饮、酒店等无障碍相关资讯，以减少残疾人在行程中遇到的阻碍。

为解决高密度人居环境带来的诸多问题，香港建立并经反复实践完善的无障碍社会支持系统，在法律、设施建设与改造到配套服务体系等方面都具有实际借鉴意义。

9.7 社区组织推动社区建设的社区发展基金会经验

成都万华投资集团开发的成都麓湖生态城，自2007年启动规划与建设，规划居住人口12万~15万人，建筑面积约700万m^2。2019年，由当地政府、企业和居民共同发起"麓湖社区发展基金会"（以下简称"基金会"），致力于推动社区"人"的改变。通过积极回应社区需求，发挥社区居民的主体性，共同推动社区公共问题的解决，为建设人人有责、人人尽责、人人享有的社会治理共同体而努力。

基金会是社群活动的主要支柱。依托基金会的孵化，至2021年建立的社区社群数量已达106个，社群逐步完成了从兴趣个体到社群组织化。每年举办各类活动上千余场，多方共创的渔获节、龙舟赛、麓客之夜、花岛生活节、麓FUN音乐节等社区品牌节日，成为成都的网红打卡地。代表性的如由基金会资助成立麓客艺术团，为热爱艺术的居民得到专业赋能创造条件，进而丰富了社区日常文化生活和节庆活动，发挥了积极的良性互动功能。

社区推动成立"福麓小灶"老年食堂，在工作日为登记在册的上百名高龄老人提供物美价廉的午餐。社区内餐馆主动承担了供餐服务。社区推出的志愿者积分兑换活动，得到了商家的积极参与，居民参与垃圾分类、福寿螺卵清理等志愿活动后获得的积分都可以在社区商圈里兑换。社区组织各种水环境保护活动，居民定期参与水草种植和河边捡垃圾成为公益时尚。在此基础上，基金会先后支持居民开展"社区健康小屋""垃圾不落地"等志愿者行动，社区"逐麓杯"足篮球联赛、厨余公共堆肥箱等项目，带动了居民参与到社区公共事务中来。

基金会的资金来源有企业捐助、政府资助和居民捐助，初始注册资金800万元来自成都万华投资集团捐赠。其支出用于购买公益组织、营利性组织的服务与社区组织的孵化和运营。资金的使用由基金理事会决定，收支透明。理事中有61%来自居民、社群和商业商户。居民理事选举由麓湖议事会选举产生，社群理事通过麓客社群选举产生，商业理事通过商会选举产生，其余由专家和发起人担任。基金会通过月报的方式，向居民公开活动组织、人事变动、资金状况等信息。

基金会成立2年后，2021年收到捐款341.4万元，公益支出459.66万元，对社群和社区活动的支持从10万元到90万元不等，收支透明。善款实现了从最初单一来源资助各个社群，到会员自筹加基金会配捐的资金筹措与运行模式。

通过社区社群组织，原本互不交往的邻里因为被激发的共同兴趣爱好及共同话题凝聚起来，用行动参与推动社区公共资源按照居民期待的方向进行分配。居民为社区付出自己的时间、精力、才华与资源，社区的价值和满意度来自居民自身参与和造就，并形成良性循环。通过社区参与塑造熟人社会，居民对社区的认同感以及社区共同体意识显著增强，社区人文环境的改善推动社区治理向可持续的方向发展。

麓湖社区经验显示居民通过社群组织参与公共事务的潜力巨大，社群组织需要孵化，居民参与公共事务的积极性需要通过内部或外部组织调动。社群组织的活动程序设计与透明十分重要，不仅要吸收民意还要取信于居民（麓湖社区发展基金会，2023）。

第 10 章

无障碍环境建设展望

10.1　与经济发展水平相适应的无障碍环境建设

无障碍环境建设理念的发展是与社会整体的经济发展水平相适应的。最初的无障碍设施建设仅仅为了给残障人士提供方便，通过模仿和借鉴发达国家的经验，逐步形成较完整的体系。中国社会经济水平进入全面小康阶段后，残障人士由救济对象转变为权利主体，无障碍环境的服务对象也转变为社会全体成员。同时，无障碍环境建设内容从设施建设层面扩展到全社会环境的无障碍化，包括制度的保障、社会成员的行为习惯、意识形态、心理等全方位的无障碍化。党的二十大报告指出："全面建成社会主义现代化强国，总的战略安排是分两步走：从二〇二〇年到二〇三五年基本实现社会主义现代化；从二〇三五年到本世纪中叶把我国建成富强民主文明和谐美丽的社会主义现代化强国"。更高的经济发展水平将推动全社会无障碍环境的高质量发展。

10.2　与社会文明程度匹配的无障碍环境建设

文明是现代化国家的显著标志。党的二十大报告中强调要"提高全社会文明程度。"这一重要论断，是深刻把握文明在现代化建设中的重要作用、着眼于推动全面建设社会主义现代化国家提出的重大任务。一个国家的繁荣强盛，一个民族的文明进步，很大程度上取决于社会思想和道德水平。推动社会文明程度不断得到新提高、达到新高度，是全面建设社会主义现代化国家的重要目标和重要保证，是建设社会主义文化强国的重要内容。党的二十大报告中指明了提高全社会文明程度的实施路径，"实施公民道德建设工程，弘扬中华传统美德，加强家庭家教家风建设，加强和改进未成年人思想道德建设，推动明大德、守公德、严私德，提高人民道德水准和文明素养。统筹推动文明培育、文明实践、文明创建，推进城乡精神文明建设融合发展，在全社会弘扬劳动精神、奋斗精神、奉献精神、创造精神、勤俭节约精神，培育时代新风新貌。加强国家科普能力建设，深化全民阅读活动。完善志愿服务制度和工作体系。弘扬诚信文化，健全诚信建设长效机制。发挥党和国家功勋荣誉表彰的精神引领、典型示范作用，推动全社会见贤思齐、崇尚英雄、争做先锋。"

英国作家狄更斯说过，一个社会的文明程度，取决于它对弱者的态度。无障碍环境建设需要全社会成员参与、实现融合发展才能体现出社会文明程度。随着社会文明程度的提高，无障碍设施和服务将不断融入日常生活，无障碍环境将成为全社会成员普遍受惠的民生福祉，无障碍观念将成为全体社会成员的共识。

10.3 以人民福祉为核心的无障碍环境建设

党的二十大报告中强调"增进民生福祉，提高人民生活品质""坚持把实现人民对美好生活的向往作为现代化建设的出发点和落脚点""必须坚持在发展中保障和改善民生，鼓励共同奋斗创造美好生活，不断实现人民对美好生活的向往""着力解决好人民群众急难愁盼问题，健全基本公共服务体系，提高公共服务水平，增强均衡性和可及性，扎实推进共同富裕"。

在完善分配制度中，党的二十大报告中强调"坚持按劳分配为主体、多种分配方式并存""坚持多劳多得，鼓励勤劳致富，促进机会公平，增加低收入者收入，扩大中等收入群体""规范收入分配秩序，规范财富积累机制"，为提高国民收入，改善生活质量提供制度保障。

在实施就业优先战略中，党的二十大报告中强调"健全就业公共服务体系，完善重点群体就业支持体系，加强困难群体就业兜底帮扶""统筹城乡就业政策体系，破除妨碍劳动力、人才流动的体制和政策弊端，消除影响平等就业的不合理限制和就业歧视，使人人都有通过勤奋劳动实现自身发展的机会"。就业是最基本的民生，消除就业壁垒，增进残障人士就业和乐龄就业体现社会的公平和文明水平。

在健全社会保障体系中，明确要求"完善残疾人社会保障制度和关爱服务体系，促进残疾人事业全面发展"，为全国8500万残疾人及其家庭带来了温暖希望，为新时代残疾人事业发展描绘了光明前景、指明了前进方向。明确要求"健全覆盖全民、统筹城乡、公平统一、安全规范、可持续的多层次社会保障体系。完善基本养老保险全国统筹制度，发展多层次、多支柱养老保险体系。"社会保障体系是人民生活的安全网和社会运行的稳定器，健全的社会保障体系为弱势群体解决后顾之忧。

在推进健康中国建设中，党的二十大报告中明确要求"实施积极应对人口老龄化国家战略，发展养老事业和养老产业，优化孤寡老人服务，推动实现全体老年人享有基本养老服务"，为人口老龄化社会的到来提前布局，建设无障碍适老社区，推动邻里守望，鼓励乐龄就业，实现老有所为、老有所乐、老有所依、老有所养的社会氛围。

按照高质量发展要求，把无障碍环境建设作为积极应对人口老龄化国家战略、完善残疾人社会保障制度和关爱服务体系的重要抓手，着力推动无障碍环境建设从"有没有"向"好不好"转变，全方位打造连续贯通、安全便捷、健康舒适、多元包容的无障碍环境，为建设宜居城市打好基础，让人民群众更有获得感、幸福感和安全感。

党的二十大报告中强调"江山就是人民，人民就是江山"，促进社会公平正义，让发展成果更多更公平惠及全体人民。北京进一步推进无障碍环境建设，一方面，要提升建设质量和保障水平，使其跟上经济社会发展步伐；另一方面，要扩展社会服务水平，扩大服务范围，推进社会文明水平提升。充分考虑全体社会成员的无障碍需求，为他们提供更为精准、更为完善的生活服务环境。不断提高全社会的无障碍意识，推动形成人人关心、人人参与的良好社会氛围。

第 11 章

无障碍环境建设人文体系构建

快速发展的中国无障碍设施建设，从现实的具体问题出发完成了补缺补漏工作，无障碍设施为残疾人等特殊人群提供了便利。通过整体环境质量提升推动实现社会公平、共享发展成果以及人的全面发展，成为未来的发展方向。

11.1　美好的生活需求

11.1.1　人的基本需求

"夫霸王之所始也，以人为本。本理则国固，本乱则国危"（管仲），"民为重，社稷次之，君为轻"（孟子），这或许是中华文明中的以人为本理念的源头。当代中国提出"为人民服务""以人为本""以人民为中心"等理念，持续强调满足人民日益增长的美好生活需要，即增进人的生活福祉的重要性和在实践中的努力。人民的美好生活建立在个体人的日常体验之上，个体人的需求逐步得到满足，整个社会的真、善、美才会得到体现。

埃里希·弗洛姆（Erich Fromm，2018）认为，一个健全的社会环境是一个符合人类的需求的社会，人类的需求是客观的，可以通过研究人性来明确需求的内涵与外延。

人本主义心理学家马斯洛将人的需求分为五个层次，分别是生理、安全、归属与爱、尊重和自我实现，后来又发展为八个层次，分别为生理、安全、归属和爱、尊重、认知、审美、自我实现和超越。生理等前四个为基本需求，认知等后四个为发展需求。克雷顿·奥尔德弗（Clayton Alderfer，1969）从人类动机因素出发，将人的需求归为生存需要、关系需要及成长需要。基于人的心理内在需求，埃里希·弗洛姆（2018）将人的需要分为与他者关联、超越、安定、身份认同、价值锚定五种。这些研究成果中，应用最广泛的是马斯洛的需求理论。或许马斯洛的这个理论并不完善，然而不可否认的是，马斯洛简明地描绘了一个文明社会中的个体积极向善的需求方向。中国社会经过多年的飞速发展，解决了绝对贫困问题，全面建成了小康社会，个体追求更高层次的需求已成为必然。这也符合国内社会心理学的研究成果，这些研究揭示了中国社会转型的基本特征：个体主义上升、集体主义式微（黄梓航等，2021）。

生理需求是人类生存的起点，包括空气、水、食物、睡眠等。

安全需求是人的本能渴求，趋利避害是普遍的自然现象。保障人的安全需求是社会的基本功能与职责。安全需求包括人身安全、健康安全、心理安全、精神安全、财产安全以及人的各种基本权益保障等。

爱与归属是人在社会生活中自身价值的基本体现，表明人要与其他人建立感情联系或关系。爱体现在互相信任、互相理解和互相给予，包含可爱与被爱；归属体现人在所处群体中恰当的位置感，包括社会与团体的认可、接受，和谐的人际关系。环境对呵护人的爱与归属感具有重要作用，好的环境能够抚慰人的情感，治愈人的思念，如乡愁等。

尊重需求是人在社会生活中自我认同的基本表现，既包含通过自己的努力获得成就、声名与地位，从而获得他人的尊敬；也包含他人对自己的态度，即不论自己身处何种状况，他人会把自己当作同等的人，从而获得认可或人道主义的对待。人与人之间的相互尊重，尤其是对弱势人群的关怀，反映社会的治理水平，会在物质环境和社会环境对人的态度中得到体现。

在人的基本需求整体有保障的情况下，才会有更多的个体能享有自由而全面的发展，所谓"仓廪实而知礼节，衣食足而知荣辱"（《管子》）。在没有基本需求匮乏担心的情况下，更多人会大胆地认知、探索、创新，创造美好的事业。城市公共服务保障应重点满足人的基本需求，进而为人追求更高层次的需求创造条件。

无障碍全龄友好环境建设重点关注人群的需求包括：

残疾人。我国将残疾人分为视力残疾、听力残疾、言语残疾、肢体残疾、智力残疾、精神残疾和多重残疾七类。他们最普遍和直接的需求是和健全人一样独立生活、便捷出行、接受信息，获得教育、工作机会和社会公共服务，从而平等地参与社会生活。

孕妇。由于生理和形体的变化，孕妇在一定时段内行动能力下降，同时对环境危害也更敏感。因此在步行空间、公共建筑、公共交通等场所对环境无障碍有强烈需求，包括无障碍通道、母婴室、休憩设施、哺乳设施、母婴用品等。

儿童。作为独立的群体，儿童有安全和健康保障、身心发育和社会交往的特殊需求，主要包括安全出行、自主活动和独立玩耍等。

老年人。由于身体机能和认知能力改变，老年人可能出现听力、视力衰退，行动不便、记忆与认知能力衰退、言语能力丧失等，对无障碍环境需求迫切。不同年龄和健康状况的老年人需求具有差异性，包括独立自主、参与社会生活、医疗卫生服务、全面介护等需求。

特殊群体。社会中还有一些公众视野之外的特殊群体，包括流浪者、离家出走者、走失的老人，以及被拐卖的妇女儿童等。除法律援助以外，为他们提供食物、医疗卫生、临时庇护等基础服务，体现社会的成熟与温暖。

普通人的一生中同样会遇到各种障碍和困难，包括身患疾病、肢体受伤、遭受自然或人为灾祸，以及携带重物和照顾家人等，都会有无障碍需求。

无障碍环境建设是满足人的基本需求的应有之义。马斯洛的需求层次理论描述了人，即普通人或所谓健全人在社会中的普遍需求，然而，人不仅有年龄、性别的差异，而且身体机能、智力水平也有差异，即使是同一个人，其身体机能和认知能力也在不断变化之中。这些特殊性决定了某些群体有异于健全人更迫切的无障碍需求。根据第七次全国人口普查资料，中国总人口约 14.12 亿，其中：0~14 岁人口占比 17.95%，15~60 岁残疾人占比 2.4%，60 岁以上老人占比 18.7%，孕妇占比 0.8%，合计有无障碍需求人群占比约为 39.9%（国家统计局，2021）。大约四成的人口对无障碍环境有直接的需求，他们的背后还联结着千家万户。因此，无障碍的需求不是特殊人群的特殊需求，而是社会的普遍需求。

拥有健全身体与感官的人掌握着大部分的社会活动，而身体有残疾或是部分功能衰退者处于弱势地位。以人为本的核心是作为独立的人在意识上将自我放到最弱势群体的地位，以同理心去思考和行动。同理心不仅能体会他人的情绪和想法，还会站在他人角度思考和处理问题。基于同理心产生的帮助，更多地体现出公平；而基于同情心产生的帮助，则更多地体现为怜悯。

城市理论家刘易斯·芒福德（2005）曾说："城市应当是一个爱的器官，而城市最好的经济模式应当是关心人和陶冶人。"城市是人类文明的标志，宣扬和实践以人为本的理念有推动社会向更高层次发展的积极意义，也与当今社会物质发展相匹配。

11.1.2 愉悦的物质环境

物质环境由人的生理机能所能感知到的物质要素组合而成，是人居住、工作、游憩和社会交往的空间载体（金广君，1990）。它向人们提供必要的生存条件，如阳光、空气、绿地、道路、广场和住所等，深刻影响城市中人们的基本需求供给与品质。

从早期霍华德的田园城市，到《雅典宪章》《马丘比丘宪章》，再到现代的宜居城市理论，都关注居民的实际需求和环境特点，致力于通过提高城市环境的宜居性改善人的生活福祉。工业革命后，全球城镇化快速发展，城市环境问题、社会问题和建成环境的质量成为人们普遍关注的实际问题。改革开放以来，中国快速的经济发展与城市建设带来物质生活条件的巨大改善，环境质量、生态保护和社会公平成为新的关注。

WHO（1961）将安全、健康、便利、舒适界定为理想物质环境的四个基本条件。在现代城市中，物质环境的美好不仅体现在街道、广场、公园、绿地、运动场、水域、建筑等物质空间的品质，也体现在城市公共服务的可获得性，包括交通的便利、商业的丰富、信息的发达、医疗的保障、水源的清洁、能源的供给等方面。物质环境为城市人文发展和生态友好提供环境保障。前者通过无障碍环境支持所有人公平参与经济、政治、文化及社会活动，共享经济发展成果来实现，体现物质环境对个体人价值的尊重；后者通过人与自然和谐相处的建成环境，使人在获得精神愉悦的同时，认知、审美能力得到提升。良好的物质环境能够塑造良善的国民素质，推动社会文明进步。

城市之美是人的生活、交往、历史文化及其自然与人造载体的结晶。城市在物质环境创造、文化积累、艺术创新、生态保护、治理与保障等方面达到的文明程度，体现城市中人类为了解决自然与生活问题的生存智慧。美好的城市，容纳丰富的文明成果，包含多样的生活方式，保障人与自然的生存权利，关怀人性的发展。宜居城市的建设坚持以人为本，强调技术与人文、艺术与社会的结合，强调历史与现实的统一，注重保护环境和创造人地和谐的图景。

无障碍物质环境是城市人文关怀精神的投影。社会的存在最终是为了人的存在，社会的进步与发展只有回到人本身才能获得意义。美国建筑师伊里尔·沙里宁认为"城市的外在形态与内在文化具有映射关系"，关注弱势群体需求的建成环境体现城市的包容性。

可持续发展是全球人类走向未来的共同选择。《北京宪章》（吴良镛，1999）指出，广义建筑学要服务人类可持续发展，为政治、经济、社会、技术、文化和美学提供技术和艺术创新。吴良镛（1999）指出，现代建筑与城市规划从土地利用到城市设计，从建筑群的布局到建筑细部的设计，都需要从人的活动、从人的尺度、从人的舒适去考虑，这一设计为人的思想为无障碍物质环境建设指明了方向。

11.1.3　美好的人文环境

城市人文环境指居民共同体的态度、观念、习俗、信仰等精神内涵和人与人之间的关系，以及叠加了文化特质而构成的城市景观。社会学家罗伯特·帕克（2010）认为，"城市是一种心灵的状态，是一个独特的风俗习惯、思想自由和情感丰富的实体"。

美好的人文环境消除歧视，弘扬善意，让人人平等的观念深入人心。城市为人提供更多求学、就业、创业和更高收入的机会，支持人的自我发展与自我实现。来自不同地方、拥有不同文化背景的人相聚在城市，彼此碰撞与交融，形成独特的生活图景。人人平等的价值观是维系不同文化、不同信仰的人和谐相处的基石。城市无障碍环境彰显人人平等的城市建设理念，体现无处不在的人性温暖和善意。

开放平等的交流场所和交往氛围是城市人文精神的载体。城市中的人通过交往相互熟悉、获得心灵的愉悦并彼此认同与支持。公共空间的无障碍通行与使用，能吸引更广泛的居民活动和交往，从而增进居民共同体的认同感。在交往中，人们彼此尊重，即主体之间在言语、表情、体态、礼仪和动作等方面保持礼貌、谦和与重视，是个体尊严与社会和谐良性互动的基础，在此基础之上，才能发扬和谐、包容、友爱、互助的市民精神。城市应当为人们之间的交流创造条件、提供丰富的场所，激发人与人之间的关爱与兴趣，陶冶人的性情。

丰富多彩的生活空间和生活形态是城市人文环境的活力源泉。人在城市生活中的创造性活动，是推动城市发展的内在力量。创造宜业、宜居、宜乐、宜游的城市环境，不仅需要关注物质环境的赏心悦目、公共服务设施的安全便利，还要关注空间与经济活力的关系。城市通过发展经济、增加就业与提高收入，提升居民的生存福祉。鲜活的市井生活，不仅展示物阜民康的社会景象，还容纳人们在日常生活中形成的风俗习惯、节庆时令等令人着迷的地方文化。丰富的城市生活创造城市活力，正如扬·盖尔（2002）在《交往与空间》提到的"人往人处走"的观点，"正是人们的相互交往和丰富的激情感受构成了富于生气的城市生活，而单调枯燥的体验则使城市死气沉沉。"

城市是人类创造的自然与历史文化遗产的容器。城市是人类聚居的场所，人类的生产生活逐渐影响城市的结构和形态，造就独特的城市景观。古都北京以历史悠久、文化包容见长，在尊重和传承历史文化的前提下，实现城市发展与生活质量之间的平衡，让历史文化和现代生活融为一体。有魅力的城市不仅充满浓郁的生活氛围与市井风情，具有强烈的文化创新能力，还散发出丰富的历史文化气息，不论对于居民还是游客都具有持久的吸引力。

社会的文明程度，取决于它对弱者的态度。建设和谐宜居的北京，表明社会文明已经突破生存层面的限制进入关注个人生存体验和提升公共生活品质的新阶段。一个健康而公正的社会关注和保护当下社会的每一个弱者。通过保障多样的社会生活，促进平等的社会交往以及逐步提高的国民素质，才能稳步培养包容的社会氛围。美好的人文环境建设需要社会全体人员的参与和努力，而这种努力最终又会惠及社会的每一个人。

11.2 大美无障碍

11.2.1 安居之境

无障碍环境作为"城市之美"，具有普遍性、社会性和包容性，是一种人人能够感受到的平常之美。城市是一个复杂的巨系统。好的城市环境，应该具有包容性、普遍性和社会性。理想的无障碍环境中，所有人在不同生命阶段都能自由地成长、生活、就业和交友。

早在 2000 年，联合国人居署发布的《世界城市报告》中提出"所有人的城市"理念。城市中的每个人，无论年龄、性别、种族、宗教信仰、财富阶层，都可以利用城市提供的机会，参与城市的活动，并共享城市发展成果。城市应该保障所有人的生存安全和通行便利。除物理环境外，城市还应该关怀人的心理和精神健康。每个人都不用担心环境障碍的妨碍、意外的伤害和被歧视的对待。城市中所有人结合在一起，在获得社会支持的同时积极贡献各自的力量。

康德认为"凡是那没有概念而普遍令人喜欢的东西就是美的"（康德，2009）。具有美感的城市环境是一种普遍的社会之美。无障碍环境应该被看作是最高的"城市之美"，它为所有人创建了一个安全、平等、自由生活的安居乐业之境。从公共服务和公共产品供给的角度，不仅满足"幼有所育、学有所教、劳有所得、病有所医、老有所养、住有所居、弱有所扶"的基本要求，还进一步实现"幼有善育、学有优教、劳有厚得、病有良医、老有颐养、住有宜居、弱有众扶"的品质化要求。无障碍环境保证所有人平等地参与社会生活，获得生命安全保障和平等发展的权利。每个社会成员在获得社会认同和荣誉的同时，还产生强烈的城市和社区归属感。

11.2.2 细节之致

将细节做到极致，提升无障碍环境宜居性与舒适度，让每个人感受到城市无处不在的无障碍环境和无微不至的人文关怀。细节体现城市的人文关怀，呵护人的身心健康，缔造适宜的人与环境关系。罗伯特·休斯（2002）在《罗马：永恒之城》中写道："伟大的城市之所以伟大，至关重要的一点并不仅仅在于规模，而在于其内容中沉淀的关怀，细节、经验与爱，其中就包括，但不限于建筑。正是关怀之感——对于细节的大量关切——才是最重要的事情，才留住了目光、羁绊了脚步，使过客不致与这座城市匆匆擦肩而过。"

人文关怀通过无数细节沉淀到城市环境中。城市是自然、历史和文化的综合体，体现城市发展与建设整体特征的宏大叙事容易被重视和传播。对于生活在城市中的人和游客而言，任何辉煌的文明和文化都藏在能够被感知的细节中。这些细节与环境无障碍相得益彰，将城市文化和生活尽情展现在每个人面前，人人拥有平等感受、体验和发展它们的自由。

人性化的细节设计消除人身体的障碍，呵护人的心灵。支持需求人群生活自主自助，提升获得感、幸福感、安全感和认同感，为包容性环境创造条件。细节具有预见性，能够减少意外发生，降低意外损失，呵护人的健康与财产安全。细节对人的呵护无微不至，却无须使用者刻意关注，所谓润物细无声。为细节发声，为细节设计，为细节建造，为细节管理养护，对细节的态度体现社会文明的程度和社会治理水平的高低。

2022年北京冬残奥会场馆设计中，对细节的关注达到新高度，如：卫生间设计使用我国自主创新研发的双位排水控制系统，墙面设有两个控制按钮，同时方便上肢残疾或下肢残疾人士（腾讯网，2021）；高山滑雪比赛场地——"雪飞燕"的场地饮料柜，各层货架均放置不同种类饮料，保证不同高度的运动员各取所需。场地中诸多温馨周到的服务，让来自世界各地的运动员真正体验到"宾至如归"的感受（新华社，2022）。

11.2.3　至善之美

无障碍环境之美的最终目标是指向至高之善。通过美育，健全国人之人格，提升社会之大善。美育为何？蔡元培在《以美育代替宗教说》一文中，将美感教育说得非常明确，"纯粹之美育，所以陶养吾人之感情，使有高尚纯洁之习惯，而使人之我见，利己损人之私念，以渐消沮者也。"几千年前，孔子就提出"兴于诗，立于礼，成于乐"，强调审美教育对于人格培养的作用。对个人来说，审美关系到感受生活的能力，对社会来说，审美关系到文明进程的推进。卢梭曾说，"从我们心中夺走对美的爱，也就夺走了生活的全部魅力"。

无障碍环境之美为何？通过美育，健全国人之人格，提升社会之大善即为无障碍环境之美。"大学之道，在明明德，在亲民，在止于至善。"善是中国传统美德，体现对人和自然的关爱。善直观表现为慈善的义举，本质上是传递爱心与善良。利他也利我，利全民，促公平，体现整体社会对善的追求。善成为社会的共识，并通过建成环境和自然环境中呵护人与其他生命的细节来表达，体现人性的光辉，所谓至善大美。

11.3　汲善的人际关系

11.3.1　人伦传统

继承中国人伦传统的精华，构建仁爱、孝悌、礼让的人际关系。中国传统生存智慧追求以和谐的人际关系为基础的大同社会。墨子认为"天下兼相爱则治，交相恶则乱"，提倡人与人之间的平等互利。《礼记·礼运》中说道"故人不独亲其亲，不独子其子。使老有所终，壮有所用，幼用所长，鳏寡孤独废疾者皆有所养"，让人与人之间的关怀超越血缘关系延伸至弱势群体。孟子提出"老吾老以及人之老，幼吾幼以及人之幼"，尊老爱幼是传承千年的社会美德。这些朴素的人伦理想，及其所包含的同理心观念，是建设现代文明国家的重要文化基石。

重视家庭关系和家风传承具有重要的当代意义。重视家学传承是中华文化数千年绵延不绝的文化密码，包含了当代社会建设需要的各种文化元素，家庭成员自觉承担家庭责任、勤奋向上、勤俭持家、和睦相处、尊老爱幼、尊师重教等，是保持文化自信、建设文化强国的持久力量和价值支撑。重视和重塑家风文化、健全个体人格、促进民族进步、保障社会和谐，是应对新时代新挑战的重要途径。

在应对快速城镇化和人口老龄化带来的挑战中，家庭具有难以替代的优势。人口自由流动、少子化和老龄化是未来社会经济和城乡建设面临的严峻挑战。含饴弄孙、颐养天年是传统家庭晚年生活的生动图景，体现了家族成员的代际扶植具有保证社会成员基本生活福祉、维系社会稳定的巨大作用。家庭在居家养老中具有核心作用和精神慰藉方面的显著优势。将这一传统理念融入当代城市和乡村公共服务和社会保障体系，构建可供居民自由选择的多层次养老方式，能够有效提高公共资源的使用效率，是应对老龄化的重要策略，对促进社会持久和谐具有重要意义。

11.3.2 睦邻友好

城市化使居民形成互助共生的社区邻里关系，建立睦邻友好、共生共荣的社区关系。

重视邻里关系是传统文化的重要特色。邻里关系自古以来就存在于人类聚集区，"五家为邻，五邻为里。"(《周礼》)；"死徙无出乡，乡田同井。出入相友，守望相助，疾病相扶持，则百姓亲睦。"(《孟子》)；社会学家费孝通用差序格局来描述中国传统乡土社会，即每个人和他人所联系成的社会关系就像石子投入水中所产生的波纹，以自己为中心，波纹所推及的就发生联系（费孝通，2015）。邻里是人们群聚而居的基本单位，传统的邻里关系是建立在农耕文明基础上的地缘关系，并被赋予了友好往来、守望相助的内涵。

人际信任关系来自相互交往中的价值判断。社会学者和心理学者对人际信任关系的研究视角和形成机制的判定不尽相同。Deutsch 从社会交换的视角出发，认为在人际交往中，如果人们采取合作行为，愿意通过友善和积极的态度来回应对方,双方的利益将会最大化(Deutsch,1960)。Remple等人从社会情境视角出发,把人际信任关系的建立分为三个阶段,即初始阶段、熟悉阶段和适应阶段(Remple et al.,1989)。在初始阶段,个体努力把自己好的一面展示给他人,同时也会把自己模糊的期望投射到对方身上。随着个体间相互依赖程度的增加,个体通过一系列的交往"证据"来验证对方是否可以相信。这被称为熟悉阶段或是"相互保证"阶段。在适应阶段,个体逐渐地以现实的眼光看待对方,忽略对方的小错误或是采用原谅的方式来增强信任的基础,即使个体觉得自己眼前利益受损,也会把对未来的期许考虑进来,以决定是否要采取信任行为(赵娜、周明杰、张建新,2014)。实际生活中,人际信任关系的建立和发展,必须经过相识和多次交往的过程,合作和共同行动等行为是支持信任关系建立的有效手段。

邻里关系在工业化时代后,被赋予社会建设的重要内容和内涵。快速城市化与人们居住的社区化,使传统邻里关系转变为社区邻里关系。20世纪20年代初,面对城市机动交通发展,美国建筑师佩里 Perry(1929)提出邻里单位概念,并将其作为组成居住区的基本细胞,旨在创造一个适合于居民生活、舒适安全、设施完善的居住社区环境。德国社会学家滕尼斯(1999)较早将社区概念引入社会学视野,并对社区与社会进行了二元区分,将社区界定为人与人之间关系密切、守望相助、富有人情味的社会团体。美国芝加哥学派代表人物罗伯特·E·帕克(1987)将社区界定为形成了一种共生关系(Symbiosis)的人类群体固定在一个地点所生活的环境,社区邻里间相互独立又相互依存。作为城市社会的基本单元和居民日常活动的空间载体,现代邻里与社区概念指引城市规划更多地将社区共治、宜居性与人文性作为城市发展的目标。

构建有当代特色的邻里关系是社会建设的重要内容和途径。快速城镇化背景下,人们居住和生活方式的变化及其对传统邻里关系的冲击,是社会治理面临的重要挑战。培育诚实守约、彼此信任、相互包容、相互合作、相互帮助的新型邻里关系,在发扬中华优秀传统邻里文化的同时,体现与时俱进的文化观。现代社区具有文化共同体和治理共同体的双重属性,以新型邻里关系为内核,以社区公共空间和公共服务为载体与支撑，增强居民参与感和归属感，是满足人不同层次的需求、应对老龄化等社会问题、促进社会和谐发展的重要途径。

11.3.3 共生共荣

无障碍全龄友好社会尊重每个人的个性独立发展，支持其自我价值的实现。通过广泛的社会支持全面提升全体成员尤其是弱势群体的社会参与和社会责任，构建互信体系。自我实现需求指人们渴望实现自己的理想、抱负，能够做自己认为有意义、有价值的事，从而最大限度地发挥自己的才能，并从中得到满足、快乐和安慰，实现自身的价值。一个能够满足人自我实现需求的社会中，每个人的愿望都会得到尽可能地实现，同时每个人都会奉献并致力于创造这样的社会。

人与人之间相互信任、相互支持、拥有对人类共同利益的理性共识，是大美无障碍社会的日常。社会属性是人的本质特性，每个人都有赖于通过社会关系获得彼此支持、共同发展，并形成完善的社会支持网络。其中，三个方面的信息对社会支持网络具有特别意义：一是使个体相信自己被关心和爱；二是使个体相信自己有尊严和价值；三是使个体相信自己属于团体成员（Cobb，1976）。个体的被爱、有价值感和被他人需要成为社会共识，是社会环境中促进人类发展的重要力量，对预防社会隔离、增进社会互信、提升社会凝聚力、增强人的幸福感具有重要意义。无障碍全龄友好社会的重要工作内容是为老年人、妇女、儿童和残障人士等弱势群体建立和完善社会支持网络，增强他们的身份认同和角色归属感，这样的社会才能被称为自我实现的社会。

和谐的人与自然关系是大美无障碍社会的理想境界。人与自然生命共同体，包含自然、人、社会，各要素之间不可分割的有机联系，以及他们共同构成的自然与人文环境。自然是构成生命共同体的基石，是人类赖以生存的物质基础。人与社会的关系、人与自然的关系是社会发展的核心问题。拥有平等、协作、相互支持人际关系的社会，人们通过尊重、顺应和保护自然以支持人和社会的发展，追求人与自然关系的和谐是人类共同利益的理性共识。特别是在应对全球气候变化、生态危机、"双碳"目标等持久的挑战下，基于自然的解决之道，指引无障碍全龄友好社会走向更加韧性、公正和可持续。

11.4 全龄友好的社会环境

文明进步的社会鼓励公民共同发展、平等参与、成果共享，反对任何歧视，在促进社会、经济、文化协调发展的同时，维护弱势群体的利益和支持自我价值实现。全龄友好的包容性社会涵盖经济包容、空间包容、文化包容和数字包容等方面。

11.4.1 经济的发展

经济是社会发展的基础。与传统的发展模式相比，包容性发展更具有开放性，追求权利公平、机会均等、规则透明、分配合理和环境与社会的可持续发展；全民参与，为各类人群的多样化生活与发展需求创造机会；共享发展成果，提高居民生活质量，促进共同福祉和实现人的全面发展（盛斌、靳晨鑫，2020）。

经济包容性发展不仅重视人均收入增长，更重视经济结构优化。经济结构呈现工业和服务业比重上升，由资源和投资驱动为主转向依靠创新、消费、服务、就业和价值驱动（杨良敏，2021）。包容性经济以人为中心，围绕提高所有人的生存福祉和改善生存环境，开拓新的经济形式和就业途径。高科技领域的创新应用与传统产业协同发展，持续为经济的高质量发展注入活力，并为无障碍环境和无障碍生活创造无限可能。

重视弱势群体的发展，关注包括弱势群体在内的所有人群的实际需求、行为能力、发展环境与机会以及利益分配，缩小发展差距、解决社会问题，进而推进经济、社会和政治全面协调发展，增进可持续性，是包容性经济的显著特征，体现强烈的人文关怀精神。

11.4.2 空间的活力

实现空间包容性，为未来无障碍全龄友好物质环境注入活力。

包容性的城市空间满足绝大多数人的各类使用需求，支持全龄友好无障碍畅行。简·雅各布斯在《美国大城市的死与生》中提出"一个成功的城市地区的基本原则是人们在街上身处陌生人之间时必须能感到人身安全，必须不会潜意识感觉受到陌生人的威胁"，形象地描绘了包容性城市空间的目标。

包容性城市空间具有层次感。各种场所，包括城市路网、街道形式、开放空间以及建筑，都具有人们熟悉的固有特征及地方特色，并顾及不同人群的识别辨认能力、寻路能力及理解程度。无障碍环境建设将形成一个简洁、系统、层级分明的网络，设计尽可能快捷、方便的道路系统，与高品质的城市公共空间一起体现对人的关怀。

包容性城市空间具有易辨识和易达性。场所以及各种公共设施视线畅通、标识清晰、路径明了，能满足所有人到达、进入、使用等需求。无障碍设施操作简单，方便自主使用。无障碍服务流程清晰，办事高效。无障碍设计遵循通用设计原则，便于社会全体成员通行使用。

包容性城市空间具有安全性。建筑正立面朝向街道，街道的人行和自行车道边界清晰，人行道平整、防滑、照明充足，避免任何人在进行户外活动时被绊倒、碰撞或遭到袭击。人行道必须有足够的净宽，鼓励和吸引行人使用，与城市建筑、城市生活一起构成生动的城市图景。扬·盖尔（2010）在《人性化的城市》中认为，交通安全和预防犯罪是影响城市安全品质的重要因素。交通分离、保障步行在混合型交通中具有优先权，可以降低交通事故发生率；活跃的公共区域、街道上目光的注视、日间与夜间功能的兼顾，以及良好的照明可以降低城市犯罪率。

扬·盖尔认为，城市空间的舒适性有助于人们利用公共空间自由进行各种活动：行走、站立、坐下、观看、交谈、倾听和自我表现。包容性城市空间抚慰人的心理感受，每个人都可以自由享受户外活动的乐趣，缓解快速的生活节奏和海量的碎片信息带来的情绪焦虑与精神压力，点燃生活的激情，激发对环境认知的兴趣（张文英，冯希亮，2012）。

空间包容性能够减少对弱势群体的歧视和排斥，形成灵活、易于调整、适应不断发展变化的使用需求的场所，是消除人与人之间的差异，构建公平、包容、充满爱与尊重的包容性社会的物质环境基础。

扬·盖尔关于城市公共空间舒适性营造的建议：公共与私有地域平缓过渡，道路短捷而方便，不受阻碍，人们有地方可走，有事可做，能够看到发生的一切；步行空间尺度应该宜人，注意婴儿车、轮椅车等的特殊要求，不同高差的处理尽量采用坡道而不是台阶，注重铺装材料和路面、步行线路、空间的连续性；在沿建筑立面的地区和一个空间与另一个空间的过渡区设置逗留区域，在那里可以看到两个空间，这样既可以局部隐藏、提供防护，又可以有良好的视野；良好的久坐场所需注意合理的观看距离和不受阻碍的视线，为人们交谈、享受阳光、观看各种活动提供好的条件；按人性化尺度设计建筑和空间，鼓励体育活动，为户外活动创造广泛的机会；考虑每一地点的微气候因素，独立的高层建筑四周的风产生通道效应、转角效应、缝隙效应等（根据 Jan Gehl 建议，2010 归纳整理）。

11.4.3　文化的包容

实现文化包容性，以文化软实力为核心提升城市竞争力的全面繁荣。

中国文化具有包容性特征，显示着"海纳百川，有容乃大"的博大胸襟，具有积极地进行沟通和交流，广泛借鉴和吸收众长的优点，能够在不断的吐故纳新中实现自身的繁荣发展（周东娜，2014）。这种包容性在春秋战国、两汉、盛唐等时期发展到了极高的程度，正如费孝通（1999）所感悟的，"生活在新世纪中的中国人正面临着一个充分发扬中华文化特色的历史机遇的到来。"

城市尊重和重视历史文化传承、乡土遗产保护、新兴文化融合和居民真实生活，体现社会的文化包容性。全球化背景下，中国特色社会主义新时代重视不同文明的交流互鉴，提升文化自信，形成具有多元特点的当代文化（乐黛云，2000）。满足居民不同层次的精神文化需求，需要发挥文化引领风尚、启迪人民、服务社会、促进社会经济发展和提升社会凝聚力与向心力的作用。

全龄友好无障碍折射出社会对待人的态度，是城市文化活力的综合体现，而文化是一个国家和城市软实力与竞争力的核心要素。芒福德（2005）在《城市发展史》中认为，城市是人类文明产生的容器和象征，带给人们各种希望和崇高精神。在一个充满希望与活力的城市中，每个人都能感觉到自立、被尊重、被需要和被认同，人人平等成为城市公共文化的重要组成部分，残障人士活跃在公共空间和公共生活中成为日常。加强从设施到环境，从硬件到观念的无障碍建设，支持全体社会成员公平共享社会资源，造就独特的城市文化精神。

11.4.4 数字的应用

跨越数字鸿沟，促进数字包容。

信息技术已经渗透到生活的方方面面，移动互联网应用和网站的无障碍化对信息交流和通信服务的效率、便利和公平有深刻影响。克服数字鸿沟，降低用户使用门槛和使用成本，减少残疾人、老年人等群体在信息查询、获取和使用方面的障碍，是数字技术应用的重要目标。经济合作发展组织（OECD，2001）指出，数字鸿沟是由于不同社会经济地位的个人、家庭、企业及地区在信息和通信技术的可及性以及互联网使用方面的差异，可能会导致人们无法享受信息社会在商品采购、信息交流、社会交往乃至医疗保障方面的便利服务。数字鸿沟的存在，有损残障人群参与公共生活的公平性和积极性，加剧了他们的边缘化。

每一个人都能够从数字技术中受益，任何一个人都不会在数字世界中掉队（秦仪文，2022）。建立数字包容性社会，每个人都有条件和能力使用网络和其他数字技术。数字包容的范围覆盖所有社会成员，主要工作对象是处于边缘的弱势群体。通过数字包容，促进弱势群体能够按照自身意愿使用信息与通信技术，获取社会资源和改进生活福祉，并更进一步突破性别、年龄、健康状况、文化、地域、受教育程度和经济水平等方面的障碍，推动实现所有人的机会均等（闫慧等，2018）。

信息无障碍建设可以为包容性社会建设提供多种视角。从内容范围，对涉及信息化的设施设备和应用系统进行无障碍优化，实现社会公众平等参与数字化变革和信息社会生活。从服务人群范围，涵盖了老年人、视障者、听障者、读写障碍者、行动障碍者、说话障碍者、偏远地区居民、文化差异人群，以及暂时有健康障碍的人群等。从空间范围，覆盖城市和农村，惠益每一个社会群体活动的地域范围。从事项范围，包括政府职责范围的所有行政审批和公共服务事项，还包括数字经济、互联网应用、社交网络空间所有的活动和服务（李燕英，2022）。

第 12 章

北京城市无障碍行动策略

12.1 北京城市无障碍环境构建原则

12.1.1 安全性

安全是指不受威胁，没有危险、危害、损失（施锜，2011）。环境安全是人类与生存空间和资源的和谐相处，不存在危险和危害的隐患，是全龄友好无障碍城市中对公共空间的基本要求。安全的城市环境不仅关注城市空间的功能结构、舒适程度和审美体验，更注重其对人安全需求的照顾。

安全性理念强调在城市无障碍环境建设中，满足所有人基本的安全要求，在以人为本的设计理念下，构建安全无害、舒适宜人的城市环境。满足人的生理安全和心理安全两方面需求，既避免人的身体和生命财产受到威胁和侵犯，还防止受人为和自然因素造成的心理安全威胁。除空间结构和物质环境外，居民社会属性和社会包容性是城市安全性的主要影响因素（余建辉，2009）。女性、儿童、老年人、少数民族、残障人士等弱势群体更易对周围环境感到不安全感、受到安全威胁。马斯洛认为，安全感是决定人心理健康的最重要因素。全龄友好的城市公共空间是让所有人合作共享而非冲突的空间，形成保证安全的"契约"（施锜，2011），实现安全的城市氛围，保障每个人安全自由地参与城市生活。

12.1.2 便捷性

便捷性要求居民出行没有困难，减少时耗，探索高科技赋能无障碍环境建设的新形式。

城市无障碍环境建设须便捷。便捷性包括方便和快捷两个方面，方便指城市居民能够顺利完成整个出行过程，没有困难和阻碍；快捷指城市居民出行、办理事务能够减少时耗，获得高效和满意的体验。一方面，城市中无论是快生活节奏的年轻人还是行动不便的老年人，都希望城市生活中走最便捷的路线，快速掌握信息、获得便利的服务，这是城市中人的基本需求；另一方面，提高城市中公共资源覆盖范围和空间密度，补偿特殊人群减退或丧失的机能，将有效增强需求人士室外活动时间、安全感及参与社会生活的积极性。城市无障碍环境的便捷性关乎人民幸福感和城市宜居性，体现了"以人民为中心"的思想。

落实便捷性，要求城市无障碍环境建设者在规划设计过程中考量使用者的身心需求和感受，充分换位思考，做到只有使用者想不到，没有设计师想不到。同时，充分探索先进技术助力无障碍环境建设的方式，使科技赋能无障碍环境建设，创造更加美好、便捷的生活。

12.1.3 连贯性

连贯性要求无障碍环境建设在战略制定上和社会分工上保持连贯性，同时强调"代际团结"，最终在社会广泛范围内凝聚共识，使各社会主体优势最大化。

无障碍环境建设涉及城市物质环境和社会文化多个方面，在推进过程中应注意保持战略和政策的连续性，以保证规划和实施平稳落地；无障碍环境建设涉及多部门和民生福祉，推进过程中，应明确各参与主体的责任、权利和义务，建设基础信息平台和交流协商平台，保障社会主体分工有序、多部门紧密配合。

连贯性的另一含义强调"代际团结"的重要性。2022年国际青年日主题为"代际团结——建设一个不分年龄、人人共享的世界"，指出年龄歧视是健康、人权和发展领域中一个隐蔽且尚未解决的议题，对世界各地的老年人和年轻人都有影响。此外，年龄歧视经常与其他形式的偏见（如种族主义和性别歧视）交织在一起，阻碍人们充分发挥潜力、为社区作出全面的贡献（UN WOMEN，2022）。WHO的健康老龄化行动十年的指导原则中代际团结指促进各代人之间的社会凝聚力和互动交流，以支持所有人的健康和福祉（WHO，2019）。

连贯性原则要求无障碍环境建设的过程中，各社会主体都要积极采取行动，同时还须紧密配合，在建设过程中最大化发挥优势和知识。

12.1.4 整体性

整体性原则要求无障碍环境建设将城市作为有机整体，兼顾局部利益与整体发展,不让任何一个社会成员掉队。

城市无障碍环境建设须注重整体性。城市是一个社会—经济—自然共同构成的开放、复杂的巨系统（马世骏、王如松,1984）。城市系统以专业职能部门为基本单位强化专业管理,然而城市问题的复杂性导致城市各子系统的发展未必带来城市整体系统的良性发展。因此,无障碍环境建设应协同城市各子系统发展与整体系统目标,协调局部利益和城市整体发展,发挥城市系统的整体优势和集聚效应。

整体性另一含义指不让任何一个人掉队。不让任何一个人掉队是联合国可持续发展合作框架的六项指导原则之一,代表所有联合国会员国对消除一切形式的贫困、结束歧视和排斥、减少使人们落后并损害个人和全人类潜力的不平等和脆弱性的明确承诺。联合国可持续发展集团指出,不让任何一个人掉队的相关政策、规划与计划的所有步骤和阶段的关键在于确保所有利益相关者特别是落后者,能自由、积极和有意义地参与发展（UNSDG,2017）。WHO 表明健康老龄化行动十年的指导原则中不让任何人掉队原则适用于所有人,无论他们是谁和身在何处,并针对他们面临的具体挑战和脆弱性采取措施（WHO,2019）。

落实整体性原则需要在无障碍环境构建中将城市建设作为一个系统整体规划全面考虑。确定落后者及落后的原因,确保发现并处理不平等和歧视的所有形式和根源。确定成果的监测、衡量和问责机制。最终实现全体国民在社会发展中自由、积极、主动地发挥作用。

12.1.5 舒适性

城市无障碍环境应具备舒适性。美国地理学家 Ullman（1954）认为,舒适性指地区宜人的生活条件,将逐步取代经济优势,成为吸引人口迁入的主导因素。舒适的公共空间使城市中的人获得心灵的宁静自在与安全感,提升人们公共生活的品质,激发更广泛丰富的社会活动。作为城市独有的竞争力,提升城市舒适性有助于促进城市可持续发展。

城市无障碍环境能够满足所有城市居民对环境舒适的需求。舒适的城市空间要同时关注城市的自然环境、人工环境和社会氛围。自然环境舒适要求城市自然气候和地理条件适宜；人工环境舒适要求城市改善公共空间质量，提升公共服务品质；舒适的社会氛围要求社会整体包容友好。

12.1.6 包容性

包容性原则要求城市包容个体之间的差异，社会所有阶层都能共享城市发展的成果，城市中的个体得到全面的发展。

世界银行将社会包容定义为可改进弱势身份人群的能力、机会和尊严，以及参与社会的进程（The World Bank, 2013b）。包容性可解读为"和而不同"的社会治理理念，体现人人平等、彼此尊重的人与人之间关系原则，弱势人群的尊严和可行能力在协商与沟通的法制框架下可得到维护（葛道顺，2014）。WHO 的健康老龄化行动十年指导原则中，强调包容性理念关注的群体涉及社会所有阶层，不论其年龄、性别、民族、能力、所在地或其他社会类别如何（WHO, 2019）。包容性理念主张关怀弱势群体，保障他们在参与社会生活、获取社会资源等方面获得平等对待，并为实现这样的理念创造机会。包容性城市在治理路径上，以公共平等为价值导向，重视过程参与、成果共享，尤其重视尊重和保障社会弱势群体的平等发展权和公民权，公正地分配社会资源及治理收益，社会成员依靠城市提供的均等发展机会，每个人都有机会获得自由而全面的发展。

在社会意识上，包容性城市倡导共存策略，特别强调对拥有异质特征个体的包容和友好，引导打破各种排斥性、隔离性、歧视性壁垒，形成互相尊重、互相接纳的文化氛围和人文心理，推动城市多元共生发展。城市中的任何人均能积极、自主地参与到城市提供的发展机遇中，个人价值得以实现，美好生活需求得到满足。

12.2 机制协同

12.2.1 统筹基本建设计划

无障碍环境建设是一项多部门共同参与的系统工程。要将新建无障碍环境建设项目纳入基本建设计划，实现内容一体、同步计划、同步建设、同步验收、同步使用；将改建扩建工程中无障碍设施部分纳入专项建设内容，实现资金单列、专项审批、专项验收、有效推进。完善无障碍环境建设法律体系，保障无障碍环境建设有法可依，严格实行。

按照建设工程性质和要求将无障碍环境建设纳入国土空间规划体系。根据城市总体规划、详细规划、专项规划和无障碍环境建设情况，研究无障碍环境建设与管理现状和问题，评估和把握建设需求，确定一定时期内无障碍环境建设的发展目标，制定相应的实施与管理方案。通过宏观统筹、中观落位、微观衔接，实现整体性、系统性安排。在总体规划层面，强调市、县、乡（镇）级总体规划对无障碍环境建设的统筹安排，通过"一级政府、一级事权、一级规划"的基本格局，纵向贯通无障碍环境的规划、建设、管理工作。在详细规划层面，严格遵循总体规划的统筹布局，无障碍建设应结合场地特点进行精细化设计，并与具体的工程手段和社区治理方式相结合。在专项规划层面，设立无障碍环境建设专项规划，并与各项城市发展与建设工程协调，共同构成功能完善、运行通畅的城市无障碍系统。强调无障碍环境建设在城市和街区尺度的统筹规划和整体安排，改善无障碍环境存在的断点、堵点、痛点等问题，实现无障碍系统连续畅通。规划和自然资源、住房和城乡建设、城市管理、交通、市场监督管理、文化和旅游、通信、经济和信息化、教育、体育、卫生健康、民政、农业农村、园林绿化等部门，应该将无障碍环境建设纳入基本建设或单列资金的专项建设内容中，依据法定职责落实规划，加强指导监督检查。

政府发挥统筹谋划、高位推动作用，为无障碍环境建设提供法律、财政、组织管理和政策保障。在统筹规划的基础上，对无障碍环境建设进行综合管理，切实组织、协调多方面力量，领导辖区内无障碍环境建设工作的开展。

加强无障碍设施监管工作。严格执行《北京市无障碍环境建设条例》以及正在提请全国人大审议的《无障碍环境建设法（草案）》的相关规定，强制要求城镇新建、改建、扩建道路，公共建筑，公共交通设施，居住建筑，居住区的无障碍建设符合相关工程建设标准。各地住房和城乡建设主管部门在工程设计、施工、建设、监管等环节严格把关，对不执行无障碍设施工程建设标准的行为，依据《北京市无障碍环境建设条例》《城市道路管理条例》《建设工程质量管理条例》等相关规定进行纠正及处罚。根据《中华人民共和国标准化法》推动地方无障碍环境建设，强化无障碍标准化工作的执行力度。通过日常评估、施工图审查和专项抽查、现场检查等方式，对行业单位和人员执行标准的情况进行常态化监督检查。建立无障碍环境建设相关标准执行情况通报会制度，指导和规范相关工程项目无障碍设施设计与施工工作。

强调区域协调发展。缩小城乡差异，健全城乡基本公共服务体系，提高公共服务水平，增强城乡均衡性和设施可及性，推动城乡融合发展。实事求是地推动农村、小城镇的无障碍环境建设，促进区域、城乡无障碍建设协调有序发展（张东旺，2014）。乡村地区的无障碍环境和设施建设要符合乡村人文特点、人口老龄化、建筑环境，以及管理和维护的实际，做到简便实用、因地制宜（任雷、李迪华，2017）。

12.2.2 全生命周期评估与改进

为确保无障碍设施发挥正常功能，应对已建无障碍设施进行有效保护和维修。要求所有权人或者管理人应当对无障碍设施进行全生命周期评估与改进，确保无障碍设施正常使用。无障碍设施和产品的全生命周期评估与改进，需从政策规范上确保权责清晰，根据具体对象实施相应的策略。

依据相关法律和规范标准明确无障碍环境建设各个阶段的责任。明确无障碍环境建设、管理、使用和维护各个环节的工程责任，包括相关法律和规范标准是否得到落实，对后续工作环节是否产生不利影响，信息交流和各方意见是否充分，改进建议和做法是否得到采纳，不采纳的理由和依据是否充分，替代方案技术、经济和管理上是否可行，监管体系是否完善，监理工作是否称职。依据无障碍环境建设相关法律和规范标准，及时发现和查处违法以及违反相关规定的行为，包括对无障碍设施进行不限期检验和维修，对造成使用人人身、财产损害的行为，对破坏和占用盲道、残疾人专用停车位等无障碍设施的行为，依法进行相关处罚

（吕世明，2013，2022）。

重视建筑的无障碍建设全生命周期评估与改进。居住建筑，除了考虑建筑主体的功能组织、噪声等敏感性因素外，还需考虑住户的特质，如年龄、性别、健康情况、生活习惯等，以及建筑所在地区的地形、气候，建筑主体与无障碍设施的空间布局关系等诸多因素。公共建筑和商业建筑，除了强调公共环境性质和人流特征对建筑功能组织、室内与室外公共空间与设施的使用等特殊要求外，还需综合考虑供电、供热、水资源使用、废水产生、庭院护理等因素。供电是建筑正常运行的关键保障，定期检修和维护无障碍电梯运行系统等非常重要。

重视市政工程的无障碍建设全生命周期评估与改进。市政工程具有开放性和普惠性特征，其设计、建设、使用、维护和管理的全生命周期评估对于改善民生福祉，提升城市环境品质具有决定性作用，是城市无障碍环境建设的重点。建立定期检修维护与"市民投诉即检修和反馈"的无障碍设施与环境管理制度。市政工程无障碍建设必须严守规范标准，严格监理，全过程参与，无障碍设施和产品、通用设计和细节设计紧密结合，空间上形成连续的无障碍物质环境，时间上坚持全生命周期的系统管理与维护。

12.2.3 政府主导的多主体全过程参与

建立政府主导，企事业单位、社区、社会组织、残障人士等群体参与的多主体全程参与机制。同时积极进行公众宣传，形成包容的社会氛围。

建立健全政府主导的无障碍环境建设长效工作机制。政府的主要职责之一是提供公共产品和推进公共服务改善。无障碍环境建设是公共服务的重要内容，是残障人士等弱势群体享受各类公共服务的物质条件。无障碍环境建设涉及市政设施、公共交通、信息交流、社区服务、社会保障、文化教育等多领域、多部门和多单位，须在政府统一领导下齐抓共管，全面推进。

企事业单位、社区在无障碍环境建设中发挥重要作用。机关、教育、医疗、社会保障部门或单位应该率先做好无障碍环境建设，发挥示范和引领作用。文旅、商务、体育等直接面向社会大众的服务机构与单位，应该严格执行相关的强制性规范标准。特别重要的是，以互联网公司为代表的企业应积极承担社会责任，在产品设计、信息供给等方面充分考虑残障人士、老年人等弱势群体的无障碍需求，开发和生产出更多的能够提升残障与弱势群体生活福祉的产品。

社会组织发挥桥梁作用。残联、老龄协会、妇联肩负呵护残疾人、老年人和妇女儿童的职责，在推进无障碍建设中应积极发挥出发现、反映、呼吁、协调、配合、推动等作用。建筑、城乡规划、景观设计、风景园林、城市设计、环境艺术设计和产品设计等行业协会应该积极组织无障碍环境基础研究、产品研发、职业教育和科普宣传。

残障人士、老年人、妇女儿童等需求群体拥有对无障碍环境最深刻的体验，他们的参与对提升无障碍环境品质具有重要的保障作用。"无障碍建设做得不好，残障人士就出不来，建设者就无法知道无障碍建设做得好不好"（肖维娜、李红勃，2022），应该努力激发和满足需求人群对公共环境的使用愿望，关注和重视他们的使用体验与改善诉求。努力提高残疾人维护自身无障碍权益的意识，为残疾人反映诉求、参与无障碍建设和管理畅通渠道、创造条件、提供保障（吕世明，2013）。

12.2.4　健全自下而上的督导机制

建立有需求人群专业参与机制，能有效提高整体无障碍环境建设水平。

理想的无障碍环境建设专业体系是一种可循环、不断自我更新的系统。通常可分为四个部分（图12.1）。第一部分，研究与尝试，相关领域的专家、学者根据国情将无障碍环境相关内容的研究作为支撑，通过试点或试验，取得成功经验；第二部分，法规、标准，把研究的成果转化为可执行的法律、标准或行业规范，用于下一步的推广；第三部分，实施、推广，在实际工作中贯彻落实法规或标准；第四部分，监督和检查、督导和投诉，以及评估、改善和反馈工作体系，完善自上而下的监督制，建立自下而上的督导制，检验和反馈实践成果，作为进一步提升的依据。

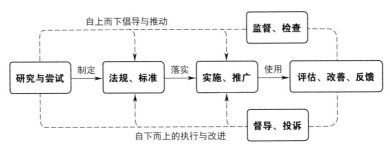

图 12.1　无障碍环境建设专业体系

从研究到标准制定再到实施推广，是一种自上而下的努力，通常由政府相关部门牵头或主持，其优点是能快速达到一定的标准水平；通过监督和反馈推动体系的循环，是一种自下而上的努力，其优点是调动更广泛的积极性，在全生命周期内推动无障碍环境向高品质发展。自上而下的专业体系已经形成。随着建成环境的不断扩展和使用中问题的累积，加强监督与反馈，形成完整且可自我更新的良性循环体系成为机制健全的重要环节。

依法细化和完善无障碍环境建设监督制。根据《北京市无障碍环境建设条例》第六条规定，残疾人联合会、老年人组织、妇女联合会等有关组织可以邀请人大代表、政协委员、专家学者、市民代表等担任监督员，对无障碍环境建设和管理进行监督，向有关部门提出意见和建议；有关部门应当为监督工作提供便利，对意见和建议及时办理并答复。第十条规定，建设单位组织建设工程竣工验收，应当同步对无障碍设施进行验收，根据实际需要可以邀请残疾人、老年人等代表对无障碍设施进行试用体验，听取意见和建议。这些法律规定为无障碍环境的监管提供了法律依据。在强调自上而下的监督检查的同时，需要更进一步强化建立自下而上的督导机制。

加强无障碍环境建设督导制需要专业教育与培训。国内仅有少量高校开设了无障碍设计课程，设计师职业伦理与社会责任脱节是一个普遍问题。通常无障碍设施建设由设计师根据设计规范设置，工程建设的监理方负责检查按设计图纸实施情况，这两者鲜有无障碍领域的专业人士。设计师既不是设施的直接使用者，对设施的运维也欠缺关心，他们对场地环境情况、施工条件和施工质量，以及材料与管理维护等欠考虑或沟通交流不足，使用者往往不能够获得良好的体验。设计与建成过程和实际使用体验效果之间缺乏反馈，无障碍环境建设不能做到一路向好。项目建成后的运营期间，无障碍设施缺乏监管，政府及残联组织的抽查并非常态，多属于事后弥补。因此，主动而有效的监督指导成为无障碍设施从无到有、向高品质无障碍环境建设发展的关键。

在现有建设流程中依法落实无障碍环境建设督导工作，是健全专业体系不可或缺的环节。无障碍环境建设督导制是让有无障碍需求的人群参与设计、建造的过程并对建成环境进行常态的监督和指导的机制，包括培训合格的督导员，使之成为无障碍环境建设领域的专业人才和无障碍环境建设全过程的监督指导员。这种自下而上的推动，既鼓励了公众参与公共事业的建设，又体现了专业的人做专业的事情的工作思路，是专业体系良性循环与环境品质持续提升的有力保障。

为无障碍设施督导员制定专属化的培训方案。主要培训对象为有无障碍需求的人群（主要指残障人士、老年人），培训合格后可获得资格认证，成为无障碍设施督导员。这些无障碍设施的日常使用者，对设施的好坏有直接的体验，他们的反馈贴合实际，是无障碍环境品质提高不可或缺的一环。无障碍环境的内容分散于建筑、规划、景观、计算机、机械工程、交通运输等领域，因此，需要为有志成为督导员的人士量身编制通用教程，使其尽快掌握相关专业知识，成为专业人才。此外，全过程监督指导也需要督导员熟悉建设流程、法律法规、建设标准，以便在实践过程中更好地与各方沟通，推广新技术、新材料和新做法，从而持续提高无障碍环境的品质。

无障碍设施督导员参与无障碍设施项目（新建或改建）的方案咨询、建设中巡查、竣工验收及使用后评估反馈等工作，包括无障碍设施运维的日常监督。参照责任规划师的方法，按属地配备责任督导员，形成网格化监督机制。督导员对责任范围内的新建、改建项目的无障碍设施部分，以及既有无障碍设施的运维行使监督和建议权，对质量不合格或品质较差的项目，可以向市主管部门投诉，由主管部门负责处理。

12.2.5 构建职业伦理

明确设计师的职业责任、伦理道德,从立法、监督管理、教育培养、专业实践、职业道德等方面建立全面的专业人员职业伦理体系。

围绕《无障碍环境建设法》和《建筑与市政工程无障碍通用规范》GB 55019—2021,以及丰富多样的地方性法规和行业规范标准,已经和正在构建的法律与规范标准体系,为无障碍环境建设做到"专业的事情由专业人做"奠定了法治基础和确定了专业标准。地方性法规和行业规范标准能否得到落实,形成统一的行业价值标准,还需要加强相关领域的专业团体与个人的职业操守和道德约束。

专业人员严格遵守已经颁布的各种无障碍法规和规范标准。明确实践范畴与各种无障碍法规规范和标准,具备良好的公共服务意识,重视法律法规的约束、社会的责任和职业道德的规范(李迪华、蔡金栋,2014)。在规划设计、图纸审批、实施施工、管理维护的无障碍环境建设全过程中,应严格遵守职业道德规范,守护行业与法律底线。伴随着社会发展、科学技术进步、人口结构变化、个体与群体需求变化,相应的法律法规将顺应这些变化不断完善,在行业内部形成统一的价值标准,进而在设计实践中追求更高质量和标准。对专业人员尤其是缺少工作经验、初出茅庐的从业者来说,严格遵守法律和规范有助于推进设计决策,达到行业、社会和法律层面的要求。

专业人员自觉参与无障碍职业培训与接受行业和社会的监督。行业协会提供各种培训机会,增加公众和专业人员对《无障碍环境建设法》和《建筑与市政工程无障碍通用规范》GB 55019—2021 等法律规范的了解。例如,设置无障碍环境建设培训课程,包含建筑和交通的无障碍设计和施工标准;将即将修订和完善的法律法规纳入培训,如儿童游戏环境的设计与实施标准、娱乐设施的无障碍设计、公共场所的无障碍化,以及电子通信技术的无障碍设计标准等。同时根据不同专业人员的需求制定专业培训课程,例如对规划、设计与施工等参与无障碍环境建设相关人员的培训,以及残疾人社团的相关法律法规培训等。

除了针对决策者和设计规划人员的培训外,在街道和社区尺度上,建立专业协调员参与制度，作为无障碍环境建设督导制的补充。通过建立由获得行业认证考核者、经过专业培训的志愿者居民组成，并有残障人士参与的社区无障碍环境建设督导制，以保障无障碍环境建设的实施与改进。在更高的管理层面，可以进一步建立专业协调员管理体系，负责协调培训和认证专业协调员、知识传播等工作，推动行业进入公众视野，使公众对行业更加尊重，社会对行业的认知更为具体全面，获得全社会的监督。

构建以行业协会为执行主体的职业伦理监督机制。景观设计作为职业性质的行业，拥有相应的行业行为准则和道德伦理规范。构建以行业协会为执行主体的职业伦理监督机制，引导与监督从业人员的从业道德规范和行为准则，对职业伦理体系的构建具有重要意义。行业协会通过设置专门的执照管理制度对从业人员进行考核、管理与监督，考察设计师是否具备拥有执照的条件，并提出继续教育时长要求，确保已拥有执照的设计师持续更新能力以适应社会变化。取得职业执照的注册设计师，符合对从业道德规范与行为准则的认识与理解，满足法律层面的刚性要求和道德层面的自律要求，对设计行业与其他社会责任、法律法规的衔接做好了准备。

12.3 专业支撑

12.3.1 专业研究拓展

面向未来的专业研究，其研究内容应强调多学科融合发展。

建立多学科参与的无障碍环境建设平台。社会中的现实问题往往需要多学科专业的协同、交叉融合，才能创造性地解决问题。无障碍环境建设所涉及的内容远远大于无障碍设施，不仅仅是为所有人创造物质环境便利，更强调整体社会环境的改善，包含人文环境的提升。从学科的角度做好无障碍环境建设，需要城乡规划、建筑学、景观学、生态学、经济学、社会学、心理学、医学、美学、计算机（人工智能）科学、法学等多学科的知识整合与共同参与，探究未来包容性城市无障碍环境理想的模式与方法，还包括产品的不断迭代和创新。

下列几个研究方向均与无障碍环境建设密切相关。

（1）包容性住区规划与开发

尝试小街区、密路网的住区规划模式。区别于分散式的独立住宅模型，我国城市新建的住区大多数是高密度集合住宅区，这与当今我国的土地政策、城市规划、城市管理密不可分。在规划理念上从容积率或经济利益当先，转变为向包容性生活模型的重构，更多地关注人与人交流活动场所的创造。在缩小单块供地规模时，增加城市路网的密度，研究地块之间公共生活空间的组织，从而在规划上引领城市的开发和更新。将原先由开发商主导的大住区开发，随意配套服务设施的方法改为由政府主导的配套服务设施供给方案，从而形成包容性的城市公共空间体系。2018版的《城市居住区规划设计标准》提倡小街区、密路网的居住街坊的概念，缩短居民至服务设施的距离，对老人和儿童更加友好。

制定无障碍住宅的配比要求。我国目前采用的居住区设计规范和住宅设计规范，无论是国家标准、地方标准，还是团体标准，均没有无障碍住宅的强制性配比要求，因户型布局等的局限性，导致适老住宅供给有限，适老改造困难。应强制并逐步提高无障碍住宅的比例标准，逐渐由普通住宅过渡到全龄友好型住宅或可供终生使用的住宅。

（2）包容性城市交通组织

城市交通组织应尝试把更多的公共空间让给步行者。机动车拥有率越来越高，城市通行效率却在下降。宽阔的道路带来城市街道尺度的失衡，经济活跃度降低，城市的趣味性也降低。在道路规划时，先根据生活模型来定义生活性街道与通勤性街道，且在设计中，尝试不同的街道断面形式，将更多的空间让给步行者与骑行者。生活性街道靠近居住单元，步行10min可达，拥有良好的尺度，优美的环境，多样的可交往场所，活跃的经济，便捷多样的服务以及深厚的文化底蕴。

（3）重点区域无障碍品质提升

对城市的公共区域和特殊场所进行专题研究。在步道与公交站、交叉路口、旅游景点、古迹或历史遗存建筑、小型商业设施、社区医院、养老机构等区域，通过对细节的关注，提升无障碍设施的水平，体现城市对人的关怀。

通过专题研究，推动各类学校的无障碍环境建设，为残疾人尽可能进入学校接受教育，促进教育公平创造环境条件。目前残疾儿童和青少年大多在智障儿童学校、聋哑学校、残疾人职业学校等特殊学校接受教育。幼儿园、中小学和大学校园的无障碍设施建设尚没有针对性的无障碍设计标准，必须在实践中执行比《建筑与市政工程无障碍通用规范》GB 55019—2021 更高的设计要求。新建幼儿园和中小学校园都必须满足融合式教育要求的建筑与室外环境要求。按照满足他们的特殊要求对校园建筑、户外环境，以及学校周围街道与社区环境进行专项改造，以支持他们的自主出行与生活。

对城市消极空间与消极界面进行专题研究。因历史发展、产权或管理原因留下的城市用地中未被使用的边角、零散等消极地块，可以通过居民参与式社区微更新改造，提高公共空间的品质，焕发空间的活力，增强居民的凝聚力。

（4）包容性社区发展计划

用可持续包容性发展计划指导社区更新。无论是新建住区还是老旧小区，其社区生活的发展要实现共建、共治、共享的目标还有很长的路要走。北京已开始实施的《北京市城市更新条例》突破了较为呆板的规划控制，为老旧社区发展与更新提供了法律依据。在街道办的主持下，以责任规划师和（或）责任建筑师为主体，由规划建筑工作者、社区工作者、社区服务志愿者，以及生态学、社会学、心理学和社会组织研究者，与居民共同参与制定社区可持续包容性发展计划。内容涵盖既有设施的维护与更新、景观的提升、公共空间营造、社群与活动组织、救助与介护、适老化改造、本地就业等方面。既让管理者和居民清楚社区的发展方向和实施的困难，也便于社区筹措资金，逐步实现包容性城市环境的目标。

推广适老化住宅改造经验。老龄化的到来及社区养老的兴起，适老化住宅改造成为必不可少的需求。面对多种多样的户型和老年人不同的需求，推出适老化住宅改造的标准做法，指导适老化的改造。

在社区更新中，优先发展社区公共空间。原本陌生的邻里，只有在身边的公共空间进行交往，才能逐步由生人社会过渡到熟人社会再到公民社会。这种公共空间，不论是室内环境还是室外场所，都应体现住区公共精神。

（5）无障碍环境融合发展

目前，把无障碍环境划分为无障碍设施建设与管理、信息交流和社会服务三个部分，所有委办部门都有与之相关的工作，但无障碍环境的协同发展机制尚未建立。物联网与数字化的发展为无障碍环境建设带来无限可能，数字化手段的植入可以给需求人群一定的功能补偿、增能赋能，反过来也会影响无障碍设施及服务的进化。比如，数字盲道的研发将改变城市盲道的做法；个人信息终端实现无障碍也会改变社区服务的方式。

研究无障碍环境融合发展的路径与方法是紧跟时代发展的要求。信息时代的智能产品多以"健全人"作为目标客户，缺乏无障碍化适配，一些针对特殊需求的人群的产品如读屏软件等，迭代缓慢、操作不便，尚不能很好地服务所有的身心障碍者。智能无障碍技术和产品投入成本高、变现慢，商业价值与社会价值不对等，因此需要由制度来约束。提升公众信息无障碍意识，鼓励社会组织和多元主体积极主动投入无障碍智能产品研发。2020年，工业信息部印发《互联网应用适老化及无障碍改造专项行动方案》，对八大类互联网网站及六大类移动互联网应用（APP）提出了无障碍要求。由行动方案逐步过渡到行业标准，推出更多的包容性产品，才能让身心障碍者享有更多信息带来的福祉。

（6）多元的社会救助渠道

每个人都有获得社会救助的权利，保护这种权利是政府的责任。随着老龄化社会的到来，以政府为单一主体的社会救助模式已不能满足需要。现代社会，老年人大多不依托子女而独立居住，延长老年人居家养老的时间，对老年人的幸福生活至关重要。鼓励、支持社会力量参与社会救助，在政府救助、市场救助的同时，大力发展多种救助渠道。社区社会组织具有公益性和志愿性的特点，熟悉属地的情况，救助内容针对性强、效率高，也便于展开物质、服务、精神等多层次救助。这种救助还可以扩展到低收入困难户、失业者、流浪者等社会群体。政府可以以购买服务的方式支持社会组织的发展，形成政府救助、市场救助、社会组织救助的多元化协同救助的格局。

（7）社会服务中的优先权

弱势群体应该如何得到社会的特殊关照，如挂号就医、出门办事、机动车停放、排队等候时，残疾人和老年人的优先权应如何落实。除福利保障外，这些在社会服务中享有的优先权体现社会文明的进步。

（8）鼓励社会力量参与无障碍设施改造

《北京无障碍环境建设条例》第十五条规定，支持社会力量参与无障碍设施改造。第七条规定，鼓励公民、法人和其他组织为无障碍环境建设提供捐助和志愿服务。除了常用的税收优惠、财政补贴等方式，可以尝试建立社区发展基金会，利用居民善款并予以表彰的形式，激发居民社区共建的热情。

12.3.2 标准体系完善

标准的确立，对全社会无障碍设施建设的推动作用巨大，应根据经济发展水平，不断提高标准。

依托标准体系的完善与升级，推动高质量无障碍环境建设。从 1989 年实施的《方便残疾人使用的城市道路和建筑物设计规范》JGJ 50—88 到 2022 年施行的《建筑与市政工程无障碍通用规范》GB 55019—2021，我国无障碍设施的标准经过 30 多年的发展，已从单一的为残疾人提供方便过渡到有关指标和技术要求与国际先进水平基本一致。近 10 年来，北京无障碍设施标准体系的推进一般由设计导则、设计规程、设计指南、通用图集，逐步过渡到地方标准。我国无障碍设施的标准分为综合类标准、住宅及社区无障碍标准、公共建筑无障碍标准、轨道交通无障碍标准、市政道路无障碍标准及特定区域的无障碍标准等几大类。其中特定区域包含公园、历史文化街区、农村社区等。数量多达 30 多部，基本覆盖城市建设的各个方面。其中《建筑与市政工程无障碍通用规范》GB 55019—2021 从顶层设计层面对建筑与市政工程中无障碍设施建设、运行和维护全过程中各专业通用的技术，提出了控制性底线要求，具有强制约束力。标准的确立对全社会无障碍设施建设的推动作用巨大。

在《建筑与市政工程无障碍通用规范》GB 55019—2021 的基础上，北京市快速出台了地方标准《公共建筑无障碍设计标准》DB11/1950—2021，于 2022 年 7 月实施。此标准对公共场所无障碍环境设计的系统性进行强化，保证不同场地空间与设施的无障碍衔接。它对无障碍通行流线上的主要节点提出具体设计要求，例如，绿化景观入口应为无障碍出入口，并应设置无障碍游览流线；无障碍机动车停车位能够通过无障碍通行流线到达建筑的无障碍出入口等。此标准提高了重点公共场所卫生间的无障碍设计要求，例如，公众办理业务与信访接待的办公、科研、司法建筑，医疗康复建筑、体育建筑宜在每组公共卫生间附近设置独立的家庭卫生间。考虑社会迫切需求，此标准还对有母婴使用的公共建筑提出了配置母婴室的要求；对医院住院部每个护理单元提出设置无障碍病房的规定，并给出无障碍病房的具体设置要求。对专业设计人员来说，此标准特别细化了无障碍设施的细节处理，例如，地毯的厚度控制、井盖上孔洞大小的控制等。此标准的实施，有助于将以往分段分项目实施的无障碍设施联成整体，形成真正无障碍的城市环境。其对细节的追求与把控，将全面提升北京公共建筑无障碍环境品质。

北京未来城市无障碍环境建设将健全城市空间发展、规划设计、建筑施工和运行维护等领域标准体系。围绕支持城市更新行动计划，重点开展老旧小区改造、老旧厂房活力复兴、传统商务楼宇及商圈升级改造等相关标准的研制。在城市交通中，重点推进慢行系统、地面公交等标准研制。在城市运行方面，重点开展环境卫生、户外广告设施及牌匾标识、城市照明等标准研制。构建公共信息图形符号和公共场所外语标识译写、引导标识系统等标准体系，优化首都国际化都市形象。在社会治理上，重点将健全基层治理标准体系，研制综治中心、社区建设和服务等方面相关标准。研制 12345 市民服务热线的动态监测、数据获取和共享使用相关标准，推动接诉即办数字化转型，助力首都超大城市治理。在社会保障方面，完善公共就业服务、人力资源服务等相关标准，提升居民就业质量。根据需要制定困难人群服务、慈善服务、殡葬服务、残疾人服务等标准。优化"三边四级"就近精准养老服务体系，制定养老机构服务监测和评价标准，推动环首都圈养老服务标准互通互认。依托家政服务业提质扩容"领跑者"行动，拓展高品质生活性服务业标准的覆盖广度与深度，提升社群营销、云逛街、移动"菜篮子"等新业态、新模式标准化水平。在数字应用方面，依托智慧城市基础设施建设，健全城市智慧化管理标准体系，完善数字生活、智慧民生等领域技术与服务标准，开启智慧生活新体验。

国土空间规划层面的无障碍环境建设技术规范值得研究。目前，北京市无障碍技术规范主要是关于各类建筑及市政道路的无障碍设计，而针对无障碍建设依附性的特点，在城市、街区规划层面的空间尺度上，缺乏以实现无障碍设施的系统联通为目标的整体性统筹安排，不同层级国土空间规划尚未对无障碍环境建设专项规划提出要求。

家庭无障碍标准尚待落实。随着老龄化社会的到来，围绕家庭层面的无障碍需求增多，包括适老化住宅的改造、社区养老服务设施以及老旧住宅的改造等。我国近年来发布的《城市居住区规划设计标准》《老年人照料设施建筑设计标准》《城市社区居家适老化改造技术标准》等多项标准内容为适老化改造提供了重要的技术支撑；编写的家庭无障碍建设、居家适老化改造方面的典型案例集和实施指南等书籍，为家庭无障碍建设、居家适老化改造提供了参考。因住宅是私产，其改造受到业主意愿和能力的制约，推广起来具有一定的难度。可以尝试在规划阶段引入强制性的终生住宅套型比例要求，为无障碍住宅打下基础。

标准是经济活动和社会发展的技术支撑，是国家基础性制度的重要方面。标准的设立、修订、提升与社会经济发展密切相关，因此，需要根据经济发展水平和新技术的运用逐步提高标准，以满足人民对美好生活需要的追求。

12.3.3 专业统筹协同

依托常态化的高层级协调机构统筹协调。城市新建项目，由于受到政策、法规和各项标准、制度的制约，比较容易做到各专业协同。但在城市更新及改造中，往往涉及不同的管理部门、产权单位、经济状态，要优化局部的城市空间，专业化统筹协同就显得十分重要。例如，在社区管理与市政管理的不同范围内，就涉及道路的衔接、给水排水的衔接，电力、电信、燃气等的衔接，还有与公交站点、地铁站点、园林绿化等单位的衔接。各单位和部门都有自己的专业考量和利益诉求，但合在一起未必是局部区域的最优解。因此，在城市更新与改造中，需要有常态化的高层级协调机构来统合、优化各方的意见，实现专业化统筹协同发展。北京市在2019年开始的《北京市进一步促进无障碍环境建设2019—2021年行动方案》时，成立无障碍环境建设专项行动工作组，由市政府主要领导担任组长，市委分管领导和市政府分管领导共同担任执行组长，市委、市政府、市残联、各委（办、局）主要领导担任副组长，各区政府、市有关部门作为成员单位成立工作专班，共同推进工作落实。这种机制有效而全面地推动了北京市无障碍环境建设。

建立"1+N"的多维技术平台实现专业协同。随着北京城市的发展，传统城市设计的"编制规划－实施－监督－保障"这一流程，已不能有效应对当下复杂的城市现状。城市更新与改造中，需要不同专业的协同努力，在刚性条件中弹性地引导设计，在实施中进行动态优化，以及对未来场景进行预设和预判研究。在城市设计的过程加入时间的维度，提供全专业、全过程、全周期的伴随服务。除了传统的规划、建筑、工程领域的专家持续跟踪外，社会学者、当地居民、社会组织的意见也应该被充分考虑；在互联网、人工智能等高科技发展的时代，计算机领域专家的加入能及时将技术成果转变为智能产品，使改造的成果能够惠及更广泛的人群。

因此，无障碍环境建设不仅需要高层级的协调机构来统合，还需要建立"1+N"的多维技术平台，对设计、咨询机构及社会其他力量进行统筹、把控和协同。

12.3.4　设计水平提升

从城市设计、工业产品到智能手机等我们日常生活中接触的产品与服务都源于设计师的智慧。

坚持通用设计、合理便利及广泛受益的原则。在城市环境设计中，我们依托职业设计师来整合现实中遇到的矛盾和问题，优化实施的路径，通过有目的的创作提出解决方案。设计满足通用设计规范是基本要求，当不能满足通用设计要求时要能提供替代方案,以实现更广泛的包容性。

用设计思维创造出符合人需求的个性化解决方案。设计思维(Design Thinking)是一种以人为本解决复杂问题的创新方法。它首先要求设计者建立同理心,深入了解服务的人的兴趣与需求,再对自己的构思或方案进行不断的质疑、测试或修改,是一种把以用户为中心的整体观点与理性的分析研究相结合的方法。设计思维强调不同领域、不同背景的人员共同加入思考,根据反馈不断改进方案。应对包容性城市环境建设中的多层次与复杂性,设计的弹性与适应性是关键,基于复杂性的设计思维将设计情况的复杂性作为塑造新的、更具探索性的设计过程的起点,能够很好地平衡各方的利益、创造性解决问题、超越设计并促进社会变革。

气候变化作为全球环境危机的核心议题,关系整个人类的生存与发展。绿色低碳与可持续发展是全球气候治理的共识。中国政府于 2020 年 9 月提出"双碳"目标,宣布中国二氧化碳排放力争于 2030 年达到峰值,努力争取 2060 年前实现碳中和。无障碍环境建设将创造一个充满爱与关怀、安全、便捷、舒适的现代生活环境,进而支持人的生活方式向自主、自助、低碳转变。无障碍环境支持社区生活圈功能完善,降低远距离出行需求;完善的无障碍慢行系统是减少化石能源消耗、推动碳密集型模式向低碳模式转变、构建绿色低碳交通体系、建设步行社会的关键。无障碍设计和通用设计支持低排放系统的材料加工,降低产品的生产与维护成本,提高资源利用效率,助力"双碳"目标实现。

设计创造价值,推动社会发展。随着时代不断发展,设计的价值在不断拓展,包括使用价值、经济价值、文化艺术价值、社会人文价值和生态环境价值等广泛的内涵。北京市无障碍环境建设需要在设计塑造无障碍设施物质环境的同时,用设计思维创造包容性的社会环境,用产品与服务匹配绿色低碳的生活模式,实现社区再生、产业驱动、社会责任、文化自信、生活迭代、全球环境提升等时代价值。

12.3.5 科技创新应用

当传统的无障碍设施与现代科技结合,向我们展示了一个无限美好的未来。生命医学的突破、基因技术、AI（人工智能）技术的运用、智能产品的研发与智慧城市运营，为残障人士、老年人等需求人群更多地认识世界并与外界无障碍交流创造了条件。

生命医学领域对人类大脑的意识、学习和记忆等功能的生物基础研究，为残障人士重新感知世界创造可能。人类大脑中有数百亿的神经元，神经元之间会形成复杂的网络连接：神经网络以电信号形式编码客观世界（形成意识），反过来客观世界又能够重塑网络的连接方式（发生学习和记忆）。神经网络空间结构解析技术、大规模神经活动记录和分析技术以及精准的神经操控技术等医学技术的突破，利用脑机接口实现人脑和机器直接通信，为部分或完全恢复肢体和感知障碍人群的运动与感知功能提供了可能。脑机接口已经实现高速意念打字、人脑控制机械手快速抓取等任务，甚至能让后天失明的人重新恢复视力，脑机直接通信技术的实际应用可能为残疾人正常生活带来突破性的改变。

基因技术的发展，对影响人类寿命、避免遗传缺陷和药物伤害等具有重大影响。单一基因的干预就能影响和决定生物体的寿命，更多影响寿命的关键基因已被发现。与这些关键基因相关的抗衰老药物的临床试验，为延缓甚至逆转衰老带来曙光。基因检测及基因编辑技术可以被用于避免遗传缺陷。基因芯片检测可用于临床诊断病因是否由遗传所致，例如可以区分是先天性耳聋还是后天药物性耳聋，提前进行基因检测能避免药物带来的伤害。

AI（人工智能）技术模仿人类与人类思维相关的认知功能，如学习和解决问题，目前已广泛运用于识别系统、创作领域和自动驾驶工具以及专家系统中，包括人脸识别、AI作曲、机器人、医疗诊断系统、手机语音助理等。无论是智能穿戴设备还是机器人，结合具有深度学习能力的人工智能技术，可以提供个性化的服务，这将极大地改变人类生存状态，甚至将彻底消除人类的行动障碍和认知障碍。

无障碍智能产品的研发，为残障人士、老年人等需求人群便利地获取信息、参与社会生活创造了条件。手机支持无障碍操作，包括智能读屏、手势控制、语音读屏等，为视力障碍者提供了极大的便利。智能语音鼠标实现语音输入文字、浏览网页、查找信息、观看视频、网上购物等功能。无障碍阅读朝着有声化的方向发展，言语障碍者可利用手语翻译机将手语转为文字，推动了文化与交流无障碍的发展。将智能监测设备应用于老年人家庭中，可以实现监测老人身体状况、家庭燃气泄漏、水淹、跌倒报警等功能。随着物联网的发展，更多的家居无障碍产品将向智能化、集成化发展，将为残障人士的生活提供更多的便利。

城市环境中，依托智慧城市提供科学管理和公共服务，重视残疾人、老年人等弱势群体的需求，为无障碍融合发展打下基础。智慧城市能够充分运用信息和通信技术手段感测、分析、整合城市运行核心系统的各项关键信息，从而对于包括民生、环保、公共安全、城市服务、工商业活动在内的各种需求作出智能的响应，为人类创造更美好的城市生活。例如，利用智能交通系统通过各种传感数据、运营信息及丰富的用户交互体验，为市民出行提供实时、适当的交通信息。

12.4　社区共建

12.4.1　公共精神的培养

要达到共建、共治、共享的社会治理目标，关键是政府主导的同时，要更加重视公共精神的培养。

社区公共精神是指居民在参与、关心社区公共事务中所展现出的观念、态度、行为以及理性。其目的是追求公共善、公共理性和公共价值。通过一种共同享有的认同意识将居民凝聚在一起，展现居民之间存在的平等、互惠、协作、奉献精神的关系。社区是居民生活的承载地，社区公共精神直接影响居民的幸福感与归属感。一个伟大城市所依靠的是城市居民对他们的城市所产生的那份深深眷恋，一份让这个地方有别于其他地方的独特感情（简·雅各布斯，2007）。

一些发达国家如美国、英国、日本等都形成了较为成熟的社区治理模式。美国主要是以社区发展公司为主要的社区治理主体，政府仅对社区发展治理公司进行管理、评估和监督；英国采取的是多方互助社区治理模式，通过促进政府和非政府组织、社区、私人部门之间的合作，使社区治理水平得到有效提升；日本的社区治理主要是社区营造模式，实现了"市民参与"到"市民主体"的转变，治理主体是町内会和市民组织。它们的治理模式各有千秋，其核心都是培养和建立社区公共精神。

"公共"与"私有"价值观的演化形成对社区公共精神的挑战。改革开放前三十年，私权和私产的概念十分淡化，整体社会强调大公无私，居民个体精神和社区生活的主动性被忽视，导致社区公共精神形式化和表面化。改革开放以后，商品经济逐渐崛起，尤其是《中华人民共和国物权法》（2007—2020年）以及《中华人民共和国民法典》的实施，确定了"公"与"私"的边界和对私产的保护。对于普通人来讲，相对于全民所有的"公"，私权和私产的"私"更具有具体性和可操作性。重视个人价值是时代的进步，培养居民公共精神要在广泛的沟通和交流基础上，培养参与公共事务的意识和契约精神。信息技术的广泛应用为居民参与公共事务提供了丰富的可能性，是培养社区公共精神难以替代的新平台。

社区公共事务主体的拓展是时代的要求。长期以来，政府在社区公共事务中起着主导作用，居民成为评价者而非深入思考者，居民对社区工作的满意度取决于获得支持的力度而不是自身的参与和贡献。缺乏共同参与的实际行动，居民对社区公共价值与理性缺乏理解，难以形成基于居民自发行动的公共精神。党的十九大报告中提出"打造共建共治共享的社会治理格局"，即在处理公共事务或是提供公共服务的过程中，拓展参与主体，形成多元化特征。除政府机构外，还要鼓励和引导社会组织、民间组织、基层群众自治组织的良性互动，实现"善"治的目标，而治理的成果由各方共享。

政府承担起培养社区公共精神的主要责任。具体可以从四个方面着手，一是党建引领，大力发展社区社群组织。除了居委会、业主委员会外，鼓励发展民间的非营利性、公益性、自治性或自愿性的组织，这些社群组织在促进社区居民参与、社会资本形成、社区利益诉讼与矛盾调解、社区氛围创造等方面具有明显优势。二是制定社区议事的流程（社区制度），发挥行政权力的指导与服务作用，支持基层街道与社区从行政管理向社区民主协商共治转变。三是推进社区公共空间的建设，为社区公共生活提供交流的平台。四是通过政府采取购买服务的方式，为基层社区公共事务的社群与居民自发参与提供教育培训和经费支持。

12.4.2　人际关系的融洽

融洽的人际关系推动公民社会的建设。居民在共同参与社区活动中，从生人社会过渡到熟人社会再进化到公民社会。作为公民，并不仅仅意味着责任和奉献，他们追求的是托克维尔所说的"恰当理解的自我利益"（托克维尔，1989），是一种在更广泛的公共需要背景下的自我利益、"有远见"而非"短视"的自我利益、有助于促进他人利益的自我利益（罗伯特·帕特南，2001）。这种超越个人利益的人际关系是化解社会矛盾、培养社区公共精神的关键。

社区是社会治理的基本单元。通常政府通过街道办事处和居委会对基层社区行使行政权力。居委会是政府支持的自治性群众组织，承担部分政府职能的执行工作。自《中华人民共和国物权法》（2007—2020年）颁布以来，商品房小区业主共同拥有的物权不受其他行政组织的干预，直接推动了居民对公共空间的关注。居民意识到社区公共事务与自身关系密切，通过召开业主大会和组织业主委员会来进行集体活动，促进居民交往沟通。人际关系的改善是社区发展的工作重点。几十年社会的飞速发展与人口流动，使人与人之间的关系变得简单和生硬。在社区建设中，着力点应该放在改善居民人际关系上，鼓励居民成立多种社会组织或是社群，通过各种活动建立居民之间彼此的联系，让友情、亲情、信任、关爱在邻里间传播，形成融洽的邻里关系。

12.4.3　相互信任的建立

开展社区社群活动能增加相互认识和共同行动的机会，进而建立信任关系，降低管理成本和交易成本，提高社会资本。

社团组织活动是建立居民之间信任关系的有效策略。在社区里，居民来自不同的地方，背景也各不相同，原本互不相识。通过社团组织的活动，有相同的爱好与追求的居民获得相互认识和共同行动的机会，陌生的邻居成为熟人。在交往中，居民彼此了解，相互合作，逐渐建立相互信任的关系。

邻里间相互信任的建立，能提升当地的营商环境，也能降低社区的管理成本。罗伯特·帕特南（2001）的研究显示，一个地区人与人之间联系紧密，彼此信任度高的话，其社会资本高，行政管理成本和交易成本会低；反之，行政管理成本与交易成本会高。政治经济学者弗朗西斯·福山（2016）认为，一个社区或社会中以信任为基础的社会资本主要来源于两种组织——家庭和社团。家庭以血缘为基础，而社团以自愿性为特征。以血缘为基础的社群排斥非亲族成员，因此社会资本不高，也未必给整个社会带来益处。而以自愿性结合的社群，互相合作，关注共同的利益，有助于促进更广泛的社会信任。

12.4.4　社区是非观念的塑造

是非观是公民生活的价值准则，是个人基本文化素质、思想觉悟、道德品质、思维理念、认知能力的综合反映。明是非，是人性的标志，是人区别于动物、人之为人的重要标准。孟子云："无羞恶之心，非人也。"公共生活是非观是个人是非观的集成和衍生，强调公民在社会交往和公共生活中应遵循的共同行为准则，包括文明礼貌、助人为乐、爱护公物、保护环境、遵纪守法等基本要求。

古代社会安土重迁，里仁为美，公共生活是非观对个人发展有着约束和指导作用。邻里关系由汉朝的"举荐制"发展而来，在宋朝发展为"乡约"的形式。乡邻之间的价值认可、社会舆论对世人的评价和官职升迁的影响深刻，成为个人生活的道德规范，同时是个人获得社会地位和社会承认的重要途径。

现代社会中，遵守公共生活是非观关乎个人的文明理性，更符合公众的根本利益。公共生活是非观帮助居民了解在公共生活中的责任与义务，规范生活方式和行为准则，实现在公共领域的道德自觉。在讲文明、守秩序的环境里，缺乏文明习惯的人会逐渐完善价值观，改善自身行为。公共生活是非观为居民权利和公益提供保护，实现居民利益与公共利益的统一，引导社区发展、谋求公共生活福祉。公众普遍树立基本的是非观念，社区重塑明确的是非价值取向，对推进社会文明进步具有重要意义。

公共是非价值取向的形成，需要培养个人是非观、发挥邻里间密切关怀、带动和监督作用，社会大众要弘扬和倡导正向的风气。个人要不断地增广见闻，提高认识、正确抉择，只有每个居民都明是非、辨美丑，才能形成良好的社区精神；邻里间要主动弘扬和学习公共生活精神，监督和批判损人利己的行为；社会舆论和大众媒体要发挥积极作用，传播正能量，增强吸引力和感染力，起到鼓舞人、激励人的作用。

12.4.5 公共空间的作用

社区公共空间是居民交往与活动的载体。邻里之间相互交流、组织活动、商议公共事务等所需要的社区公共空间，不仅包含街道、广场、绿地等户外空间，也包括党建活动室、图书室、娱乐室、医务室等各种功能的室内活动场所，以及"七小门店"等形式多样的社区生活服务场所。

社区公共空间承载着居民"家园"的心理依托。在高密度的城市里，居民们在获得必要的生活服务支持的同时，还通过在公共空间中相识、交流和讨论获得人际交往的机会。这些生活场景与居民生活密切相关，是"家"的扩展，也是居民建立主人感与归属感不可或缺的元素。当居民意识到自己是社区的主人或是社区的一员，就能更加主动关心社区事务。关心和参与社区公共事务的人越多，社区的凝聚力、共同体意识和归属感就越强。

社区共建是一项困难而长期的工作，需要管理者转换思维，根据地方特点制定可行的行动方案。社区无障碍环境建设对于鼓励居民走出家门，增加邻里交往，推进相互扶持，改善老年人、儿童、残障人士以及有无障碍需求人群的社区生活福祉，具有不可替代的物质环境条件和社会心理意义。通过广泛的社群和社会组织的活动，鼓励居民参与社区公共事务的决策，培育社区居民之间的相互信任以及居民对社区的认同感与归属感。弘扬尊老爱幼、邻里互助、勇于奉献的优秀传统价值观，从而形成利益共同体，推动实现共建、共治与共享的"善"治目标。

12.5 教育培训

人人相互理解和关爱，才能营造出充满理解、友爱、互助精神的人性化空间。为了让每个人都能参与公共生活，必须要建立起包容性的公共领域（包括物理场所和社会体系），使每个人免受歧视，有尊严地参与到工作、教育、公共交通或公共空间的活动中去。无障碍环境建设需要全阶段、多方位的教育与广泛的宣传，主要包括通识教育、专业教育、特殊教育、公众教育和文化传播等五个层面，培养具有综合胜任力的多方位专业型人才，以及越来越多掌握无障碍环境建设理念和规范要求的市民，营造"爱与关怀"的社会氛围，推动人居环境品质的提升。

12.5.1 通识教育

主旨在通过通识教育提高对无障碍的认识、大众文明意识，将无障碍课程纳入教育，针对弱势群体培训。

通识教育的源头可以追溯到古希腊的自由教育（Liberal Education）、博雅教育（Liberal Arts Education），以注重学生的人文精神熏陶、凸显人格完善与修养提高为其主要特征。19世纪初，美国博德学院（Bowdoin College）的帕卡德（A. S. Parkard）教授将通识教育（General Education）与大学教育联系起来。1945年，哈佛大学发布《自由社会中的通识教育》报告，是通识教育理论化和体系化的标志。现代多元化的社会中，社会共识是共同行动的前提。通识教育的目标是通过为受教育者提供通行于不同人群之间的知识和价值观，促进社会共识的养成（哈佛委员会，2010）。通识教育的现代化源于匡正职业化、专门化高等教育的弊端，祛除科学主义和工具主义的危害，弥合科技进步与人文精神的分离。通识教育培养学生独立思考与融会贯通的能力，塑造人格精神健全的人和负责任的公民（黄俊杰，2001）。随着时代的发展，通识教育不再局限于高等教育体系内，而是延伸至中小学的基础教育阶段，覆盖学校教育全过程。

通识教育课程将真善美与正视人类自身生命过程等主题纳入全教育阶段。从小抓起，播撒"爱与关怀"的种子并不断延续，在全社会营造理解、尊重、关心和助人的社会氛围，尤其是关怀残障人士、老年人、妇女儿童等弱势群体。社会成员要明白自始至终的健全人是不存在的，每个人的生命过程中的某些时期都可能遇到与残疾人、老年人一样或类似生理或心理层面的生活障碍，以及在社会活动过程中受到某些限制。

强调中小学教育、高等教育等不同教育阶段中通识教育的差异性与连续性。根据不同教育阶段受教育人群的认知方式、认知能力和培养需求等，差异化设置无障碍教育的内容。关注不同阶段通识教育中无障碍内容的延续性（李牧等，2022）。个人知识框架和价值观的形成与发展，是由低级到高级相互联系的若干阶段构成的长期累积过程。根据这样的特征，通过有计划、有系统、前后连贯地进行全阶段无障碍思想教育，增强无障碍教育的系统性和逻辑性，更好地发挥无障碍理念的社会价值，推动形成广泛的社会共识。

将包容性社会构建、跨学科协同等纳入高等教育的通识课程，尤其针对老龄社会国情开展广泛的经济产业、人文关怀等领域的通识教育。每一个接受高等教育的人都需要理解老龄社会带来的问题与挑战，理解无障碍全龄友好环境的重要性。知晓单一的专业学习难以适应日益复杂的社会需要，知识整合、跨学科协作和价值重塑是应对挑战的要求。学生既要在自己的专业领域深耕，也要通晓人文、社会、自然科学的一般性知识，从容应对环境和社会变化，推进包容性社会发展。

将信息教育纳入通识教育课程。在数字化时代，信息技术的应用给人们的生活带来极大便利的同时，数字鸿沟成为老年人、认知障碍人群等特殊群体的生活难题。将信息教育纳入全阶段通识教育课程中，将平等、尊重、保护的无障碍理念渗透于教育教学的全过程。在中小学教育阶段，将信息无障碍相关基础知识嵌入信息技术课程与日常教学实践中，培养学生对信息无障碍的基础认知。在高等教育阶段，鼓励增设信息无障碍专门内容，尤其在高等院校和科研机构的计算机、软件工程和工业设计等专业的开发课程中增加无障碍理念与应用课时，为残障人士等无障碍需求群体的自主生活与融入社会开发更多的产品和服务。

12.5.2 专业教育

主旨在对设计师进行专业教育，设立无障碍专业协调员或机构，建设信息无障碍领域专业性人才队伍，促进科技成果转化。

城乡规划、建筑学、景观设计学（风景园林）和工业设计等学科作为无障碍人居环境建设的核心专业，要提升专业的无障碍设计能力。规划与设计相关专业的高等教育课程体系中增设无障碍专题课程或专题内容，加强从规划与设计到施工与管理的全过程无障碍教育。基于人体工程学和通用设计的无障碍环境设计原则、建筑工程无障碍设计与施工规范标准、儿童游戏环境与适老环境设计，以及无障碍产品开发，都应该成为规划与设计教学的必设内容。消除残障人士招生门槛，鼓励残障人士选择无障碍环境建设的核心专业，创新专业培养方式，优化课程体系与教学组织方式，完善教育资源平台，支持更多受过专业教育的残障人士从事无障碍事业。

从职业制度和继续教育两方面着手，增强设计师的无障碍环境建设专业能力和责任感。在职业设计师的继续教育必修内容中，定期更新相关研究、法规和规范标准，以及工程实践成果。从学校教育到继续教育，系统衔接，终身学习，为无障碍环境建设提供全过程和终身知识保障。残障人士作为无障碍环境的重要使用者，对无障碍环境建设的需求有深刻的直接感受，他们的参与对无障碍环境品质提升至关重要。为残障人士参与无障碍环境建设提供专业培训，应当作为一项常态化工作。

提升高等教育中规划与设计专业教师的无障碍意识与教育能力。高校教师是落实无障碍环境建设、推进专业教育的执行者与社会监督者，同时也是学生思想和知识进步的启发者。要发挥高校教师的观念变革、创新意识和开拓精神在无障碍环境建设中的引领作用，拓宽学科边界，多视角、多领域寻找创新的动力和契机。通过在教学和研究中吸收和借鉴先进科学技术成果与人类共同的精神财富，充分利用规划与设计专业多学科交叉渗透的优势，促进跨学科协作，提升无障碍环境建设的专业性与有效性。

12.5.3 特殊教育

对于弱势群体应提供针对性培训。对于残障人士终身的发展，教育起着重要甚至是决定性的作用。教育使残障人士获得应有的知识和技能。

推广融合教育，保障残疾人进入普通幼儿园、学校接受教育，是近年来国务院

《残疾人教育条例》等一系列文件精神的要求。融合教育是特殊儿童回归主流社会、实现全面发展的需要，更是促进教育公平和培养社会平等意识的要求。全面建立教育、医疗、残联和街道与乡镇等部门的数据共享机制，了解特殊儿童的家庭、分布与健康状况，主动服务特殊儿童入园入学。加强幼儿园和中小学融合教育师资队伍建设，根据特殊儿童具体情况设置相应的教学目标和优化教学方法，普通教育与特殊教育协同发展，相得益彰。政府和学校、社会组织，以及公共媒体相互联动，向公众普及融合教育理念。

发展残障人士职业教育，有助于提高残障人士就业创业能力，平等享有实现人生价值的机会。落实《教育部等四部门关于加快发展残疾人职业教育的若干意见》，促进残障人士职业教育高质量发展。将残障人士职业教育纳入全国职业教育体系中，加强残疾人职业教育的组织领导和规划，广泛吸纳政府和民间资金与力量扶植残障人士接受职业教育。以中等职业教育为重点不断扩大残疾人接受职业教育的机会，改进残疾人职业教育的办学条件，提高残疾人职业教育质量，重视残障人士职业技能实训和技能资质鉴定工作，加强残疾人就业指导和援助。各级人大、检察院、劳动保障部门和残联等加强对残障人士就业状况的监督和检查，确保用人单位在人员录用和福利设置上没有歧视残障人士。

完善残障人士再就业培训。2021年《中国残疾人事业统计年鉴》数据显示，残障人士中处于15~59岁年龄段的人数达到53%，他们是残障人士就业的主体。无论先天还是后天残障者，都要为他们转换职业赛道、融入社会生活做好衔接、提供帮助。针对残障人士再就业需求完善服务功能、健全工作机制，加强特殊人群家庭与社区、劳动保障机构和残联组织的互动，精准服务。建立残障人士再就业援助制度，对失业、再就业残障人士提供职业培训补贴，实施重点帮助。做好残障人士再就业培训定点机构质量认证工作，为有再就业需求的特殊人士开展多样化的和定向的职业培训。

12.5.4　公众教育

主旨在培养大众积极参与无障碍环境建设全环节，开展技能培训、应用指导和法律培训。

开展无障碍环境建设法律、法规和规范标准的宣传教育,提高全民法律意识,促进无障碍环境成为社会共识和基本准则。积极宣传普及《中华人民共和国民法典》《中华人民共和国残疾人保障法》《中华人民共和国老年人权益保障法》《无障碍环境建设法》等国家法律和地方性法规,以及各种国家和地方的相关强制性规范和标准,引导每一位公民做到知法、遵法、守法、用法,营造浓厚的无障碍法治文化氛围。以指南、标准手册、动画等形式,帮助公众了解法律和规范等的内容和实施细节。

开展无障碍知识科普活动,出版科学读物,增强无障碍知识与理念的科学普及。更新大众对残障和人类自身生命过程的认知,正视无障碍环境建设的重要性。推进无障碍设施、科技产品、服务、标准等知识以及科学精神与科学方法的普及,推动公众摒弃刻板印象,提升公民的科学素质,增强科学常识在公共事务中的话语权,深化公众尤其是青少年对无障碍环境建设的认知。

加强社区参与,培养公众日常的无障碍环境建设意识与能力。在完善公众参与机制的基础上,开展社区宣讲、教育、印发手册等活动,传播居民是社区无障碍环境建设的权利和责任主体的包容性社会理念,提升公众参与建设、改造和评估全过程的积极性。重视社区中残障人士和老年人等弱势群体的无障碍环境法规与科普教育,提升他们参与社区无障碍环境建设的能力。针对残障人士、老年人等弱势群体,积极开展使用无障碍设施的技能培养,增强他们的自主生活能力。

增强公众依法维护个体权益的意识与能力。通过无障碍法律和技术规范教育,提升大众依法维护自身环境权益的意识,以及识别无障碍设施是否满足相关法规和规范标准要求的能力。鼓励公众通过政务服务热线(通常是12345)对公共环境无障碍设施的缺失、布置不合理或管理不善等问题进行投诉。提升公众的无障碍诉讼意识,积极主动为需求者个人或团体安排法律援助,律师可代表残障人士对相关权益进行公益诉讼。积极推进无障碍环境公益诉讼,加强行政执法,主动积极依法维护残障人士的权益(李迪华、杨帆,2021)。对无障碍环境瑕疵,法院可以依法问责,责令补偿残障人士并完善无障碍设施。

12.5.5 文化传播

主旨在通过多种文化传播途径宣传无障碍环境建设知识。

发挥大众媒体在传播文化理念中的导向作用。文化是国家和民族的灵魂。拓展传播途径，无论是传统的广播电视报刊媒体、新兴的网络媒体还是微信、抖音等社交媒体平台，都应将无障碍理念融入社会思潮中，引导大众深化无障碍观念和转变生活方式。加强宣传力度，在国际残疾人日、老年节、妇女节和儿童节等重要时间节点安排固定时段或者版面作专题宣传。创新宣传形式，鼓励通过电视节目、公益短片、诗歌小品、主题歌舞等多样化途径传播无障碍生活理念。大众传媒工作者应持续关注无障碍建设，在宣传工作中及时跟进无障碍环境建设发展动态。

发挥企事业单位引领作用。企事业单位是公共形象和社会资源的主体，应主动承担社会责任，塑造无障碍机构文化，引领观念革新，促进文明进步。发挥企事业单位在无障碍环境建设中的示范作用，包括环境与设施建设、用人制度、服务规范和形象代言等都要体现包容平等的无障碍社会价值观。政务服务和其他公共服务场所要创造条件，为残疾人、老年人等需求人群提供语音、图形和文字提示，手语、盲文等信息交流服务。政务服务大厅、车管所、交警支队处罚中心、人民办事中心等政务服务场所，医院、图书馆、影剧院、会场、会议室、火车站、汽车站、机场、地铁站、售票处、询问处、银行柜台、酒店大堂、学校、邮局、超市、旅游点、体育场馆、博物馆、文化馆和法院以及其他公共服务场所必须提供完备的无障碍设施和服务，推动全社会形成良好的无障碍环境氛围。

养成全社会无障碍环境建设志愿服务文化。志愿服务是体现公民文明素质的标尺。广泛开展形式多样的志愿服务活动，以普遍的参与行动宣传普及无障碍理念，引导全民关注无障碍环境。教育研究和经济技术等各个领域都主动关注无障碍环境建设需求，投身无障碍技术开发。社会生活的各个方面，每个人都主动关注身边的无障碍环境、人群，在需要的时候主动提供志愿支持。强化残联在康复医疗、残疾预防、教育就业、文化体育、法律维权、无障碍环境等方面志愿服务的组织与指导作用。发挥社会组织在家政服务、智能设备教学演示、手语志愿服务、无障碍公益阅读等方面的支持作用，形成有无障碍需求的地方，就有无障碍志愿者的社会面貌。构建各市区街道、社区、高校的志愿服务网络，成立社区无障碍环境建设志愿服务队伍，将无障碍理念带入千家万户。加大无障碍环境建设志愿服务的宣传力度，报道志愿服务典型人物和事迹，以身边人带动身边人。

12.6 经济与社会包容

无障碍环境建设还需要实现经济与社会包容，从平等就业、适老化住房、乐龄价值、医疗救助体系、社区守望、信息无障碍等多方面提供社会支持。

社会包容强调每个人都能实现其生活的能力，涵盖平等、权利和社会凝聚力等重要内涵，其核心议题是鼓励个体参与社会活动，包括生产、消费、政治参与和社会互动（Burchardt et al., 2002）。全龄友好无障碍社会建设的重点工作内容是为老年人、残障人士等需求群体创造融入社会生活和增进社会凝聚力与归属感的条件，包括平等就业、适老化住房、乐龄价值、医疗救助体系、介护机制、信息无障碍等方方面面。

12.6.1 平等就业

就业是民生之本，平等就业权是一项基本人权，要转变观念、完善法律保护路径，保障弱势群体平等就业。

认识到就业是民生之本，平等就业是劳动者的一项基本人权，是保障就业主体生存与发展、实现自我价值与获得社会认可、维持市场秩序和社会稳定的重要基础。逐步消除就业歧视，包括性别、年龄、健康、户籍、婚育状况和学历等。特别关注和解决以下几方面的就业难题，一是对女性的就业偏见，包括女性在就业全流程中处于弱势地位，男女在求职、待遇和职场升迁上差异明显，对婚育女性就业缺乏包容与保护；二是对中年以上人群的就业偏见，包括50岁以上人群的再就业困难，对低技术含量的工作设置不必要的年龄限制条件；三是对流动人口的就业偏见，尤其是对农村户籍人口的就业限制（戚阳阳，2015）；四是对残障人士和患病者的就业偏见，如患非传染性疾病的人群在就业中处于明显的弱势地位。包容性社会的平等就业，要消除以上各种就业歧视，增强就业保障，重视劳动维权，促进劳动市场健康有序发展，创造平等就业的社会氛围，是构建全龄友好无障碍环境的重要基础。

建立相关法律体系与保障机制，依法促进平等就业，从立法、行政和司法三个环节完善平等就业权的法律保护路径（庞铁力，2012）。立法方面，明确就业歧视的法律责任，进一步完善与细化弱势群体平等就业权的法律体系，完善残障人士按比例就业、就业保障金、福利保障以及税收优惠等制度。行政方面，政府要积极开展弱势群体的技能培训活动，创造良好的就业条件，引导弱势群体积极就业，同时将就业歧视纳入行政执法范围。司法方面，完善司法救济体系，将弱势群体的平等就业权案件纳入公益诉讼范围，为权利受到侵害的弱势群体提供法律援助。

12.6.2 乐龄价值

通过完善相关法规政策、增强乐龄人士就业能力、提供相关公共服务，帮助其实现乐龄价值，赋予老龄化积极功能。

美国学者巴特勒（Butler，1985）提出生产性老龄化（Productive Ageing）理念，强调"人终其一生都应享有尊严与价值"，被国际社会广泛推崇。将老龄化这一人口演变的自然过程赋予积极功能，包括改善个人及家庭福祉、助益经济发展与推进社会建设等。其包含两种实现途径：一是"外向性"活动，如继续就业、做志愿服务、照料他人；二是"内向性"活动，如继续学习、发展能力、自我实现等。生产性老龄化的核心措施是肯定乐龄人士价值，促进乐龄人士就业，具体包括制定和完善相关法规政策、提供相关教育培训以及完善相关就业公共服务。建立与完善乐龄就业相关法规政策，需要政府、企业与社会的有效合作。鼓励通过立法明确一定规模以上企业聘用适当比例乐龄人士就业的义务，弱化年龄门槛，放宽就业范围等，保障乐龄人士享受合理薪酬的权利。完善激励政策，面向乐龄就业的个人和雇佣乐龄者的企业，制定税收优惠政策和雇佣奖励政策，调动企业和乐龄人士的积极性。增强乐龄人士就业能力，发展老年教育和构建终身教育体系，增加乐龄人士的就业机会。为乐龄人士就业提供公共服务支持，包括投入配套资金、搭建乐龄人士就业平台等。鼓励和支持乐龄人士创业，设立专项创业补贴金、提供低息或无息创业贷款等方式，为有创业潜力和意愿的乐龄人士实现人生价值创造条件。

12.6.3 多层级医疗救助

完善医疗保险制度，构建多层级医疗卫生服务网络，构建老龄友好的医疗救助体系，构建罕见疾病的救治和社区支持体系。

2016年，WHO发布的《关于老龄化与健康的全球报告》指出，针对老年人多层次需求的整合医疗卫生服务体系的效果强于针对单独疾病的措施。构建"预防、治疗、照护"三位一体的老年健康服务模式，建立不同层级医疗机构之间的服务衔接和信息互联互通机制。老龄友好的医疗救助体系重点包括两个方面，一是完善医疗保险制度，二是构建多层级的老龄友好医疗卫生服务网络。从全球应对新冠疫情侵袭的措施与效果获得启发，以下措施对完善老龄化健康体系至关重要，包括建立分级诊疗制度，发挥基层医疗卫生机构作为居民健康"守门人"的作用，增强社区医疗卫生服务能力，依托家庭医生提供居家健康咨询服务，加强对老年人的健康指导和管理，医疗机构全面设置老年人"绿色通道"等。

WHO将罕见疾病定义为患病人数占总人口的0.65‰~1‰的疾病，按此比例我国罕见疾病患者应数以百万计。对国内罕见疾病作出明确界定并加强相关基础研究，为制定和实施适宜的罕见疾病救助政策奠定基础。罕见疾病的医疗救助存在日常诊疗费用负担沉重，缺乏完备的医疗费用支付机制和相应的社会救助途径，以及药品研发、生产、销售等环节缺乏足够的关注和政策支持等问题。进行罕见疾病救助的相关法规补充和立法规划，为保障患者的各项权益提供法律依据。将罕见疾病的救治和社区支持纳入多层级医疗救助体系，建立多层次、多渠道的罕见疾病治疗费用支付机制，有效解决罕见疾病患者的医疗费用问题；积极引进罕见疾病治疗药品，出台扶持政策支持国内罕见疾病药品研发，有效缓解罕见疾病药物供给问题。

12.6.4 社区守望

社区护理体系将自助、互助、共助、公助相结合，构建长期的社区照护体系有利于减轻家庭护理负担，提升养老品质；构建以社区为基础的残障服务及康复支持体系。

构建促进社区成员交流和互信的公共空间与公共服务体系。舒适宜人的物质环境为社区活动和居民交往提供基础，能够加强人的沟通，拉近人的距离，支持邻里互信，使居民日常生活需求得到关注和满足；能够强化居民的社区归属感和认同感，邻里关系友好、相互守望、相互扶持，形成富有人情味的社区共同体。营建完备的社区公共空间、公共服务和社区生活体系，包括连续畅通的无障碍出行体系，健全的公共标识系统，赏心悦目的社区公共环境和交流场所以及细致入微的社区公共服务等，保障所有人轻松、自由、平等地参与各项社区活动。

构建居家养老和社区介护相结合的中国特色的社区护理体系。身心能力显著下降会限制老年人自理生活和参与社会的能力。通过康复、辅助技术和支持性、包容性的环境支持，可以改善这种情况。优质的长期护理对于老年人、残障人士保持其身体能力、享受基本人权和有尊严的生活至关重要。借鉴日本针对老年人建立的社区"介护"照顾体系，建立专业介护从业人员队伍，与居家养老结合，探讨一套适合中国国情的社区养老与护理体系。系统、长期的社区照护体系将自助、互助、共助、公助结合在一起，利于老年人得到及时的专业护理，同时可减轻家庭负担，提高老年人的生活品质。

构建以社区为基础的残障服务和康复支持体系。第一，社区是居民身心康复的重要场所。重视社区在居民身心再生和康复过程中的重要作用，居住小区及其周边的环境做到安全、舒适宜人，发挥积极的疗愈功能。第二，围绕老年人的自主锻炼和康复需求建设公共服务设施和公共活动空间。充分考虑老年人的身体、生理、心理和健康需求，提升社区公共设施和公共空间的可达性，做到老年服务设施 5min 步行可达；提供符合人体工学和使用需求的康复设施。第三，完善社区公共服务政策，为老年和残障居民自发和自主参与社区环境建设创造条件。设立社区 24h 应急服务机制，确保老年人和残障人士能够得到及时的帮助；对社区老年人居住条件进行监督和持续完善；对日常性残障服务，如生命支持中心、生理或心理康复中心进行财政补贴；培养专业人才队伍支持社区对残障人士及慢性病患者的康复治疗；发掘以能力、兴趣等为基础的社区工作岗位，为残障人士提供就业支持，鼓励老年和残障居民参与社区环境建设和社区服务工作。

12.6.5 适老化社区

通过细化住房分类、完善设计标准、出台激励政策，推动适老化住房的发展。目前老年人口数量不断增加，居住社区多数只能满足老年人基础的生活需求，社区较低的适老化程度与老年人居住之间的矛盾日益加深。住房和城乡建设部等部门于 2020 年发布的《关于开展城市居住社区建设补短板行动的意见》指出，当前我国居住社区仍然存在规模不合理、设施不完善、公共活动空间不足、物业管理覆盖面不广、管理机制不健全等突出问题和短板，与人民日益增长的美好生活需要相比还有较大差距。提升社区适老化水平，是保障老年人独立生活能力和社会参与能力的环境基础。适老化社区的建设应与老年人的需求相匹配，满足老年人多元化的养老需求，提升老年人的生活质量和生活满意度。

社区需提升居住环境和养老服务设施的适老化水平（刘东卫等，2022）。提升新建社区的适老化水平，推动老旧社区的适老化改造，改善社区整体环境的适老化状况，营造安全、便利、舒适的生活环境，提升老年人的生活质量。制定针对适老化社区建设的法律法规，细化住房分类，满足老年群体、无障碍群体的差异化需求，为居家适老化和社区适老化建设改造工作提供支撑。出台激励政策，加大投入力度，实行优惠政策，提供改造补贴，调动社会力量参与适老化住宅的开发建设。注重社区氛围的营造，提高社区为老服务能力和提升老年人的社会参与度。加强对社区无障碍硬件设施的投入，包括公共空间无障碍化、适老化智能系统建设、社区安全照护、养老服务和设施提升等。项目竣工时进行监督验收，保证适老化社区的建设质量。

12.6.6　信息无障碍

发挥政府、市场、社区、家庭、个人等主体的不同作用，消除信息门槛、提升智能设备与服务的适老化，帮助老年人或残疾人融入数字社会。

科学技术促进社会高速发展，同时带来了数字鸿沟的挑战。中高龄人群或残障人士受年龄、文化程度、生理条件、地域、收入等自身和社会因素影响，在信息获取和使用的过程中存在巨大的信息障碍，在飞速发展的信息社会中被逐渐边缘化。随着老龄化程度不断加深，数字鸿沟将影响社会资源分配，形成新的结构性不平等问题。推动信息无障碍使所有人平等、方便、无障碍地获取和利用信息，享受信息化时代的便利和价值。

通过参与式治理、包容性治理、全方位治理和可持续治理等方式消除信息数字门槛，帮助老年人和残疾人融入数字社会（陆杰华、韦晓丹，2021）。建立政府、市场、社区、家庭、个人等不同主体的多元共治格局。完善数字接入和智能设备与服务的适老化建设。在适老智能技术开发与应用中，政府为市场和企业的创新引领作用提供政策支持和制度保障。社区在无障碍智能技术支持居家养老中发挥桥梁与枢纽作用。随着科技发展，各种各样的数字设备不断融入人们的日常生活并成为不可或缺的一部分，帮助老年人克服因为身体机能退化、认知老化（Salthouse，1985），恐惧心理等问题造成的对智能设备与技术的使用障碍，是实现信息无障碍的关键。

包容性社会关注所有人平等生存和健康生活的需求，它包含健全的民生保障机制、宜人的物质环境、完善的公共服务体系、全民共享的信息技术成果，以及互信互助的人际关系，每个人都能获得公平发展和实现个人价值的机会。

附录 1

北京市建设法律法规及规范性文件汇编

类型	序号	名　　称	发 文 机 构	发文字号	实施年份/成文年份
法规	1	《北京市图书馆条例》	北京市人民代表大会常务委员会	—	2002 年
	2	《北京市市容环境卫生条例》	北京市人民代表大会常务委员会	—	2002 年
	3	《北京市公园条例》	北京市人民代表大会常务委员会	—	2003 年
	4	《北京市无障碍设施建设和管理条例》	北京市人民代表大会常务委员会	—	2004 年
	5	《北京市户外广告设置管理办法》	北京市人民政府	政府令〔2004〕151 号	2004 年
	6	《北京市公共厕所管理办法》	北京市人民政府	政府令〔2008〕208 号	2008 年
	7	《北京市实施〈中华人民共和国残疾人保障法〉办法》	北京市人民代表大会常务委员会	—	2012 年
	8	《北京市居家养老服务条例》	北京市人民代表大会常务委员会	北京市人民代表大会公告〔2015〕4 号	2015 年
	9	《北京市旅游条例》	北京市人民代表大会常务委员会	—	2017 年
	10	《北京市机动车停车条例》	北京市人民代表大会常务委员会	—	2018 年
规范性文件	1	《北京市"十三五"时期残疾人事业发展规划》	北京市人民政府残疾人工作委员会、北京市发展和改革委员会	—	2016—2020 年
	2	《关于加强残疾人文化建设的实施意见》	北京市残联	京残发〔2013〕10 号	2013 年

续表

类型	序号	名　　称	发 文 机 构	发文字号	实施年份/成文年份
规范性文件	3	北京市人民政府关于印发《北京市居住公共服务设施配置指标》和《北京市居住公共服务设施配置指标实施意见》的通知	北京市人民政府	京政发〔2015〕7号	2015年
	4	《北京市人民政府关于进一步加强基层公共文化建设的意见》	北京市人民政府办公厅	京政发〔2015〕28号	2015年
	5	《北京市人民政府关于加快推进残疾人小康进程的实施意见》	北京市人民政府	京政发〔2016〕8号	2016年
	6	北京市人民政府关于印发《北京市"十三五"时期信息化发展规划》的通知	北京市人民政府	京政发〔2016〕57号	2016年
	7	北京市人民政府关于印发《北京市"十三五"时期老龄事业发展规划》的通知	北京市人民政府	京政发〔2016〕59号	2016年
	8	《关于加快推进母婴设施建设的实施意见》	北京市发展和改革委员会、北京市规划和国土资源管理委员会等十五个部门联合发文	—	2017年
	9	北京市人民政府办公厅印发《关于加强老年人照顾服务完善养老体系的实施意见》的通知	北京市人民政府办公厅	京政办发〔2018〕41号	2018年

附录 2

北京市规划和自然资源无障碍标准体系

标准分类	标准名称	主编部门（单位）	批准部门（单位）	发布（实施）日期
综合类标准	无障碍设计规范 GB 50763—2012	中华人民共和国住房和城乡建设部	中华人民共和国住房和城乡建设部	2012年03月30日发布 2012年03月30日实施
	建筑与市政工程无障碍通用规范 GB 55019—2021	中华人民共和国住房和城乡建设部	中华人民共和国住房和城乡建设部	2021年09月08日发布 2022年04月01日实施
	建筑构造通用图集 21BJ12—1《无障碍设施》	北规院弘都规划建筑设计研究院有限公司 清华大学建筑学院	北京市规划和自然资源委员会	2021年05月
	北京市无障碍系统化设计导则	中国中建设计集团有限公司	北京市规划和国土资源管理委员会	2018年08月
	北京无障碍城市设计导则	中国中建设计集团有限公司	北京市规划和自然资源委员会	2020年09月
	北京市室外无障碍设施设计指导性图集	北京首建标工程技术开发中心 北京国建设计有限公司	北京市规划委员会	2016年
	城市公共空间设计建设指导性图集	—	首都规划建设委员会办公室 首都环境建设委员会办公室	2016年04月
住宅及社区无障碍标准	居住区无障碍设计规程 DB11/1222—2015	北京市建筑设计研究院有限公司	北京市规划委员会 北京市质量技术监督局	2015年07月08日发布 2016年02月01日实施
	居住区无障碍设计规程配套图集 PT-1222	北京市建筑设计研究院有限公司	北京市规划委员会	2016年03月
	既有住宅适老化改造设计指南	中国建筑设计研究院有限公司 北京市建筑设计研究院有限公司	北京市规划和自然资源委员会	2019年07月
	社区养老服务设施设计标准 DB11/1309—2015	北京市建筑设计研究院有限公司 北京维拓时代建筑设计有限公司	北京市规划委员会 北京市质量技术监督局	2015年12月30日发布 2016年07月01日实施

续表

标准分类	标准名称	主编部门（单位）	批准部门（单位）	发布（实施）日期
住宅及社区无障碍标准	社区养老服务设施设计标准配套图集 PT-1309	北京市建筑设计研究院有限公司 北京维拓时代建筑设计有限公司	北京市规划委员会 北京市质量技术监督局	2016年04月
	北京市养老服务设施规划设计技术要点（试行）	北京市规划委员会	北京市规划委员会	2014年12月31日发布
	北京市老旧小区综合改造工程指导性图集	北京市建筑设计研究院、清华大学建筑设计研究院有限公司、中国电子工程设计院、北京筑福建筑事务有限责任公司、北京筑都方圆建筑设计有限公司、北京希埃希建筑设计院、北京首建标工程技术开发中心	北京市规划委员会 北京市住房和城乡建设委员会	—
	北京市老旧小区综合改造工程实例汇编	—	北京市规划委员会	2014年02月
	住宅设计规范 DB11/1740—2020	北京市建筑设计研究院有限公司	北京市规划和自然资源委员会 北京市市场监督管理局	2020年06月28日发布 2021年01月01日实施
公共建筑无障碍标准	建筑无障碍设计 12J926	北京市建筑设计研究院有限公司	中华人民共和国建设部	2013年02月01日实施
	公共建筑无障碍设计标准 DB11/1950—2021	北京市建筑设计研究院有限公司	北京市规划和自然资源委员会 北京市市场监督管理局	2021年12月30日发布 2022年07月01日实施
	母婴室设计指导性图集	北京首建标工程技术开发中心 北京工程建设标准化协会	北京市规划和国土资源管理委员会	2018年10月
	绿色雪上运动场馆评价标准 DB11/T 1606—2018	清华大学、中国建筑科学研究院有限公司、中国建筑设计研究院有限公司、北京市环境保护科学研究院、清华大学建筑设计研究院有限公司、北京城建集团、河北省建筑科学研究院、天津市建筑设计院	北京市规划和自然资源委员会 北京市市场监督管理局	2018年12月17日发布 2019年01月01日实施
	建设工程规划设计技术文件办理指南	北京市弘都城市规划建筑设计院 北京市建筑设计研究院有限公司	北京市规划和国土资源管理委员会	2018年03月

续表

标准分类	标 准 名 称	主 编 部 门（单位）	批准部门（单位）	发布（实施）日期
公共建筑无障碍标准	绿色建筑设计标准 DB11/938—2012	北京市勘察设计与测绘管理办公室 中国建筑科学研究院 清华大学	北京市规划委员会 北京市质量技术监督局	2012年12月12日发布 2013年07月01日实施
轨道交通无障碍标准	城市轨道交通工程设计规范 DB11/995—2013	北京城建设计研究总院有限公司 北京市轨道交通建设管理公司	北京市规划委员会 北京市质量技术监督局	2013年06月21日发布 2014年01月01日实施
	城市轨道交通无障碍设施设计规程 DB11/690—2016	北京城建设计发展集团股份有限公司 北京市轨道交通建设管理有限公司	北京市规划和国土资源管理委员会 北京市质量技术监督局	2016年10月19日发布 2017年05月01日实施
市政道路无障碍标准	人行天桥与人行地下通道无障碍设施设计规程 DB11/T 805—2011	北京市市政工程设计研究总院	北京市规划委员会 北京市质量技术监督局	2011年04月28日发布 2011年09月01日实施
	人行天桥及地下通道无障碍设施设计规程配套图集 DT-805	北京市市政工程设计研究总院	北京市规划委员会	2013年01月
	城市道路空间规划设计规范 DB11/1116—2014	北京市城市规划设计研究院	北京市规划委员会 北京市质量技术监督局	2014年08月13日发布 2015年03月01日实施
特定区域无障碍标准	公园无障碍设施设置规范 DB11/T 746—2010	北京市园林绿化局公园风景区处 北京市园林科学研究所	北京市质量技术监督局	2010年09月25日发布 2011年01月01日实施
	北京历史文化街区风貌保护与更新设计导则	北京工业大学 北京工业大学建筑勘察设计院	北京市规划和自然资源委员会	2019年03月
	绿色生态示范区规划设计评价标准 DB11/T 1552—2018	北京市建筑设计研究院有限公司 中国生态城市研究院有限公司	北京市规划和国土资源管理委员会 北京市质量技术监督局	2018年06月14日发布 2019年01月01日实施
	北京市新型农村社区建设指导性图集	北京中联环建文建筑设计有限公司 北京中联环建景规划设计咨询有限公司 北京首建标工程技术开发中心	北京市规划委员会 北京市农村工作委员会 北京市住房和城乡建设委员会	—

附录 3

北京市房屋建筑工程无障碍环境建设专项施工图事后检查要点(试行)

3.1 无障碍环境建设专项 B 类检查要点清单

序号	检查项目	类别	检 查 内 容
1.1	设计基本规定		
1.1.2	无障碍		《建筑与市政工程无障碍通用规范》GB 55019—2021
		B	2.1.1 城市开敞空间、建筑场地、建筑内部及其之间应提供连贯的无障碍通行流线
		B	2.1.2 无障碍通行流线上的标识物、垃圾桶、座椅、灯柱、隔离墩、地灯和地面布线（线槽）等设施均不应妨碍行动障碍者的独立通行。固定在无障碍通道、轮椅坡道、楼梯的墙或柱面上的物体，突出部分大于 100mm 且底面距地面高度小于 2.00m 时，其底面距地面高度不应大于 600mm，且应保证有效通行净宽
		B	2.1.4 无障碍通行设施的地面应坚固、平整、防滑、不积水
		B	2.2.1 无障碍通道上有地面高差时，应设置轮椅坡道或缘石坡道
		B	2.2.2 无障碍通道的通行净宽不应小于 1.20m，人员密集的公共场所的通行净宽不应小于 1.80m
		B	2.2.3 无障碍通道上的门洞口应满足轮椅通行，各类检票口、结算口等应设轮椅通道，通行净宽不应小于 900mm
		B	2.3.1 轮椅坡道的坡度和坡段提升高度应符合下列规定： 1 横向坡度不应大于 1：50，纵向坡度不应大于 1：12，当条件受限且坡段起止点的高差不大于 150mm 时，纵向坡度不应大于 1：10； 2 每段坡道的提升高度不应大于 750mm
		B	2.3.2 轮椅坡道的通行净宽不应小于 1.20m
		B	2.3.3 轮椅坡道的起点、终点和休息平台的通行净宽不应小于坡道的通行净宽，水平长度不应小于 1.50m，门扇开启和物体不应占用此范围空间
		B	2.3.4 轮椅坡道的高度大于 300mm 且纵向坡度大于 1：20 时，应在两侧设置扶手，坡道与休息平台的扶手应保持连贯
		B	2.3.5 设置扶手的轮椅坡道的临空侧应采取安全阻挡措施
		B	2.4.1 无障碍出入口应为下列 3 种出入口之一： 1 地面坡度不大于 1：20 的平坡出入口； 2 同时设置台阶和轮椅坡道的出入口； 3 同时设置台阶和升降平台的出入口

续表

序号	检查项目	类别	检查内容
1.1.2	无障碍	B	2.4.2　除平坡出入口外，无障碍出入口的门前应设置平台；在门完全开启的状态下，平台的净深度不应小于1.50m；无障碍出入口的上方应设置雨篷
		B	2.4.3　设置出入口闸机时，至少有一台开启后的通行净宽不应小于900mm，或者在紧邻闸机处设置供乘轮椅者通行的出入口，通行净宽不应小于900mm
		B	2.5.2　在无障碍通道上不应使用旋转门
		B	2.5.3　满足无障碍要求的门不应设挡块和门槛，门口有高差时，高度不应大于15mm，并应以斜面过渡，斜面的纵向坡度不应大于1：10
		B	2.5.4　满足无障碍要求的手动门应符合下列规定： 1　新建和扩建建筑的门开启后的通行净宽不应小于900mm，既有建筑改造或改建的门开启后的通行净宽不应小于800mm； 2　平开门的门扇外侧和里侧均应设置扶手，扶手应保证单手握拳操作，操作部分距地面高度应为0.85m~1.00m； 3　除防火门外，门开启所需的力度不应大于25N
		B	2.5.5　满足无障碍要求的自动门应符合下列规定： 1　开启后的通行净宽不应小于1.00m； 2　当设置手动启闭装置时，可操作部件的中心距地面高度应为0.85m~1.00m
		B	2.5.6　全玻璃门应符合下列规定： 1　应选用安全玻璃或采取防护措施，并应采取醒目的防撞提示措施； 2　开启扇左右两侧为玻璃隔断时，门应与玻璃隔断在视觉上显著区分开，玻璃隔断并应采取醒目的防撞提示措施； 3　防撞提示应横跨玻璃门或隔断，距地面高度应为0.85m~1.50m
		B	2.5.7　连续设置多道门时，两道门之间的距离除去门扇摆动的空间后的净间距不应小于1.50m
		B	2.5.8　满足无障碍要求的安装有闭门器的门，从闭门器最大受控角度到完全关闭前10°的闭门时间不应小于3s
		B	2.5.9　满足无障碍要求的双向开启的门应在可视高度部分安装观察窗，通视部分的下沿距地面高度不应大于850mm
		B	2.6.1　无障碍电梯的候梯厅应符合下列规定： 1　电梯门前应设直径不小于1.50m的轮椅回转空间，公共建筑的候梯厅深度不应小于1.80m； 2　呼叫按钮的中心距地面高度应为0.85m~1.10m，且距内转角处侧墙距离不应小于400mm，按钮应设置盲文标志； 3　呼叫按钮前应设置提示盲道； 4　应设电梯运行显示装置和抵达音响

续表

序号	检查项目	类别	检查内容
1.1.2	无障碍	B	2.6.2 无障碍电梯的轿厢的规格应依据建筑类型和使用要求选用。满足乘轮椅者使用的最小轿厢规格,深度不应小于 1.40m,宽度不应小于 1.10m。同时满足乘轮椅者使用和容纳担架的轿厢,如采用宽轿厢,深度不应小于 1.50m,宽度不应小于 1.60m;如采用深轿厢,深度不应小于 2.10m,宽度不应小于 1.10m。轿厢内部设施应满足无障碍要求
		B	2.6.3 无障碍电梯的电梯门应符合下列规定: 1 应为水平滑动式门; 2 新建和扩建建筑的电梯门开启后的通行净宽不应小于 900mm,既有建筑改造或改建的电梯门开启后的通行净宽不应小于 800mm; 3 完全开启时间应保持不小于 3s
		B	2.6.4 公共建筑内设有电梯时,至少应设置 1 部无障碍电梯
		B	2.6.5 升降平台应符合下列规定: 1 深度不应小于 1.20m,宽度不应小于 900mm,应设扶手、安全挡板和呼叫控制按钮,呼叫控制按钮的高度应符合本规范第 2.6.1 条的有关规定; 2 应采用防止误入的安全防护措施; 3 传送装置应设置可靠的安全防护装置
		B	2.7.1 视觉障碍者主要使用的楼梯和台阶应符合下列规定: 1 距踏步起点和终点 250mm~300mm 处应设置提示盲道,提示盲道的长度应与梯段的宽度相对应; 2 上行和下行的第一阶踏步应在颜色或材质上与平台有明显区别; 3 不应采用无踢面和直角形突缘的踏步; 4 踏步防滑条、警示条等附着物均不应突出踏面
		B	2.7.2 行动障碍者和视觉障碍者主要使用的三级及三级以上的台阶和楼梯应在两侧设置扶手
		B	2.8.1 满足无障碍要求的单层扶手的高度应为 850mm~900mm;设置双层扶手时,上层扶手高度应为 850mm~900mm,下层扶手高度应为 650mm~700mm
		B	2.8.2 行动障碍者和视觉障碍者主要使用的楼梯、台阶和轮椅坡道的扶手应在全长范围内保持连贯
		B	2.8.3 行动障碍者和视觉障碍者主要使用的楼梯和台阶、轮椅坡道的扶手起点和终点处应水平延伸,延伸长度不应小于 300mm;扶手末端应向墙面或向下延伸,延伸长度不应小于 100mm
		B	2.8.4 扶手应固定且安装牢固,形状和截面尺寸应易于抓握,截面的内侧边缘与墙面的净距离不应小于 40mm

续表

序号	检查项目	类别	检查内容
1.1.2	无障碍	B	2.8.5　扶手应与背景有明显的颜色或亮度对比
		B	2.9.1　应将通行方便、路线短的停车位设为无障碍机动车停车位
		B	2.9.2　无障碍机动车停车位一侧，应设宽度不小于1.20m的轮椅通道。轮椅通道与其所服务的停车位不应有高差，和人行通道有高差处应设置缘石坡道，且应与无障碍通道衔接
		B	2.9.3　无障碍机动车停车位的地面坡度不应大于1：50
		B	2.9.4　无障碍机动车停车位的地面应设置停车线、轮椅通道线和无障碍标志，并应设置引导标识
		B	2.9.5　总停车数在100辆以下时应至少设置1个无障碍机动车停车位，100辆以上时应设置不少于总停车数1%的无障碍机动车停车位；城市广场、公共绿地、城市道路等场所的停车位应设置不少于总停车数2%的无障碍机动车停车位
		B	2.9.6　无障碍小汽（客）车上客和落客区的尺寸不应小于2.40m×7.00m，和人行通道有高差处应设置缘石坡道，且应与无障碍通道衔接
		B	2.10.1　各种路口、出入口和人行横道处，有高差时应设置缘石坡道
		B	2.10.2　缘石坡道的坡口与车行道之间应无高差
		B	2.10.3　缘石坡道距坡道下口路缘石250mm~300mm处应设置提示盲道，提示盲道的长度应与缘石坡道的宽度相对应
		B	2.10.4　缘石坡道的坡度应符合下列规定： 1　全宽式单面坡缘石坡道的坡度不应大于1：20； 2　其他形式缘石坡道的正面和侧面的坡度不应大于1：12
		B	2.10.5　缘石坡道的宽度应符合下列规定： 1　全宽式单面坡缘石坡道的坡道宽度应与人行道宽度相同； 2　三面坡缘石坡道的正面坡道宽度不应小于1.20m； 3　其他形式的缘石坡道的坡口宽度均不应小于1.50m
		B	2.10.6　缘石坡道顶端处应留有过渡空间，过渡空间的宽度不应小于900mm
		B	2.10.7　缘石坡道上下坡处不应设置雨水箅子。设置阻车桩时，阻车桩的净间距不应小于900mm
		B	2.11.1　盲道的铺设应保证视觉障碍者安全行走和辨别方向
		B	2.11.2　盲道铺设应避开障碍物，任何设施不得占用盲道

续表

序号	检查项目	类别	检查内容
1.1.2	无障碍	B	2.11.3 需要安全警示和提示处应设置提示盲道，其长度应与需安全警示和提示的范围相对应。行进盲道的起点、终点、转弯处，应设置提示盲道，其宽度不应小于300mm，且不应小于行进盲道的宽度
		B	2.11.4 盲道应与相邻人行道铺面的颜色或材质形成差异
		B	3.1.1 通往无障碍服务设施的通道应为无障碍通道
		B	3.1.2 具有内部使用空间的无障碍服务设施的入口和室内空间应方便乘轮椅者进入和使用，内部应设轮椅回转空间，轮椅需要通行的区域通行净宽不应小于900mm
		B	3.1.3 具有内部使用空间的无障碍服务设施的门在紧急情况下应能从外面打开
		B	3.1.5 无障碍服务设施的地面应坚固、平整、防滑、不积水
		B	3.1.7 无障碍服务设施内安装的部件应符合下列规定： 1 应安装牢固； 2 安全抓杆直径应为30mm~40mm，内侧与墙面的净距离不应小于40mm； 3 低位挂衣钩、低位毛巾架、低位搁物架距地面高度不应大于1.20m
		B	3.1.8 无障碍坐便器应符合下列规定： 1 无障碍坐便器两侧应设置安全抓杆，轮椅接近坐便器一侧应设置可垂直或水平90°旋转的水平抓杆，另一侧应设置L形抓杆； 2 轮椅接近无障碍坐便器一侧设置的可垂直或水平90°旋转的水平安全抓杆距坐便器的上沿高度应为250mm~350mm，长度不应小于700mm； 3 无障碍坐便器另一侧设置的L形安全抓杆，其水平部分距坐便器的上沿高度应为250mm~350mm，水平部分长度不应小于700mm；其竖向部分应设置在坐便器前端150mm~250mm，竖向部分顶部距地面高度应为1.40m~1.60m； 5 取纸器应设在坐便器的侧前方
		B	3.1.9 无障碍小便器应符合下列规定： 2 应在小便器两侧设置长度为550mm的水平安全抓杆，距地面高度应为900mm；应在小便器上部设置支撑安全抓杆，距地面高度应为1.20m
		B	3.1.10 无障碍洗手盆应符合下列规定： 1 台面距地面高度不应大于800mm，水嘴中心距侧墙不应小于550mm，其下部应留出不小于宽750mm、高650mm、距地面高度250mm范围内进深不小于450mm、其他部分进深不小于250mm的容膝容脚空间； 2 应在洗手盆上方安装镜子，镜子反光面的底端距地面的高度不应大于1.00m

续表

序号	检查项目	类别	检查内容
1.1.2	无障碍	B	3.1.11　无障碍淋浴间应符合下列规定： 1　内部空间应方便乘轮椅者进出和使用； 2　淋浴间前应设便于乘轮椅者通行和转动的净空间； 3　淋浴间坐台应安装牢固，高度应为400mm~450mm，深度应为400mm~500mm，宽度应为500mm~550mm； 4　应设置L形安全抓杆，其水平部分距地面高度应为700mm~750mm，长度不应小于700mm，其垂直部分应设置在淋浴间坐台前端，顶部距地面高度应为1.40m~1.60m
		B	3.1.12　无障碍盆浴间应符合下列规定： 1　浴盆侧面应设不小于1500mm×800mm的净空间，和浴盆平行的一边的长度不应小于1.50m； 2　浴盆距地面高度不应大于450mm；在浴盆一端设置方便进入和使用的坐台； 3　应沿浴盆长边和洗浴坐台旁设置安全抓杆
		B	3.1.13　无障碍厨房应符合下列规定： 1　厨房设施和电器应方便乘轮椅者靠近和使用； 2　操作台面距地面高度应为700mm~850mm，其下部应留出不小于宽750mm、高650mm、距地面高度250mm范围内进深不小于450mm、其他部分进深不小于250mm的容膝容脚空间； 3　水槽应与工作台底部的操作空间隔开
		B	3.2.1　满足无障碍要求的公共卫生间（厕所）应符合下列规定： 1　女卫生间（厕所）应设置无障碍厕位和无障碍洗手盆，男卫生间（厕所）应设置无障碍厕位、无障碍小便器和无障碍洗手盆； 2　内部应留有直径不小于1.50m的轮椅回转空间
		B	3.2.2　无障碍厕位应符合下列规定： 1　应方便乘轮椅者到达和进出，尺寸不应小于1.80m×1.50m； 2　如采用向内开启的平开门，应在开启后厕位内留有直径不小于1.50m的轮椅回转空间，并应采用门外可紧急开启的门闩； 3　应设置无障碍坐便器
		B	3.2.3　无障碍厕所应符合下列规定： 1　位置应靠近公共卫生间（厕所），面积不应小于$4.00m^2$，内部应留有直径不小于1.50m的轮椅回转空间； 2　内部应设置无障碍坐便器、无障碍洗手盆、多功能台、低位挂衣钩和救助呼叫装置； 3　应设置水平滑动式门或向外开启的平开门

续表

序号	检查项目	类别	检查内容
1.1.2	无障碍	B	3.2.4 公共建筑中的男、女公共卫生间（厕所），每层应至少分别设置1个满足无障碍要求的公共卫生间（厕所），或在男、女公共卫生间（厕所）附近至少设置1个独立的无障碍厕所
		B	3.3.1 满足无障碍要求的公共浴室应符合下列规定： 1 应设置至少1个无障碍淋浴间或盆浴间和1个无障碍洗手盆； 2 无障碍淋浴间的短边宽度不应小于1.50m，淋浴间前应设一块不小于1500mm×800mm的净空间，和淋浴间入口平行的一边的长度不应小于1.50m； 3 淋浴间入口应采用活动门帘
		B	3.3.2 无障碍更衣室应符合下列规定： 1 乘轮椅者使用的储物柜前应设直径不小于1.50m的轮椅回转空间； 2 乘轮椅者使用的座椅的高度应为400mm~450mm
		B	3.4.1 无障碍客房和无障碍住房、居室设于底层或无障碍电梯可达的楼层，应设在便于到达、疏散和进出的位置，并应与无障碍通道连接
		B	3.4.2 人员活动空间应保证轮椅进出，内部应设轮椅回转空间
		B	3.4.4 无障碍客房和无障碍住房、居室内应设置无障碍卫生间，并符合下列规定： 1 应保证轮椅进出，内部应设轮椅回转空间； 2 内部应设置无障碍坐便器、无障碍洗手盆、无障碍淋浴间或盆浴间、低位挂衣钩、低位毛巾架、低位搁物架和救助呼叫装置； 3 应设置水平滑动式门或向外开启的平开门
		B	3.4.5 无障碍客房和无障碍住房设置厨房时应为无障碍厨房
		B	3.4.6 乘轮椅者上下床用的床侧通道宽度不应小于1.20m
		B	3.5.1 轮椅席位的观看视线不应受到遮挡，并不应遮挡他人视线
		B	3.5.2 轮椅席位应设置在便于疏散的位置，并不应设置在公共通道范围内
		B	3.5.3 轮椅席位区应通过无障碍通行设施与疏散出口、公共服务、卫生间、讲台等必要的功能空间和设施连接
		B	3.5.4 轮椅席位应符合下列规定： 1 每个轮椅席位的净尺寸深度不应小于1.30m，宽度不应小于800mm； 2 观众席为100座及以下时应至少设置1个轮椅席位；101座~400座时应至少设置2个轮椅席位；400座以上时，每增加200个座位应至少增设1个轮椅席位； 3 在轮椅席位旁或邻近的座席处应设置1：1的陪护席位； 4 轮椅席位的地面坡度不应大于1：50

续表

序号	检查项目	类别	检查内容
1.1.2	无障碍		《居住区无障碍设计规程》DB11/1222—2015
		B	7.6.2 建筑内设有电梯时，至少应设置1部无障碍电梯
			《公共建筑无障碍设计标准》DB11/1950—2021
		B	3.1.6 自动扶梯、楼梯的下部以及其他低于2.00m的空间，应在边缘净高度不大于2.00m范围内采取安全阻挡措施，且靠近人体头部的安全阻挡措施应避免对人带来磕碰伤害
		B	4.1.4 无障碍通行流线应避开地形险要地段或其他易发生危险处
		B	4.5.4 室内公共走道两侧的玻璃隔断应设置醒目的防撞提示措施
		B	5.1.6 无障碍服务设施的部件应安装牢固，并应避免不必要的晃动或转动

3.2 地方标准执行专项检查要点

序号	检查项目	检查内容
14.0	无障碍设计	总则 北京市地方标准中，与国家标准、行业标准，及通用规范、项目规范中内容相同的条文，应按较高要求执行
14.1	无障碍设计	《公共建筑无障碍设计标准》DB11/1950—2021
		3.4.4 （省略部分正文）供公众使用的三级及三级以上的台阶和楼梯应设置扶手
		3.6.4 无障碍通行流线上的手动门和无障碍设施的手动门应符合下列规定： 1 无障碍通行流线上不应采用弹簧门，不宜采用全玻璃门； 2 （省略部分正文）设置双扇门时应保证其中一扇门开启后的通行净宽满足上述规定
		4.4.2 建筑主要出入口应为无障碍出入口，有地形限制时，应提供其他出入口为无障碍出入口，并应设置引导标识
		4.5.1 建筑内设置电梯时，应符合下列规定： 1 每组客用电梯应至少设置1台无障碍电梯。当既有建筑改造或改建条件受限时，应至少设置1台无障碍电梯

续表

序号	检查项目	检 查 内 容
14.1	无障碍设计	6.3.1 （省略部分正文）大型公共建筑应在每组男、女公共卫生间（厕所）附近设置 1 个独立的无障碍厕所；当需求明确时，应保证每 15 个有需求的人不少于 1 个无障碍坐便器和 1 个无障碍小便器
		6.4.1 设有住宿设施的公共建筑应设置无障碍客房，其数量应符合下列规定： 1　100 间以下，至少应设置 1~2 间无障碍客房； 2　100 间 ~200 间，至少应设置 2~3 间无障碍客房； 3　201 间 ~300 间，至少应设置 3~4 间无障碍客房； 4　300 间以上，每增加 100 间，增设 1 间无障碍客房
14.2	无障碍设计	《居住区无障碍设计规程》DB11/1222—2015
		7.4.1 居住区配套公共设施供居民使用的主要出入口应设置为无障碍出入口；有 3 个以上出入口时，无障碍出入口不应少于 2 个

参考文献

上篇参考文献

[1] 北京市人民政府办公厅. 北京市人民政府办公厅关于印发北京市"十五"时期残疾人事业发展规划的通知（京政办发〔2001〕101号）[R].2005.

[2] 北京市人民政府办公厅. 北京市人民政府办公厅转发市规划委市残联关于"十二五"期间无障碍环境建设指导意见的通知（京政办发〔2011〕65号）[R].2012.

[3] 北京市人民政府残疾人工作委员会，北京市发展和改革委员会. 北京市"十二五"时期残疾人事业发展规划[R].2011.

[4] 北京市人民政府残疾人工作委员会，北京市发展和改革委员会. 北京市"十三五"时期残疾人事业发展规划（京残工委〔2016〕6号）[R].2016.

[5] 北京市人民政府残疾人工作委员会，北京市发展和改革委员会. 北京市"十四五"时期残疾人事业发展规划（京残工委〔2021〕3号）[R].2021.

[6] 北京市人民政府残疾人工作委员会.2020年度北京市残疾预防工作报告[R].2020.

[7] 北京市人民政府残疾人工作委员会.2019年度北京市残疾预防工作报告[R].2019.

[8] 北京市人民政府残疾人工作委员会.2018年度北京市残疾预防工作报告[R].2018.

[9] 吕世明. 我国无障碍环境建设现状及发展思考[J]. 残疾人研究，2013（02）：3-8.

[10] 周文麟. 北京无障碍环境建设与发展历程[J]. 北京规划建设，2010（02）：108-111.

[11] 孔文轩. 北京构建无障碍城市纪实[J]. 综合运输，2008（09）：43-46.

[12] 吴晓莉. 首都机场：一切为了旅客的安全与方便[J]. 北京规划建设，2007（06）：36-37.

[13] 曹跃进，张钧凡，宋志红，等.北京：打造无障碍城市[J].北京规划建设，2007（06）：8-10.

[14] 庞聪.北京城市无障碍外部空间初探[D].北京：清华大学，2005.

[15] 杜鹏，王永梅，张文娟，等.北京筹备冬残奥会对残疾人事业的影响研究[J].残疾人研究，2021（04）：15-26.

[16] 那伯识.北京城市街区的无障碍环境提升方法探究[D].北京：清华大学，2017.

[17] 中华人民共和国住房和城乡建设部.无障碍设计规范 GB 50763—2012 [S].北京：中国建筑工业出版社.

[18] 北京市规划和自然资源委员会.无障碍设施 21BJ12-1[S].北京：中国建筑工业出版社.

[19] 北京市规划和国土资源管理委员会.北京市无障碍系统化设计导则[S].

[20] 北京市规划和自然资源委员会.北京无障碍城市设计导则[S].

[21] 北京市规划和自然资源委员会.全龄友好无障碍设计实施导则[S].

[22] 北京市城乡规划标准化办公室.北京市室外无障碍设施设计指导性图集[S].

[23] 北京市城乡规划标准化办公室.城市公共空间设计建设指导性图集[S].

[24] 北京市城乡规划标准化办公室.居住区无障碍设计规程 DB11/1222—2015[S].北京：中国建筑工业出版社.

[25] 北京市城乡规划标准化办公室.居住区无障碍设计规程配套图集 PT-1222[S].北京：中国建筑工业出版社.

[26] 北京市规划和自然资源委员会.既有住宅适老化改造设计指南[S].

[27] 北京市城乡规划标准化办公室.社区养老服务设施设计标准 DB11/1309—2015[S].

[28] 北京市城乡规划标准化办公室.社区养老服务设施设计标准配套图集 PT-1309[S].

[29] 北京市规划委员会.北京市养老服务设施规划设计技术要点[S].

[30] 北京市城乡规划标准化办公室.北京市老旧小区综合改造工程指导性图集[S].

[31] 北京市城乡规划标准化办公室.北京市老旧小区综合改造工程实例汇编[S].

[32] 北京市规划和自然资源委员会. 住宅设计规范 DB11/1740-2020 [S]. 北京：中国建筑工业出版社.

[33] 中国建筑标准设计研究院. 无障碍设计 12J926[S]. 北京：中国计划出版社.

[34] 北京市规划和自然资源委员会. 公共建筑无障碍设计标准 DB11/1950—2021[S]. 北京：中国建筑工业出版社.

[35] 北京市城乡规划标准化办公室. 母婴室设计指导性图集 [S].

[36] 北京市规划和自然资源委员会. 绿色雪上运动场馆评价标准 DB11/T 1606—2018 [S]. 北京：中国建筑工业出版社.

[37] 北京市规划和自然资源委员会. 建设工程规划设计技术文件办理指南 [S].

[38] 北京市规划和自然资源委员会. 绿色建筑设计标准 DB11/938-2012[S]. 北京：中国建筑工业出版社.

[39] 北京市规划委员会. 城市轨道交通工程设计规范 DB11/995-2013[S]. 北京：中国建筑工业出版社.

[40] 北京市规划和国土资源管理委员会. 城市轨道交通无障碍设施设计规程 DB11/690—2016[S]. 北京：中国建筑工业出版社.

[41] 北京市规划委员会. 人行天桥与人行地下通道无障碍设施设计规程 DB11/T 805—2011[S]. 北京：中国建筑工业出版社.

[42] 北京市规划委员会. 人行天桥及地下通道无障碍设施设计规程配套图集 PT-805[S]. 北京：北京市城乡规划标准化办公室.

[43] 北京市规划委员会. 城市道路空间规划设计规范 DB11/1116—2014 [S]. 北京：中国建筑工业出版社.

[44] 北京市质量技术监督局. 公园无障碍设施设置规范 DB11/T 746—2010 [S]. 北京：中国建筑工业出版社.

[45] 北京市规划和自然资源委员会. 北京历史文化街区风貌保护与更新设计导则 [S].

[46] 北京市规划和自然资源委员会. 绿色生态示范区规划设计评价标准 DB11/T 1552—2018[S].

[47] 北京市城乡规划标准化办公室. 北京市新型农村社区建设指导性图集 [S].

[48] 张莹，许槟，刘茜. 国土空间规划体系下无障碍环境建设实施初探[J]. 北京规划建设，2022（02）：15-18.

[49] 陈激，刘岱. 无障·爱：成就所有人幸福生活之梦想[J]. 北京规划建设，2022（02）：6-9.

[50] 黄襄南. 积极回应民生关切提升首都无障碍环境建设水平[J]. 北京规划建设，2022（02）：12-14.

[51] 韩迪，乔莹，卢锐. 以标准为抓手，构建全龄友好无障碍环境[J]. 北京规划建设，2022（02）：19-22.

[52] 刘林语. 和谐宜居城市建设中特殊群体的权利保障——《北京市无障碍环境建设条例》制度创新[J]. 北京规划建设，2022（02）：32-34.

[53] 肖维娜，李红勃. 平等参与社会生活视角下的无障碍信息与服务[J]. 北京规划建设，2022（02）：34-36.

[54] 张翀. 多元主体协同推动《北京市无障碍环境建设条例》有效实施[J]. 北京规划建设，2022（02）：37-39.

[55] 北京规划建设编辑部. 大爱无碍：《北京市无障碍环境建设条例》实施[J]. 北京规划建设，2022（02）：4-5.

[56] 张勇. 北京市无障碍环境建设发展探析[J]. 北京规划建设，2022（02）：10-12.

[57] 翁亚妮，张晓东，荣毅龙，等. 面向数字社会无障碍信息交流的思考[J]. 北京规划建设，2022（02）：23-27.

[58] 张辰. 略论无障碍环境建设长效机制[J]. 北京规划建设，2022（02）：39-42.

下篇参考文献

[1] 艾里希·弗洛姆. 健全的社会 [M]. 孙恺祥, 译. 上海: 上海译文出版社, 2018.

[2] 曾鹏, 蔡良娃. 儿童友好城市理念下安全街区与出行路径研究——以荷兰为例 [J]. 城市规划, 2018, 42（11）: 8.

[3] 曾磊. 澳门地区无障碍环境建成现状研究 [J]. 城市建筑空间, 2022, 29（05）: 79-82.

[4] 丁英顺. 日本人口结构变化与养老金制度改革 [J]. 国外理论动态, 2019（08）: 113-121.

[5] 费孝通. 中华文化在新世纪面临的挑战 [J]. 炎黄春秋, 1999（03）: 2-4.

[6] 费孝通. 乡土中国 [M]. 北京: 人民出版社, 2015.

[7] 弗朗西斯·福山. 信任: 社会美德与创造经济繁荣 [M]. 郭华, 译. 桂林: 广西师范大学出版社, 2021.

[8] 葛道顺. 包容性社会发展: 从理念到政策 [J]. 社会发展研究, 2014（03）: 17.

[9] 国家统计局. 第七次全国人口普查公报 [R].2021.

[10] 吴良镛."北京宪章"（草案, 提交1999年国际建协第20次大会讨论）[J]. 建筑学报, 1999（06）: 4-7.

[11] 哈佛委员会, 李曼丽. 哈佛通识教育红皮书 [M]. 北京: 北京大学出版社, 2010.

[12] 黄俊杰. 大学通识教育的理念与实践 [J]. 武汉: 华中师范大学出版社, 2001.

[13] 黄怡. 整合发展目标 建设全龄友好的公园城市 [J]. 先锋, 2022（02）: 36-39.

[14] 黄梓航, 王俊秀, 苏展, 等. 中国社会转型过程中的心理变化: 社会学视角的研究及其对心理学家的启示 [J]. 心理科学进展, 2021（12）: 2246-2259.

[15] 简·雅各布斯. 美国大城市的死与生: 第2版 [M]. 金衡山, 译. 南京: 译林出版社, 2006.

[16] 简·雅各布斯. 城市经济 [M]. 项婷婷, 译. 北京: 中信出版社, 2007.

[17] 金广君. 城市特色的物质构成 [J]. 城市规划, 1990（05）: 14-17.

[18] 康德. 康德三大批判合集 [M]. 邓晓芒，译. 北京：人民出版社，2017.

[19] 乐黛云. 全球化趋势下的文化多元化 [J]. 深圳大学学报（人文社会科学版）.2000（01）：69-74.

[20] 李迪华，诸葛雪瑾，陈思好. 美国无障碍环境法制发展历程及其启示 [M]// 吕忠梅. 环境资源法论丛（第 14 卷）. 北京：法律出版社，2022：183-215.

[21] 李迪华. 国土空间规划体系中景观设计学科与行业的困惑及机遇 [J]. 景观设计学，2020（01）：84-91.

[22] 李迪华，蔡金栋. 景观设计行业水平的提升有赖于市场化改革的推进 [J]. 景观设计学，2014（02），73-77.

[23] 李迪华，杨帆. 城市步行环境意外伤害法律责任分析 [M]// 吕忠梅. 环境资源法论丛（第 13 卷）. 北京：法律出版社，2021：61-80.

[24] 李牧，马卉，李群弟，等. 我国信息无障碍环境建设支持研究 [J]. 残疾人研究，2022（S1）：42-50.

[25] 李燕英. 基于包容性数字服务的信息无障碍供给实现途径研究 [J]. 图书馆，2022（02）：32-36.

[26] 梁爽静，袁迪. 荷兰代尔夫特市街区：儿童友好型街区的建设实践与启示 [J]. 北京规划建设，2021（01）：64-69.

[27] 凌亢. 中国无障碍环境发展报告 [M]. 北京：社会科学文献出版社，2021.

[28] 刘东卫，秦姗，姚春苏，等. 国际老龄社会的新型适老化住区理念与建设研究 [J]. 当代建筑，2022（10）：15-19.

[29] 陆杰华，韦晓丹. 老年数字鸿沟治理的分析框架、理念及其路径选择——基于数字鸿沟与知沟理论视角 [M]. 人口研究，2021，45（03）：17-30.

[30] R·E·帕克. 城市社会学：芝加哥学派城市研究文集 [M]. 宋俊岭，等，译. 北京：华夏出版社，1987.

[31] 罗伯特·D.帕特南. 使民主运转起来 [M]. 王列，赖海榕，译. 南昌：江西人民出版社，2001.

[32] 罗伯特·休斯. 罗马：永恒之城 [M]. 朱天宁，译. 上海：上海文艺出版社，2002.

[33] 吕世明. 我国无障碍环境建设现状及发展思考 [J]. 残疾人研究 2013（02）：3-8.

[34] 吕世明. 以法治的力量，推进全龄友好与包容性城市建设 [J]. 景观设计学（中英文），2022（03）：4-7.

[35] 刘易斯·芒福德. 城市发展史——起源、演变和前景 [M]. 宋俊岭，倪文彦，译. 北京：中国建筑工业出版社，2005.

[36] 庞铁力. 劳动权的平等保护及禁止就业歧视的法律思考 [J]. 法学杂志，2012，33（03）：118-123.

[37] 裴迪南·滕尼斯. 共同体与社会 [M]. 北京：商务印书馆，1999.

[38] 戚阳阳. 流动人口管理法律制度的缺失及完善——以户籍制度改革为视角 [M]. 铁道警察学院学报，2015（04）：112-115.

[39] 乔尔·科金特. 全球城市史 [M]. 王旭，等，译. 北京：社会科学文献出版社，2014.

[40] 秦仪文. 适老化改造：化"数字鸿沟"为"数字包容" [J]. 中国集体经济，2022（11）：166-168.

[41] 任雷，李迪华. 乡村民居建筑自主更新对传统聚落空间的继承及其意义——以广西省大塘边村为例 [J]. 华中建筑，2017（04）：134-138.

[42] 盛斌，靳晨鑫. Apec 经济体包容性增长：理念，评估与行动 [J]. 亚太经济，2020（5）：10.

[43] 孙一平，崔影. 台湾及香港地区无障碍设施建设 [J]. 北京规划建设，2007（6）：2.

[44] 施锜. 城市公共空间的安全性及其设计中的安全伦理意识 [J]. 装饰，2011（07），22-26.

[45] 托克维尔. 论美国的民主 [M]. 董果良，译. 北京：商务印书馆，1989.

[46] 温芳，张勃. 面向未来的德国城市全面无障碍化的思考与借鉴 [J]. 建设科技，2020（11）：59-63.

[47] 向立群，连菲，陆永康. 香港无障碍环境建设经验与借鉴 [J]. 世界建筑，2020（11）：27-31.

[48] 肖维娜，李红勃. 平等参与社会生活视角下的无障碍信息与服务 [J]. 北京规划建设，2022（02）：34-36.

[49] 谢楠. 台湾年龄友好城市建设经验及主要特色——以台湾嘉义市为例[J]. 老龄科学研究，2017（10）：24-32.

[50] 许文骏. 荷兰的儿童新闻联播[J]. 群众，2017（18）：69.

[51] 薛宇欣，凌苏杨. 美日等发达国家无障碍环境建设机制的对比分析[J]. 住区，2020（03）：118-122.

[52] 闫慧，张鑫灿，殷宪斌. 数字包容研究进展：内涵、影响因素与公共政策[J]. 图书与情报，2018（3）：10.

[53] 闫蕊. 美国的无障碍环境建设[J]. 社会保障研究，2007（01）：199-208.

[54] 扬·盖尔. 交往与空间[M]. 何人可，译. 北京：中国建筑工业出版社，2002.

[55] 扬·盖尔. 人性化的城市[M]. 欧阳文，徐哲文，译. 北京：中国建筑工业出版社，2010.

[56] 杨良敏. 着力增强经济发展的韧性和包容性[J]. 北京：中国发展观察，2021（18）：1.

[57] 叶桂平，王心，林德钦. 澳门特区应对人口老龄化研究[J]. 北京：经济管理出版社，2019.

[58] 于喆，林文洁. 为老年人构筑可持续居住环境——以日本高龄者住宅为例[J]. 城市建筑，2011（01）：30-32.

[59] 余建辉，张文忠. 基于社会属性的北京城市居民居住环境安全性评价[J]. 地理科学，2009（02），167-173.

[60] 张东旺. 中国无障碍环境建设现状、问题及发展对策[J]. 河北学刊，2014（01）：122-125.

[61] 张乐川，钟仁耀. 日本介护保险制度变革的理念、路径与效果分析——基于财政压力缓解的视角[J]. 社会保障研究，2019（05）：52-62.

[62] 张文英，冯希亮. 包容性设计对老龄化社会公共空间营建的意义[J]. 中国园林，2012，28（10）：6.

[63] 赵娜，周明杰，张建新. 人际信任研究视角及其心理机制[J]. 心理学进展，2014（04）：48-55.

[64] 赵晓芳. 新加坡的"积极老龄化"：理念与行动 [J]. 社会福利（理论版），2019（03）：19-24.

[65] 中国残疾人联合会. 中国残疾人事业统计年鉴 [R]. 中国残联信息中心，2021.

[66] 周东娜. 中国传统文化的包容性发展及其当代启示 [J]. 理论学刊，2014（12）：114-120.

[67] 周泽纯，罗桢妮，刘俊荣. 公共政策视域下日本介护保险制度对我国的启示 [J]. 护理研究，2019，33（22），3997-4001.

[68] 吕世明. 以法治的力量，推进全龄友好与包容性城市建设 [J]. 景观设计学（中英文），2022，10（03）：4-7.

[69] 马世骏，王如松. 社会 - 经济 - 自然复合生态系统 [J]. 生态学报，1984（01）：1-9.

[70] Authority, L. T. Seniors First: 7 things that make Silver Zones road safety havens[EB/OL]. (2022-6-24)[2023-3-26].https://www.lta.gov.sg/content/ltagov/en/who_we_are/statistics_and_publications/Connect/silverzones.html.

[71] Bergner B S, Zeile P, Papastefanou G, et al. Emotional barrier-GIS - a new approach to integrate barrier-free planning in urban planning processes[M]//Schrenk M, Popovich V V, Zeile P. (Eds.). Change for Stability-Lifecycles of Cities and Regions, The role and possibilities of foresighted planning in transformation processes, Proceedings of REAL CORP 2011, 16th International Conference on Urban Development, Regional Planning and Information Society. Schwechat: CORP, 2011.

[72] Beschorner N, Minges M, Davies R, et al. Fostering a digitally inclusive aging society in China: the potential of public libraries[M]. Washington, D.C. : World Bank Group, 2014.

[73] Buffel Tine, McGarry Paul, Phillipson Chris, De Donder Liesbeth, Dury Sarah, De Witte Nico, Smetcoren An-Sofie, Verté Dominique. Developing

age-friendly cities: case studies from Brussels and Manchester and implications for policy and practice[J]. Journal of aging & social policy, 2014, 26(1-2): 52-72.

[74] Butler R N, Gleason H P. Productive aging[M]. Springer Pub. Co., 1985.

[75] Burchardt T, Le Grand J, Piachaud D. Degrees of exclusion: developing a dynamic, multidimensional measure[M]. Oxford, UK. Oxford University Press, 2002.

[76] Cai F, Giles J, O'Keefe P, et al. The elderly and old age support in rural China: challenges and prospects (Chinese) [M]. Washington, DC: World Bank Publications, 2012.

[77] Chng Samuel, Chang Catherine, Mosquera Karenza, Leong Wai Yan. Living in a Silver Zone: Residents' perceptions of area-wide traffic calming measures in Singapore[J]. Transportation Research Interdisciplinary Perspectives, 2022: 16.

[78] Chou, BKP. Politics and Social Organisations in Macao: A Historical Institutionalist Analysis[J]. China: An International Journal,2015,13(1): 22-24.

[79] Clayton P. Alderfer. An empirical test of a new theory of human needs[J]. Organizational Behavior and Human Performance,1969,4(2): 142-175.

[80] Cobb S. Social support as a moderator of life stress[J]. Psychosomatic medicine,1976, 38(5) : 300-314.

[81] Croucher K. Lifetime homes, lifetime neighbourhoods: A national strategy for housing in an ageing society[R]. London : Department for Communities and Local Government, 2008.

[82] Deutsch M. The effect of motivational orientation upon trust and suspicion[J]. Human relations, 1960, 13(2): 123-139.

[83] Dorst K. Design beyond design[J]. She Ji: The Journal of Design, Economics, and Innovation, 2019, 5(2): 117-127.

[84] Glinskaya E, Fen Z. Options for Aged Care in China : Building an Efficient and Sustainable Aged Care System (English) [M]. Washington, D.C.: World Bank Group, 2018.

[85] Harding, Ed. Towards lifetime neighbourhoods: Designing sustainable communities for all: A discussion paper[M]. London: Department for Communities and Local Government, 2007.

[86] Hsieh A T, Chang J. Shopping and tourist night markets in Taiwan[J]. Tourism management, 2006, 27(1): 138-145.

[87] Holzmann R, Stiglitz J E. New ideas about old age security: toward sustainable pension systems in the 21st century[M]. Washington, D.C.: World Bank, 2001.

[88] Holzmann R. Old-age income support in the 21st century: An international perspective on pension systems and reform[M]. Washington, D.C.: World Bank Publications, 2005.

[89] Irving P, Brooks S, Uebelsteadt S. The aging workforce[J]. Harvard Business Review, November 29, 2018.

[90] Jones R S, Seitani H. Labour market reform in Japan to cope with a shrinking and ageing population[J]. Paris: Organisation for Economic Cooperation and Development (OECD), 2019.

[91] Katsumata Y M. Japanese social security measures to support the retiring aged: From employment insurance and public pension[C]. Helsinki: International Social Security Association (ISSA), September 25-27, 2000.

[92] Lai D. The political economy of social security development in Macao[J]. China Journal of Social Work, 2010, 3(1): 65-81.

[93] Lai D W L, Chui E W T. A tale of two cities: A comparative study on the welfare regimes of Hong Kong and Macao[J]. Social Policy and Society, 2014, 13(2): 263-274.

[94] Lai W L. Macao's Social Welfare Model: A Productivist Welfare Regime[J]. The Hong Kong Journal of Social Work, 2006, 40(1/2): 47-59.

[95] Lee C F. An investigation of factors determining destination satisfaction and travel frequency of senior travelers[J]. Journal of Quality Assurance in Hospitality & Tourism, 2016, 17(4): 471-495.

[96] Lin Y Y, Huang C S. Aging in Taiwan: building a society for active aging and aging in place[J]. The Gerontologist, 2016, 56(2): 176-183.

[97] McGarry P, Morris J. A great place to grow older: a case study of how Manchester is developing an age - friendly city[J]. Working with older people, 2011.

[98] Maslow A H. (1943). A theory of human motivation[J]. Psychological review, 1943 , 50(4): 370-396.

[99] Maslow A H. Motivation and Personality [M]. New York: Harper, 1954.

[100] Maslow A H. New introduction: Religions, values, and peak-experiences[J]. Journal of Transpersonal Psychology, 1970, 2(2): 83-90.

[101] McGarry P. Developing age-friendly policies for cities: Strategies, challenges and reflections[M]//Age-Friendly Cities and Communities. Bristol, UK: Policy Press, 2018: 231-250.

[102] Neumann P, Uhlenkueken C. Assistive technology and the barrier-free city: A case study from Germany[J]. Urban Studies, 2001, 38(2): 367-376.

[103] OECD. Understanding the Digital Divide, OECD Digital Economy Papers, No. 49 [M/OL]. Paris: OECD publishing, 2001. [2023-3-26]. https://doi.org/10.1787/236405667766

[104] Oshio T, Oishi A S, Shimizutani S. Social security programs and the elderly employment in Japan[R]. National Bureau of Economic Research, 2018.

[105] Perry C A. The Neighbourhood Unit: From the Regional Survey of New York and Its Environs: Volume VII: Neighbourhood and Community

Planning[M]. London: Routledge, 1929.

[106] Phillipson C. Developing age-friendly communities: New approaches to growing old in urban environments[J]. Handbook of sociology of aging, 2011: 279-293.

[107] Rempel, John K.,Holmes, et al. Trust in close relationships[J]. Journal of Personality and Social Psychology,1985,49(1): 95-112.

[108] Rozalski M, Katsiyannis A, Ryan J, et al. Americans with disabilities act amendments of 2008[J]. Journal of Disability Policy Studies, 2010, 21(1): 22-28.

[109] Saito J, Haseda M, Amemiya A, et al. Community-based care for healthy ageing: lessons from Japan[J]. Bulletin of the World Health Organization, 2019, 97(8): 570‐574.

[110] Salthouse T. A theory of cognitive aging[M]. Amsterdam: Elsevier, 2000.

[111] Schalkers I, Dedding C W M, Bunders J F G. '[I would like] a place to be alone, other than the toilet'‐Children's perspectives on paediatric hospital care in the Netherlands[J]. Health expectations, 2015, 18(6): 2066-2078.

[112] Shi Y, Yang X. The public transportation system of high quality in Taiwan[J]. Procedia-Social and Behavioral Sciences, 2013, 96: 1350-1361.

[113] Tamiya N, Noguchi H, Nishi A, et al. Population ageing and wellbeing: lessons from Japan's long-term care insurance policy[J]. The lancet, 2011, 378(9797): 1183-1192.

[114] The United Nations Children's Fund (UNICEF). The State of the World's Children 2012: Childern in an Urban World[R]. New York: UNCIEF, February 2012.

[115] The World Bank. Averting the old age crisis: Policies to protect the old and promote growth. Summary[M]. Oxford: Published for the World Bank/ Oxford University Press, 1994.

[116] The World Bank. Old age security: Pension reform in China[M]. Washington, D.C.: World Bank Publications, 1997.

[117] The World Bank. World report on disability (Vol. 2): Summary (Chinese)[R]. Washington, D.C. : World Bank Group, 2012.

[118] The World Bank. Statement from the World Bank Group at the UN High-Level Meeting of the General Assembly on Disability[C/OL]. New York: (2013a-9-23)[2023-3-24]. https://www.worldbank.org/en/news/press-release/2013/09/23/statement-from-the-world-bank-group-at-the-un-high-level-meeting-of-the-general-assembly-on-disability.

[119] The World Bank. Inclusion matters: The foundation for shared prosperity[M]. Washington, D.C. : The World Bank, 2013b.

[120] The World Bank. World Bank Group Announces New Commitments on Disability Inclusion[C/OL]. London: (2018b-7-24)[2023-3-24]. https://www.worldbank.org/en/news/press-release/2018/07/24/world-bank-group-announces-new-commitments-on-disability-inclusion.

[121] The World Bank. World bank to support aged care project in Anhui[OL]. Washington: (2018a-6-19)[2023-3-24]. https://www.worldbank.org/en/news/press-release/2018/06/19/world-bank-to-support-aged-care-project-in-anhui.

[122] The World Bank. Disability Inclusion Matters to Achieve an Accessible Future for All[OL]. (2019-12-3)[2023-3-24]. https://www.worldbank.org/en/news/feature/2019/12/03/disability-inclusion-matters-to-achieve-an-accessible-future-for-all.

[123] United Nations. Transforming our world: the 2030 Agenda for Sustainable Development A/RES/70/1 [C]. New York: United Nations, 2015. https://sdgs.un.org/2030agenda.

[124] UN-Habitat. New Urban Agenda[M/OL]. United Nations, 2016. http://

habitat3.org/wp-content/uploads/N1639668-English.pdf.

[125] United Nations Human Settlements Programme. Inclusive and Sustainable Urban Planning: Urban situation analysis (Vol. 2) [M]. UN-HABITAT, 2007.

[126] UN Sustainable Development Group（UNSDG）. Leaving No One Behind: Equality and Non-Discrimination at the Heart of Sustainable Development[M/OL].New York: United Nations, 2017. https://unsceb.org/sites/default/files/imported_files/CEB%20equality%20framework-A4-web-rev3.pdf.

[127] UN WOMEN. Statement: Intergenerational Solidarity-Creating a World for All Ages[R/OL]. (2022-8-12)[2023-3-24]. https://www.unwomen.org/en/news-stories/statement/2022/08/statement-intergenerational-solidarity-creating-a-world-for-all-ages.

[128] Wei Z, Kewen S. Beyond the Human—Rethink about Design on the Sight of Low Carbon[C]//2010 3rd International Conference on Information Management, Innovation Management and Industrial Engineering. IEEE, 2010, 4: 638-641.

[129] World Health Organization. Expert Committee on the Public Health Aspects of Housing: first report, Geneva, June19-26, 1961[R]. World Health Organization, 1961.

[130] World Health Organization. International classification of impairments, disabilities, and handicaps: a manual of classification relating to the consequences of disease, published in accordance with resolution WHA29. 35 of the Twenty-ninth World Health Assembly, May 1976[M]. World Health Organization, 1980.

[131] World Health Organization. Active Aging: A Policy Framework[R]. Geneva: World Health Organization, 2002. https://apps.who.int/iris/handle/10665/67215.

[132] World Health Organization. Global age-friendly cities: A guide[M]. World

Health Organization, 2007.

[133] World Health Organization. UN Decade of Healthy Ageing: plan of action[R/OL]. Geneva: World Health Organization, 2020. https://www.who.int/initiatives/decade-of-healthy-ageing Accessed 25 June 2021.

[134] Wu Y J, Liu W J, Yuan C H. A mobile-based barrier-free service transportation platform for people with disabilities[J]. Computers in Human Behavior, 2020, 107: 105776.

[135] Yigitcanlar T, Han H, Kamruzzaman M, et al. The making of smart cities: Are Songdo, Masdar, Amsterdam, San Francisco and Brisbane the best we could build?[J]. Land use policy, 2019, 88: 104187.

[136] Yigitcanlar T, Kamruzzaman M, Foth M, et al. Can cities become smart without being sustainable? A systematic review of the literature[J]. Sustainable cities and society, 2019, 45: 348-365.

[137] Zhang R, Long Y, Wu W, et al. How do transport policies contribute to a low carbon city? An integrated assessment using an urban computable general equilibrium model[J]. Energy Procedia, 2018, 152: 606-611.

[138] Zhang Q, Zhou X, Wu Q. Construction and exploration of information interconnection in a hospital in the Guangdong-Hong Kong-Macao Greater Bay Area[C]//Proceedings of the 1st International Symposium on Artificial Intelligence in Medical Sciences. 2020: 203-207.